警察权

法律规制与保障研究

陈 华／著

知识产权出版社
全国百佳图书出版单位
—北 京—

图书在版编目（CIP）数据

警察权法律规制与保障研究/陈华著. —北京：知识产权出版社，2021.11
ISBN 978 - 7 - 5130 - 7734 - 7

Ⅰ.①警… Ⅱ.①陈… Ⅲ.①警察法—研究—中国 Ⅳ.①D922.144

中国版本图书馆 CIP 数据核字（2021）第 197272 号

责任编辑：刘　睿　邓　莹　　　　　　责任校对：王　岩
封面设计：杨杨工作室·张冀　　　　　　责任印制：刘译文

警察权法律规制与保障研究
陈　华　著

出版发行：	知识产权出版社 有限责任公司	网　　址：	http：//www. ipph. cn
社　　址：	北京市海淀区气象路 50 号院	邮　　编：	100081
责编电话：	010 - 82000860 转 8346	责编邮箱：	dengying@ cnipr. com
发行电话：	010 - 82000860 转 8101/8102	发行传真：	010 - 82000893/82005070/82000270
印　　刷：	天津嘉恒印务有限公司	经　　销：	各大网上书店、新华书店及相关专业书店
开　　本：	720mm×1000mm　1/16	印　　张：	18.75
版　　次：	2021 年 11 月第 1 版	印　　次：	2021 年 11 月第 1 次印刷
字　　数：	300 千字	定　　价：	89.00 元
ISBN 978 - 7 - 5130 - 7734 - 7			

出版权专有　侵权必究
如有印装质量问题，本社负责调换。

前　言

　　当今世界，你几乎无法找到一个没有警察的国家。警察作为一个普遍的常识性概念，存在于国家安全、政府治理、社会发展以及人民的日常生活中，早已成为现代国家及其公民生存发展不可或缺的重要倚仗。对普通民众而言，警察是个"让我欢喜让我忧"的存在：一方面，社会秩序和公共安全的维护离不开警察，警察因其能够满足公众对安全、秩序的追求而具备了存在的正当性基础；另一方面，打击违法犯罪需要警察配备强而有力的权力，但警察权的强大和侵略性却令人们担忧其可能对自身权益造成侵害。为此，围绕警察的赋权与控权就成为自警察诞生伊始便存在并延绵不绝的经典话题。究竟何谓警察？警察权是一种怎样的权力？在历史唯物主义看来，警察作为一个历史范畴的社会现象，其产生、发展乃至消亡均有其特殊的历史原因。从该意义上说，回归历史的视角，回顾警察及其概念的发展历程，在分析史料和经验的基础上，反思警察权在当代的内涵，归纳其特征，也许有助于我们发现警察权在法治国家中的合理定位，并从价值层面设计好本国警察及其权能的价值追求。

　　在近代立宪国家中，安全、自由、公平、正义等是宪法所追求的价值目标。不同国家基于不同的政治、历史、人口、文化、经济、民族、宗教等综合因素的影响，其宪法对于本国的政制设计以及实现宪法价值追求的方式殊为不同。但是，几乎所有立宪国家的宪法都有一个共同的价值追求——安全与秩序，因为这是国家存续和发展的根本保障。警察权作为一种国家保安权，通过对个人的约束和控制以实现社会秩序的稳定。换言之，宪法秩序的实现与公民权利的保障需要存在一种宪法权力，对公共社会中因利益不同产生的难以自行解决的冲突进行平衡，并对公众的人身与财产安全进行维护与保障，此种权力即为警察权。警察权作为与公众生活关系最密切的一项宪法权力，是联结社会与国家的重要中介。从国家层面看，宪法秩序的建立与安全运转需要警察权的保障；从社会层面看，公共秩序的稳定和利益冲突的平衡也需要警察权的管控。由此，宪法成为警察权产生与运行的最高依据，亦从源头证明了警察权的正当性与合法性。❶

法治国家中，依法行政是所有政府部门应当遵循的最基本的行动逻辑。公安机关作为人民政府的职能部门之一，行使警察权是其功能实现的基本方式，依法行政是其与所有公权力运行都要遵守的基本原则。从此意义上说，法律是近现代各国警察权规制的基本方式。基于国情差异，各国法律对警察权的规制主要呈现为立法主导型和司法主导型两种模式，虽然技术路线不同，但目的宗旨殊途同归：制约权力以保障权利。也正是因为警察权的强大和侵略性，其运行规则显然应有别于普通公权力，因此除了合法原则外，比例原则、正当程序原则、权责一致原则等成为警察权法律规制的"普世性"规则。警察权配置事关权力分工与合作之构架，是近代民主国家权力法治化展开的选择。从具体进路看，警察权法律规制的铺开有两个维度：纵向和横向规制。两种规制进路虽方向不同，但纵横交错、分工配合，共同作用于警察权的规制。警察权的纵向配置指警察事权在央地间的划分，横向配置指警察权在警察机关与其他公权力、其他政府机关、社会以及警察机关内部各部门、各警种间的分配。警察权的运行乃法律规制的核心与难点，立法权、司法权、监察权以及公民权利共同编织了一张约束之网，与警察权内部的监督规范和监督机制一起，对警察权运行的全过程进行着多层次、多角度、多力度的法律规制。

警察权的法律规制既是世界命题，也是中国问题，但归根结底要在中国本土环境下以中国方式解决。中国警察权的合宪性控制必须结合我国特有的政治制度，始终围绕在执政党对警察权的政治领导下展开，在此基础上，可从立法权对警察权的约束、检察权对警察权的制约、审判权对警察权的监督

❶ 刘琳璘. 宪法学视野下警察权问题研究［M］. 北京：法律出版社，2017：40－41.

等宪法控权维度，探寻警察权合宪性审查的机构设置、启动程序、审查原则以及审查方法等具体进路。以拘传、取保候审、监视居住、拘留、通缉、执行逮捕等刑事强制措施为代表的警察刑事侦查权，其合法规范运行程度深刻地影响着每一个公民的法益保护，也是一个国家刑事司法制度文明程度的表征。而在其中，无论是公众高度关注的侦查讯问权、技术侦查权，还是鲜有研究的刑事立案权、结案权，都存在着诸多亟待规范的侦查权运行失范的事例。而在警察行政权领域，同样存在着类似情形，尤其是对公民权利影响深刻的行政处罚权和行政强制权。由于立法的模糊和可操作性不足、缺乏有效监督机制以及权利救济渠道阻塞等原因，大量的警察行政处罚和行政强制措施处于一种游离于法律规制、社会监督以及司法控制之外的事实上的"灰色地带"。即使"老调重弹"，但中国警察权的法律规制仍然要以完善制度为基础，重点从"关键少数"的领导干部入手，狠抓法治思维培育工作，突出法治公安建设引领作用，采取多种措施系统推进公安执法规范化建设。

　　长期以来，警察机关一直以国家"暴力机关"形象示人，警察是国家强制力的化身，警察执法的强势、权威和不可侵犯是众人皆知的基本常识。因为警察权的强大，现实中警察执法滥用职权、违法乱纪等现象很容易成为媒体和公众关注的话题，因而如何限制和规范警察权便成为世界各国法学界经久不衰的经典课题。然而在中国，社会转型所带来的各种矛盾日趋复杂，不同层面利益冲突和纠纷解决机制的简单滞后之间的矛盾将警察推向了社会矛盾治理的最前端。近年来，人民警察在执法中频繁遭遇各种无端的侮辱、谩骂、造谣乃至暴力袭击，警察伤亡数量连续多年持续高位，警察似乎一夜之间成为"弱势群体"。这种法治国家中极不正常的现象值得我们警惕：公安机关作为最具强制力的行政机关在执法中尚且遭遇如此困境，妄谈其他部门？警察执法权益遭受侵害或许只是表象，它不仅伤害执法民警个体权益、阻碍公安机关职能实现，其本质上也是对政府和法律权威的一种漠视和挑战。从此意义上说，警察权的法律保障以及警察执法权威问题如同"法治中国"建设进程中的一面镜子，其所反射出来的问题事关未来相当一段时期内国家治理体系和治理能力现代化目标能否顺利实现，为此展开相关研究已刻不容缓。

　　新时代的中国正处于一个网络科技信息高速发展的时代，互联网、人工智能、大数据等科技进步为人们的生活带来了便利，却也带来了互联网犯罪、网络诈骗等负面效应，并经由高科技警务技术的普遍使用带来了网络言论自由、个人信息保护等新问题。新时代的中国还面临着严峻的反腐斗争，国家监察体制改革目前仍在进行，《宪法》修改和监察立法产生了全新的反腐专职机构：监察委员会。监察机关所拥有的监察权具有不同于以往任何一个国家机构的权能，且这种权力不受《刑事诉讼法》的约束，如何约束并与之展开合作是所有国家机构正面临的问题，公安机关亦不例外。新时代的中国也正在经历一场国家治理体系和治理能力现代化的考验，国家治理转型升级意味着警察权的同步进化，警察权将面临新治理格局下的重新定位，也必须回应过往那些执法中的尴尬问题。基于新时代的上述特点，如何概括新时代警察权面临的诸多挑战，描述好问题之下警察权的种种面向，刻画好警察权应当作出的各种反应，是面向未来的我们值得思考的时代命题。

目录 Contents

第一章　警察与警察权 / 1

　　第一节　警察的历史变迁 / 1

　　　　一、西方语境下的警察 / 2

　　　　二、中国语境下的警察 / 10

　　　　三、我国警察概念的演进及其评价 / 14

　　第二节　警察权的内涵与特征 / 18

　　　　一、警察权的内涵 / 19

　　　　二、警察权的特征 / 21

　　第三节　警察权的功能与追求 / 23

　　　　一、警察权的功能 / 23

　　　　二、当前中国警察权功能定位之审视 / 27

　　　　三、警察权的价值追求 / 29

第二章　警察权的宪法基础 / 31

　　第一节　宪法历史中的警察权 / 31

　　　　一、西方宪法史中的警察权 / 31

　　　　二、中国宪法史中的警察权 / 34

　　　　三、警察权与宪法的关系 / 37

　　第二节　警察权的宪法渊源 / 41

　　　　一、比较宪法视野下的警察权 / 41

　　　　二、宪法基本原则下的警察权 / 51

　　第三节　中国宪法中的警察权 / 58

　　　　一、现行宪法文本中的警察权考察 / 58

二、我国警察权的宪法学反思：以警察法修改为契机 / 64

第三章 警察权的法律规制原理 / 72

　　第一节　警察权规制的基本逻辑 / 72

　　　　一、警察权为何需要规制 / 72

　　　　二、为何是法律规制 / 73

　　　　三、法律如何实现规制 / 75

　　第二节　警察权法律规制的域外考察 / 80

　　　　一、立法主导型 / 80

　　　　二、司法主导型 / 83

　　第三节　警察权配置的法律规制原理 / 87

　　　　一、警察权纵向配置的法律规制 / 88

　　　　二、警察权横向配置的法律规制 / 94

　　第四节　警察权运行的法律规制原理 / 100

　　　　一、警察权运行中应遵循的原则 / 100

　　　　二、警察权运行的外部规制 / 103

　　　　三、警察权运行的内部规制 / 106

第四章 中国警察权的法律规制实践 / 109

　　第一节　警察权的合宪性控制 / 109

　　　　一、警察权合宪性控制的中国进路 / 109

　　　　二、我国警察权合宪性审查制度建构设想 / 115

　　第二节　警察刑事侦查权的法律规制 / 122

　　　　一、刑事立案权 / 123

　　　　二、侦查讯问权 / 126

　　　　三、技术侦查权 / 129

　　　　四、刑事结案权 / 133

　　第三节　警察行政权的法律规制 / 137

一、警察行政处罚权 / 138

二、警察行政强制权 / 150

第五章　警察权的法律保障： 一个中国语境下的命题 / 164

第一节　警察权法律保障基本原理 / 164

一、警察权法律保障内涵概述 / 164

二、警察权法律保障之价值分析 / 175

第二节　中国警察权法律保障现状 / 179

一、警察权的立法保障考察 / 180

二、人民警察执法权益保障现状考察 / 184

第三节　警察权法律保障的应对方案 / 194

一、完善警察立法，为警察权提供强而有力的法律保障 / 194

二、加强警察执法权益保障配套制度建设 / 198

三、构建多元化的警察执法社会保障体系 / 203

第六章　新时代警察权法律规制面临的挑战 / 205

第一节　网络科技信息时代中的警察权 / 205

一、网络安全背景下的警察权 / 205

二、大数据时代警察权面临的机遇与挑战 / 215

三、人工智能技术嵌入警察权的实践与挑战 / 221

第二节　突发公共卫生事件中的警察权 / 228

一、突发公共卫生事件中警察权行使的法律依据 / 230

二、突发公共卫生事件中警察权的实施：以 2019 年新冠
肺炎疫情处置为例 / 234

三、警察权在突发公共卫生事件行使中的问题及规范
建议 / 240

第三节　国家监察体制改革中的警察权 / 244

一、监察体制改革中监察权与警察权的法律关系 / 245

二、监察法文本中的警察权分析 / 248

三、监察权与警察权运行衔接中的问题及其反思 / 255

第四节　国家治理转型升级中的警察权 / 262

一、治理理论视域下的警察权：以社区警务为例 / 262

二、国家治理现代化视野下警察权的功能再造 / 272

参考文献 / 282

第一章

警察与警察权

第一节　警察的历史变迁

　　警察是人类社会发展至特定历史阶段的产物，其历史可谓源远流长。据学者考证，"警察"一词最初源自拉丁文的"Politia"，指的是城堡或卫城。除却地标意义之外，"Politia"还综合了土地、人民及其公共生活而被赋予"邦"或"国"的意义，❶ 警察的使命就是管理城邦内部的公共事务，提供公共服务。在西方上古时代，"警察"是指国家一般政务，包括宗教、政治、治安等广泛内容。到了中世纪，政治与宗教分离，"警察"专指政治而排除了宗教，但当时的政治概念将军事和司法包含在内。17 世纪以后，警察进一步与军事、司法分离，"警察"（英文 Police）一词才专指"内务行政"，但与今日之"警察"仍有一定区别。因此，近代西语中的"警察"一词，仅指内务行政中的特定部分而不是全部。

　　在汉语中，"警察"一词在古汉语中没有对应的词汇。对中国而言，"警察"可以说是近代伴随着西方坚船利炮和文化输入的舶来品。19 世纪后半叶，中国人最初见到西方的警察时，很自然地将其与中国传统的治安制度联系在一起。在很长的一段时期内，我们对警察的称呼十分混乱，既有称"捕役"的，也有称"巡差、巡丁"的。清政府初设警察时，称为巡捕，后为了

---

❶ 卢建平. 法治语境对警察权的约束 ［J］. 中国法律评论, 2018（3）: 48.

区别于京师的巡捕五营，直到巡警部成立才明令通称为巡警。此后又经过相当长的时间，"警察"一词才最终确定下来，称谓上的混乱从侧面反映出近代警察在中国的确立和发展经历了曲折复杂的过程。❶

恩格斯在《家庭、私有制和国家的起源》中论及国家起源的同时，也曾就警察的起源作出过阐释：第一，警察与国家是随着社会生产力的发展同时产生、一样古老的；第二，警察是适应抵御外敌、维护私有制和奴隶主阶级统治的需要而形成的国家机器。恩格斯认为，警察是随着国家而产生的，也是为了实现国家的存在和统治的需要而形成的。既然警察是一个历史范畴，其内涵和外延在不同国家有着不同的指向和发展演进过程。现以文化源流和语境为视角，就中西方不同环境下的警察概念及其嬗变作概要梳理。

一、 西方语境下的警察

（一）英国警察发展概况

警察学界普遍认为，英国是世界近代警察制度的发源地。与其社会发展的基本轨迹和历史传统相适应，英国警察的历史发展经历了三个基本发展阶段：以确认"全民皆警"为特色的旧式警察时代；以创建职业警察为目标的近代警察时代；以追求民主、法治和人权为特色的现代警察时代。

19 世纪以前，英国警察及其制度经历了一个由习惯法到成文法、逐步确立全民皆警（即每个社会成员都要承担维护社会治安责任）的民间义务警察制度的漫长发展过程。在盎格鲁—撒克逊王国时代，英国的警察制度主要沿用日耳曼人的习惯法，在争端的解决方式上，充分尊重受害人是否对罪犯予以惩罚的决定权，并通过在基层社会建立的十户区、百户区等居民自治组织来维护社会治安。1066 年诺曼征服英国以后，在继续沿用基层民众治安责任制度的同时，开始强化王权对警察制度的作用，出现了由国王任命的"验尸官"等从事治安工作的义务性质的法律工作者。13 世纪和 14 世纪，英国出现了专门的警察立法，即 1285 年的《温彻斯特法》和 1361 年的《治安法官法》。前者通过确认治安法官，使警察工作正式纳入国家法制轨道；后者通过

---

❶ 韩延龙. 中国近代警察制度［M］. 北京：中国社会科学出版社，2018：5.

完善治安法官制度，加强国王对地方治安法官的管理权，进一步发展了警察制度。从英国历史上看，这两部法律是旧式警察制度在英国得以确认和发展的重要法律依据。18 世纪以后，工业革命发展引发社会关系变化，原有的社会治安维持体系逐步遭到破坏，旧式警察制度也逐步为近代警察制度所取代。

英国近代警察制度产生于工业革命的背景之下，国会以创建职业警察为目标制定了相关法律，其中最具代表性的有 1829 年的《都市警察法》、1856 年的《郡市警察法》以及 1919 年的《警察法》。《都市警察法》是英国乃至人类历史上第一部直接以"警察法"命名的警察立法，被誉为"新型警察制度的奠基之作"。根据该法，英国组建了伦敦都市警察；《郡市警察法》是一部将新警察制度由伦敦推广到整个英国的关键性立法；而《警察法》则通过大幅度提高警察工资待遇提升了警察的社会地位，使警察实现了专业化、职业化的转变。

第一次世界大战之后，英国进入现代化发展阶段，其警察制度也随着社会发展而更加完善成熟。民主、法治和人权成为这一时期英国警察制度发展的价值追求。1964 年《警察法》和 1984 年《警察与刑事证据法》是现代英国警察法治发展进程中两部最具代表性的法律，分别被誉为"现代英国警察组织的宪章"和"现代英国警察权力的宪章"。前者通过自愿合并与强制合并等方式对地方警察进行重组，打破传统上地方警察组织与地方政府一一对应的格局，建立和实跨地区的警察工作模式。后者则通过建立诸如警察职务侵权行为责任、公众投诉警察案件处理程序等一系列法律制度，规范警察权力的行使、保障犯罪嫌疑人的合法权利。它使得以往分散、不确定的警察权力规定变得集中、统一和更加确定，为警察正当行使权力、缓和因警察刑事侦查活动引发的社会矛盾奠定了法治基础。20 世纪末至今，英国的警察制度持续进行着改革。2002 年，英国国会通过《警察改革法》，从警察管理体制、警务工作主体、警务工作模式和警务监督机制等方面对本国警察制度进行全方位改革，英国警察进入一个新的发展时期。❶

---

❶ 李元起，师维. 警察法通论［M］. 北京：中国人民大学出版社，2013：17 - 18.

（二）美国警察发展概况

由于历史上的关联，美国的警察体制很自然地沿袭了英国的体制。英国殖民者在北美开始殖民统治时，将英国的刑事司法制度移植到北美大陆。在当时，北美各主要殖民地的执法机构包括地方行政机关、司法机关、保安部门以及夜间巡逻队。美国独立后，仍然长时间地沿用了殖民地时期的执法机构和管理方式。19 世纪之后，随着资本主义的发展，美国国内的种族、宗教、贫富差异所导致的社会矛盾日益激化，旧有的警察制度已无法满足社会对秩序维护和公共服务的需求，建立一种更为有效的警察制度的呼声日渐高涨。1838 年，波士顿建立了一个由 6 名警察组成的警察机构，成为美国历史上第一个正规的警察机构。❶ 纽约、费城等大城市以伦敦大都市警察厅为样本建立起专职式的警察机构。随着新式警察机构的有效运转，更多的城市开始纷纷效仿，美国得以建立起近代意义上的警察机构。

从美国警察的事权划分看，根据美国联邦宪法，各州拥有各自的宪法和法律体系，因此根据各自法律建立起来的地方警察机构从组织关系上看并不隶属于联邦警察机构，联邦警察机构对各州警察没有管辖权，而且全美各地的警察机构各自独立、互不隶属。❷ 由此可以看出，美国的警察管理机制是一种分权型体制。在美国，依警察的事权范围可以划分为联邦警察、州警察和地方警察，其中地方警察又可进一步细分为县警察、市镇警察以及其他的专门警察。不同层级警察各司其职，严格按照法律规定行使各自的警察权，共同构成美国的警察管理体制。

联邦警察是指联邦政府的执法机构，通常是在出现某种需求时创设的某种执法机构，因此美国并没有一个集中统一的中央警察机构，属于典型的分权型警政模式。联邦警察机构各自独立，主要的执法机关分别隶属于联邦政府下属的司法、财政、内政和国防四个部。其中，司法部下属的有 6 个，即联邦调查局（FBI）、毒品管理局、移民局、监狱管理局、联邦法院管理局和联邦法警局；财政部下属的有 5 个，即烟酒火器管理局、国内税收署、联邦

---

❶ 公安部外事局. 美国警察体制概况 ［M］. 北京：群众出版社，2003：4.

❷ 雷鸣霞. 各国警察体制比较研究 ［J］. 公安研究，2000（6）：80.

保密署、联邦海关署和总督察署；内政部下属的有 5 个，即印第安人事务局执法处、国家公园管理局森林警务处、鱼类与野生动物管理局、国家公园警察局和总督察署；国防部下属的有 8 个，即总督察署、国防调查署、陆军部犯罪调查局、陆军部情报及保安局、陆军部军事警察总队、海军部调查局、空军部保安警察处和特别调查处。此外还有联邦邮政总局的邮政稽查署等。❶

由于美国各州的法律制度各不相同，因此各州的警察管理模式也不尽相同。若以职能为划分标准，州警察通常可分为三种：一是"州政府警察"，依法具备完全的执法权，如打击违法犯罪、维护社会治安等；二是"州公路巡警"，主要负责洲际公路的巡逻，实施各州交通法规、查处交通违章行为、调查交通事故，保障道路交通安全；三是类似于联邦警察的"专门警察"，通常设置在州行政机构内部，负责处理特殊管辖范围内的违法犯罪行为。此外，美国部分州根据法律的规定，在特定领域特设了享有执法权的专业执法机构，如"公园警察局""大学警察局"等。

美国的地方警察数量极其庞大，据不完全统计，全美目前约有接近 6000 个地方警察机构，在这些机构中任职的警察更是难以计数。地方警察机构的职能极其广泛，几乎可以说是事无巨细、人财物皆管。总体而言，地方警察主要职责就是维持所在辖区的治安秩序、预防和控制犯罪以及提供公共服务。事实上，全美各个地方警察机构的规模、职能和内部结构也存在较大差异，大的警察局可拥有成千上万名警察，如纽约市共有近 4 万名全职警察。而绝大多数地方警察机构都很小，其中约一半的地方警察机构的工作人员少于 10 人，甚至有 2000 多个地方警察机构只有 1 名全职或兼职的警察。❷

（三）法国警察发展概况

随着 1789 年资产阶级革命推翻了路易十六的专制统治，资产阶级共和国政府将警察从军队中分离出来，建立起了近代意义上的法国警察制度。自此，法国警察走上了专业化发展道路。1800 年拿破仑执政时期，法国发布《1801年警察法》并在巴黎创建巴黎警察厅，这是近代第一个专设的警察机构。

---

❶ 王大伟. 英美警察科学 [M]. 北京：中国人民公安大学出版社，2018：155.
❷ 罗立贤. 美国分权型警察体制法理研究 [D]. 济南：山东大学，2011：11 - 16.

1871 年巴黎公社成立了担任警察职能的公安委员会，历史上通常将其视为社会主义警察的萌芽。

法国的警察体制又被称为大陆警察模式，是一种中央集权型警制模式，即在中央设置统一领导的警察机关，统辖全国警察机构，按照全国统一的法律自上而下地实施警察职权。基于法国在欧洲大陆的影响力，欧洲许多国家均借鉴并采用这种警察模式。法国的中央警察机关称为内政部国家警察总局。国家警察总局共设 11 个业务局，它们根据各自的工作需要，在全国 22 个大区及 96 个省设置数量不等的直辖机构。法国的警察组织机构犹如一座结构严密的"金字塔"，国家警察总局居于塔尖位置，其他警察部门根据级别不同而居于塔身的不同位置，依次听命于上级，最终归属塔尖统一领导。❶

法国宪兵是法国的第一军兵种，受国防部部长的管理、指挥，必要时内政与公共安全部部长也可以调动国家宪兵力量。国家宪兵集行政、军事和司法三种任务于一身，其任务范围超过法国国家警察。宪兵是"乡村手持武器的警察"，它负责未设国家警察地区（主要是法国的广大农村和偏僻地区，即人口一万以下的村镇，其领土面积超过法国整个领土的一半）的地方维护治安、预防犯罪的任务。在这些地区，宪兵还掌管着同社会治安密切相关的其他事项，如反酗酒、防止人体流行病和动物流行病、管理武器、自然保护、管理捕鱼、打猎、道路交通安全和外国人管理等。❷

法国警察的中央集权型管理体制是地缘、政治以及法律因素综合作用的选择。法国经济在欧洲较为发达，国土面积不大且人口数量不多，这些客观条件为实行垂直领导体制提供了便利。客观而论，此种管理体制利弊共存：有利的方面在于政令的及时上通下达，效率较高，同时可以避免臃肿的机构设置，降低行政管理成本；不利的方面主要有二：一是垂直领导体制下，警察部门与当地各级地方政府相互独立，不利于调动地方政府维护本地治安的积极性；二是一旦垂直领导高层出现决策失误，容易造成大面积甚至全国范

---

❶ 需特别说明的是，法国共有两支国家治安力量，一是国家警察，二是国家宪兵，分别隶属于内政部和国防部，均实行自上而下的垂直领导。若有需要，内政部部长有权调动国家宪兵参加相关警务活动。

❷ 王大伟. 英美警察科学［M］. 北京：中国人民公安大学出版社，2018：161.

围的严重损失，这对法国警察的中央领导层提出了极高的要求。在多年的警政实践中，上述缺陷迫使法国国家警察总局进行反思，在法国晚近的警务改革中，开始鼓励和支持地方行政当局组建市政警察队伍，市政警察主要协助国家警察开展执法工作，但没有刑事司法权。❶

根据法律规定，法国警察所需经费由国家财政统一负担。在法国，任何地区的警察部门，其经费、警备等物质保障都基本相同，不受当地经济发展水平的影响；警察的招录、教育和培训也是全国统一的，并由国家警察总局相关部门直接组织运作。此外，法国还出台了专门法律，就警察的职务、警衔、薪金等问题作出全国统一的规定，有效地保证了法国警察的国家性、统一性和权威性。

值得关注的是，在法国的警察系统中，拥有一支规模庞大的行政人员和技术人员队伍。他们不着警服，没有执法权，主要职责是协助警察开展警务工作。正是由于这些人员发挥了巨大作用，国家警察才能够将全部精力投入打击违法犯罪等警务工作。此外，法国警察机构中还设有治安助理，其属于合同聘任制，年龄一般在 18～25 岁，最长的合同期限为 5 年。治安助理是从属于国家警察的助手，辅助警察进行警务工作，配发警服但没有警衔，在警务活动中发挥着重要作用。❷

（四）德国警察发展概况

直到 15 世纪后半期，"警察"一词才以"Polizi"的形式在德语中出现，并在 16 世纪初得以广泛应用。彼时的"警察"更多地被作为国内秩序的一个集合性概念来使用，意指国家活动或行政，主要包括维持秩序、增进福利等，如 1530 年的《帝国警察法》将"警察"视作一切国家活动。中世纪的德国警察除了承载传统的治安行政任务外，还包括卫生、宗教、风俗等事务，因此产生了所谓的风俗警察、环境警察及宗教警察，此时"警察"概括地指代内务行政领域内各式各样的国家活动。

到了启蒙时期，在"自由、平等、博爱"观念的影响下，人们意识到只

---

❶ 苏传庚. 聚焦法国警察［J］. 人民公安，2002（17）：56.
❷ 苏传庚. 聚焦法国警察［J］. 人民公安，2002（17）：57.

有在出于必要的集体安全及紧急考虑时，国家方能限制个人自由，开启了从目的角度对警察的范围和功能进行重构的努力。自 17 世纪开始，财政、司法、军事等事务逐渐从警察中分离出来，直至 18 世纪，警察概念几乎与内务行政相对应，出现了警察发展史上的"第一次脱警察化"。❶ 如 1794 年普鲁士的《一般邦国法》第 2 章第 17 节第 10 条规定："警察的职责是为了维持公共安宁、安全和秩序，为了消除对公众及个人造成的危险而采取必要措施。"可见此时的德国已不再将促进福利视作警察的任务。❷ 1931 年《普鲁士警察行政法》第 14 条第 1 款规定："警察机关应在不与现行法相抵触的前提下，依其忠实的裁量，采取必要的措施，以便防止对公众或个人产生威胁……"自此，警察机关基于概括的授权而行使的权限被称作"警察"，其范围被限定于出于保安目的的活动。

德国的警察体制历史上属于中央集中体制，但"二战"之后，受英美等国影响，德国实行联邦制。根据《德国基本法》规定，德国警察分为联邦警察和州警察，分别由联邦内政部和各州内政部门管理。他们各有自己的法定管辖权限和分工，双方之间不存在领导和被领导的关系。如遇到工作上的矛盾与冲突，则由全国内政部部长联席会议协商解决。此外，联邦德国还有不属于联邦和州内政部系统管辖的法警、看守警和进行某些警察任务的海关官员，军队中维护交通和秩序的宪兵，以及铁路、邮局、税务等缉私和缉税官员。❸

"二战"后的德国警察概念迎来了第二次"脱警察化"。此次"脱警察

---

❶ 余凌云教授认为，欧美警察的变迁经历了两次"脱警察化"：第一次与分权有关，即通过与军事权、财政权、司法权等的分离，警察权逐渐限定在内务行政领域。此时通过分权和分工，警察从国家行政、内务行政的同义词渐渐走向组织法意义，从警察概念分化出来的其他机构和人员不再使用"警察"名称；第二次与政府组织体系分化及其职能进一步分工有关，即通过不断明晰警察目的，将政府的一些职能从警察之中剥离出去，此时的警察便与内务行政有了一定区分。

❷ 在此期间，围绕着警察的任务究竟是否不再包括增进福利，当时的学界存在着争议。但 1882 年的"十字架山案"则宣示了从警察目的角度约束警察概念观点的胜利。该案中，柏林警察局颁布了一项法令，限制柏林市十字架山地区建筑物的高度，当事人的建筑许可申请因该法令而遭驳回，故而提起诉讼。行政法院裁定该禁令无效，理由是建筑警察有权防御危险，但无权维持美学利益。这一判决意味着，以推进福利为目的的警察权之行使，不能以《一般邦国法》的概括授权为依据，而是需要有其他法律上的根据。有学者赞许该判决为"法治国理念的胜利"。

❸ 王大伟. 英美警察科学［M］. 北京：中国人民公安大学出版社，2018：163.

化"是在组织层面将卫生警察、营业警察、建筑警察等从执行警察中剥离，这意味着在德国，除警察机关以外，其他机关也能够从事危险防止的工作，而这些机关都属于"行政警察"的范畴。换言之，"行政警察"并不局限于狭义的警察机关，而是包含了各个从事危险防止工作的机关。伴随着"行政警察"与"执行警察"的二元划分，当代德国警察法理论上"警察"的概念，已然分化出"实质的警察"和"形式的警察"概念。❶ 然而，随着社会生活和利益矛盾的日趋复杂化，"实质的警察"这一颇为抽象晦涩的统合性概念在德国也受到诸多挑战。时至今日，警察概念在德国依然是受到学界关注的充满活力的议题。❷

（五）日本警察发展概况

近代日本警察发展历程始于明治维新。1872 年，日本司法省设立警保寮，专司警察工作；1875 年，制定行政警察规则，设置独立的"课"作为府县警察机构，并于 1880 年将"课"统称为警察本署，随后又相继改称为警察本部、警察部，日本的警察制度此时得以初具规模。从法律上看，日本最初的警察法以德国的无限警察权为理论基础，于 1928 年发布了《维持治安法》，规定警察在维持治安秩序时有随意处罚的权力。1945 年 9 月，应美国政府要求，日本解散秘密警察，并对法律及警察组织、警察制度进行了彻底改革。1947 年，日本颁布了第二次世界大战后的第一部警察法，但深受美国警察制度和法律影响，其后历经修改并于 1954 年基本确定下来。❸

日本警察是中央与地方相结合、以中央为主的警察体制。日本现行警察体制总的轮廓是：设国家警察（中央国家警察机关和国家地方警察）和地方警察（都、道、府、县警察）。在中央和地方分别设有公安委员会监督指导中央与地方警察行为。"二战"后的日本非常重视警察的法制化建设，先后颁布

---

❶ 按照这种划分，"实质的警察"指通过发挥公共行政的约束功能，防止对公共安全及秩序产生的危险，并消除业已产生的妨害；"形式的警察"则是表明警察机关实际拥有的全部管辖权的总和。前者涵盖所有的危险防止活动，至于由哪一机关执行，并不重要；后者说明警察机关管辖权的内容依机关组织而定。

❷ 陈鹏. 公法上警察概念的变迁 [J]. 法学研究，2017（2）：25 - 28.

❸ 惠生武. 警察法论纲 [M]. 北京：中国政法大学出版社，2000：60.

实施了《日本警察法》《日本警察法施行令》等法律法规，力图使日本警察及其管理走上法治化道路。经过多年的法制化改革，日本警政面貌焕然一新：颁布了数量众多的法律规范，对人事、教育、编制、经费、装备作出明确而详细的规定。例如，在经费保障方面，《日本警察法》对由国库支付的警察所需经费以及都、道、府、县应负担的警察所需经费，都、道、府、县警察补助金作了原则规定，而《日本警察法施行令》对应由国库支付的警察所需经费、国家补助给都、道、府、县警察所需经费作了详细的说明和解释，真正做到管理的有法可依，具有非常强的可操作性。❶

日本法律赋予警察的职责是"保护日本每一个公民的生命、身体和财产安全，维护公共安全和公共秩序"。在日本，都、道、府、县的警察和警察机构都是犯罪侦查、交通管理等相关警务的具体执行者。当前，日本除了47个都、道、府、县的警察本部和警察学校之外，还有1200多个警察署、6000多个派出所和700多个警务站。从整体上看，日本的47个警察本部及其所属的警察署和派出所等以行政区划为"块"自成系统、协调动作，"连块成面"地担负着全日本的警察工作。除了法律以外，日本警察并不需要听命于其他政治势力或权力，他们"在理论上应该成为一支只忠实于宪法和人民的武装执法力量"。❷

二、 中国语境下的警察

（一）古代中国的"警察"

在中国古代的传统社会中，并无近代意义上的"警察"一词，但是"警""察"二字却在古籍中并不鲜见。古代中国中，"警察"二字通常是分开使用的，各有其不同的含义，"警"字如《左传》："军卫不撤，警也"；"察"字如《孟子》："明察秋毫"等。到了宋代，"警""察"二字开始连用，具有侦查缉拿之意。《金史·百官志》中记载有"诸京警巡院，使一员，

---

❶ 李靖彦，玉英. 日本警察管理法制化建设的启示［J］. 公安教育，2004（3）：49－52.
❷ 李明. 日本警察机构设置与中国警务管理体制改革思考［J］. 辽宁公安司法管理干部学院学报，2010（1）：44－46.

正六品，掌平理狱讼，警察别部"，此处的"警察"具有检察、监察、督察、查办等含义。但此处使用的"警察"的含义并非现代意义的"警察"含义。虽然古代中国的传统社会中没有现代意义上的"警察"，但行使警察职能（安全保卫、秩序维护）的机构一直存在，如秦朝的中尉，汉代的执金吾，隋唐至宋辽金元的巡检司、警巡院，明代的厂卫和五城兵马司，清代的步军统领衙门等。❶

与近代警察行政相比，古代中国的传统"警察"在组织机构、人员素质等方面皆不可同日而语，但其控制社会秩序的基本功能并未因时代变迁而发生本质变化。在封闭的农业社会和高度集权的封建专制社会背景下，中国传统"警察"呈现出鲜明的"个性"特征：警察机构的多元化、组织机构的军事化、组织管理的官吏化、价值追求的秩序化、功能定位的政治化等。❷ 封建社会统治末期，中国传统自给自足的农业经济与专制主义集权统治遭遇了前所未有的内外压力的共同挑战，伴随着旧制的土崩瓦解和"民主""人权""法治"等近代观念向社会底层的不断渗透，在这种新旧制度和价值观激烈冲突的氛围中，中国传统警察必将随着时代的滚滚洪流演变进化。❸

（二）近代中国的警察

据考证，中国近代以后使用的"警察"一词是从日本传入的。郑观应、何启、胡礼垣、陈炽等人是最早对西方警察制度有明确认识并进行系统阐释的近代改良思想家，长期旅居香港、澳门的经历，使他们成为中国最早接触西方警察制度的有识之士。1895 年郑观应在《盛世危言》一书中撰写了《巡捕》一篇；同年，何启、胡礼垣合著《新政论议》，提出了在中国设置"巡

---

❶ 陈实. 警察·警察权·警察法——警察法概念的逻辑分析［J］. 湖北公安高等专科学校学报，1998（4）：39.

❷ 孟庆超. 中国警察近代化研究［M］. 北京：中国人民公安大学出版社，2006：2－5.

❸ 长期以来，部分学者习惯于从近代人文主义立场出发，套用西方话语和标准，批判古代中国传统"警察"对"人权"的漠视，甚至将其视为"野蛮"行径。事实上，"人权"是近代资产阶级兴起后才出现的概念，而在传统社会形态中，并无"人权"一词存在的空间。若将中国与以英国为代表的西方国家同置于"传统"视野，两种不同类型的警察各自代表了不同的社会环境与思想文化，很难用孰优孰劣衡量。相反，若以组织、规模、警务方式论，中国传统警察在相当程度上"完爆"同一时期的西方国家。

捕"的设想。❶ 1898 年（光绪二十四年），黄遵宪、谭嗣同、陈宝箴等人效法西方于长沙创办"湖南保卫局"，并拟定了《保卫局章程》，开创中国近代警察史之先河。1905 年，清政府在中央建立巡警部，旧中国首个专职警察机构由此诞生；1912 年，晚清政府将巡警改称为警察。据学者研究考证，我国清末近代警察制度的形成受到德国与日本的影响甚多，呈现出较为连贯的发展轨迹，即发源于实现民族统一前后的德国，在明治维新后的日本得以固定和完备，又从日本传播到帝制末期的中国，中国受其影响，开始近代警察制度转型。

总体而言，清末警察制度的现代化萌芽，是"西学东渐的产物"，是主动与被动交互作用的结果，❷ 所谓主动，主要是当时的开明之士意图"变法图新""师夷长技""中体西用"，建立起我国自己的先进的警察制度。所谓被动，既包括西洋各国之威逼下，清政府沦为"洋人的朝廷"，不得不决定学习西洋的治安新法，确保列强的在华利益；也包括晚清政府为延续封建统治而不得已做出的变革之举，期望通过效仿西洋的警政制度，巩固统治地位。❸ 而在众多因素中，比较直接的导火索是出国考察五大臣被袭事件，❹ 这次袭击事件极大地震动了朝廷，清政府意识到"巡警"对于巩固统治的重要性，遂于1905 年下令设立巡警部，中国最早的中央警察至此产生，随后各地也纷纷效仿，兴办起各地的警政。

清朝末年的警政改革，虽然在机构设置、法律规范、职能划分、警察人员素质等各个方面与当时的西方列强相比存在着严重的缺陷与不足，且当时中国的内外环境下也缺乏施行的本土条件，但从历史视角辩证地看，仍不乏其进步的一面：从中央到地方的警察体系及各级警察机构大体形成；相对完备的警察法律体系初现雏形；一些法律展现出较高的立法水准，与欧美发达

---

❶ 梁翠，王智新. 我国近代警察制度创建的呼唤之声——论我国改良思想家的警政理论 [J]. 辽宁警专学报，2009（3）：71.

❷ 余凌云. 警察权的"脱警察化"规律分析 [J]. 中外法学，2018（2）：399.

❸ 康大民. 中国警察——公安的百年回顾 [J]. 辽宁警专学报，2001（4）：10.

❹ 1905 年 9 月，清政府派载泽、戴鸿慈、徐世昌、端方、绍英出国考察。当时有一个叫吴樾的青年革命党人怀揣炸弹试图袭击"五大臣"，但由于经验不足，炸弹提前爆炸而未能成功。此次袭击事件中，吴樾当场炸死，载泽、绍英受轻伤。

国家相比不遑多让。如 1908 年参考德国等国之违警法律拟定的《大清违警律》，该部法律共 10 章 45 条，其立法宗旨为"防于细微，导民于科禁，息祸于未萌，期秩序之共守"。从某种意义上说，《大清违警律》的颁布标志着我国近现代意义上警察罚制度的诞生。

民国时期，北洋政府以清末警制为基础，发布了大量的警察法律法规，内容涉及警察组织机构与人事管理、权力事项与办事规程等各个方面。国民党政府在此基础上则更进一步，于南京临时政府成立后，在行政院内政部下设置警政司，总揽全国警政事务，发布了包括禁止刑讯、厉行禁烟、查禁赌博、限制警械使用等一系列法令，并专设警政委员会负责推进警政完善。但由于时局动乱，加之国民党政府的腐败统治与白色恐怖，导致警政未能得以真正在全国施行，相关法律规定沦落为一纸空文。❶

（三）中华人民共和国成立前后的警察

中国共产党早期的警政尝试可以追溯到八一南昌起义后，由革命委员会设立政治保卫处和南昌公安局。政治保卫处的任务是保卫革命委员会和起义领导人的安全，南昌公安局是中共党史上的第一个公安局，主要负责安定民心，恢复秩序。中国共产党中央特别行动科（以下简称"中央特科"）是中国共产党在 20 世纪二三十年代建立的最早的情报和政治保卫机关，主要活动于当时的中共中央所在地上海。中央特科主要从事地下工作，包括建立秘密电台沟通党中央与各地苏区的联系、情报收集、对中共高层人物实施政治保卫，防止中共高层人物被国民党政府和公共租界当局逮捕或者暗杀，并且开展针对国民党政府的渗透活动。❷

从 1927 年秋收起义到 1930 年，中国共产党在全国十几个革命根据地先后建立起工农革命委员会，下设肃反委员会，这是根据地所建立的与上海"中央特科"并存的保卫组织，主要任务是锄奸和肃清反革命工作，同一切反革命分子作斗争。1931 年 1 月，中华苏维埃共和国中央临时政府在江西瑞金

---

❶ 许韬. 比较警察法学研究 [M]. 北京：中国法制出版社，2019：9.

❷ 中国共产党中央特别行动科 [EB/OL]. (2020 - 01 - 22). https：//baike. baidu. com/item/中国共产党中央特别行动科/12759390？fromtitle = 中央特科 & fromid = 941201 & fr = aladdin.

成立国家政治保卫局，中央苏区随后颁布《中华苏维埃共和国国家政治保卫局组织纲要》，规定国家政治保卫局及所属分局内部一律实行上下对口原则，内设侦察部、执行部、政治保卫队、红军工作部、白区工作部等机构。中央红军长征到达陕北后，在瓦窑堡成立西北政治保卫局。1938 年，西北政治保卫局更名为陕甘宁边区保安处。陕甘宁边区首府下设延安市公安局，负责安全保卫、治安维护、看守警卫等工作。

1949 年 10 月 19 日，中央人民政府委员会决定成立公安部，任命罗瑞卿为首任公安部部长，并在省市县分设相应的公安厅（局），逐步建立起较为完备的警察组织体系。1950 年 7—8 月，公安部召开首次全国治安行政工作会议，审议通过《城市治安条例草案》和《农村治安条例草案》；1957 年 6 月 25 日，全国人民代表大会常务委员会第七十六次会议通过《人民警察条例》，该条例对我国公安工作的方针政策、组织管理，人民警察的任务、职责、权限以及奖惩等基本问题均作出了明确规定；1961 年，公安部经中央批准公布《加强公安政治工作的决议》，提出加强公安基层单位政治工作的目标，要求公安派出所设立政治指导员，县市公安局设立政治教导员，由此建立了我国各级公安机关"政治建警"的基本组织构架。

1995 年 2 月 28 日，八届全国人大常委会第十二次会议通过了《中华人民共和国人民警察法》（以下简称《人民警察法》），作为我国警察法律体系的基本法，该法对人民警察的职责、权限、任务、义务、纪律、组织管理和警务保障以及执法监督和法律责任等方面作出了全面而明确的规定。在随后的20 多年中，国家相继颁布实施了《人民警察使用警械和武器条例》《居民身份证法》《治安管理处罚法》《道路交通安全法》《枪支管理法》《反恐法》《网络安全法》等一系列警察法律规范。时至今日，国家正在不断完善和健全警察体制建设，推进新一轮的公安体制改革，一个遵循依法治国和依法行政理念、以建设法治公安为目标的具有中国特色的社会主义警察制度及相应的警察法律体系已基本确立。

三、 我国警察概念的演进及其评价

如前所述，无论西方还是东方，古代国家中都曾出现过类似于近代警察的机构和人员。如古希腊的雅典，就曾有过由步行的和骑马的弓箭手组成的宪兵队，恩格斯将其称为"警察"。在古代中国，同样有过类似警察的组织和人员，如《周礼》记载的司稽、禁暴氏，秦朝的中尉，汉代的执金吾，隋唐至宋辽金元时期的金吾卫、巡检司、警巡院，明代的厂卫和五城兵马司，清代的步军统领衙门等皆是。但严格说来，他们只是执行着类似于近代警察的某些职能，尚不具有近代警察所必备的要件和形态，因而只能称为"传统（古代）警察"这一限定概念。❶

就本质而言，古代警察和近代警察都是维护国家统治秩序和社会治安，拥有一定武装力量的专职机构和人员，是国家机器的重要组成部分。但细细看来，二者毕竟存在着许多不同之处。古代警察与近代警察的根本区别在于前者混同于军队、司法和行政机关之中，在职能上无法作出严格、确切的界定。而近代意义上的警察是伴随着西方国家制度和法治理论而产生，依据宪法和法律而存在的，是国家行政部门中执行维护社会秩序和公共治安职能的、拥有一定武装力量的专业性文职机构和人员。

在中国古代，"警察是以调查控制为基本特征的擒奸捕盗行为，既不是指专门的警察机构，也没有演变成固定的职业"。❷ 现代意义的警察源自清末，通过开明学者对德国、日本著作的翻译介绍并在中国传播，当时的译介侧重于从组织法意义上的警察概念切入。黄遵宪在其所著的《日本国志》里介绍了当时日本的警察制度，"警察"遂开始在中文中出现。❸ 清朝末年的《续文献通考》曾述及："警察乃内治安要政"，这是目前我国历史上对现代警察概念进行阐释的最早记载。❹ 1904 年（光绪三十年）以后，人们对警察作用的认识更接近现代的观点，如钟赓言先生曾指出，警察乃是"内务行政之一小部分，即专指内务行政中因欲维持公共之秩序以国家权力限制人民之自由之作用"。❺

---

❶ 韩延龙. 中国近代警察制度 ［M］. 北京：中国社会科学出版社，2018：3.

❷ 转引自：许武生，高文英. 警察法学理论研究综述 ［M］. 北京：中国人民公安大学出版社，2013：1.

❸ 卢建平. 法治语境对警察权的约束 ［J］. 中国法律评论，2018（3）：49.

❹ 转引自：许韬. 比较警察法学研究 ［M］. 北京：中国法制出版社，2019：12.

❺ 陈鹏. 公法上警察概念的变迁 ［J］. 法学研究，2017（2）：31－33.

整体而论，自清末迈向警察制度现代化伊始，我国更多的是从组织法意义上展开了对警察概念的认识以及警察制度的建构，这从当局最初设立的巡警部与军事、外交、商务等部门有着明确的权力区分便可见一斑。清末的警察除了维持治安外，还兼具公共卫生、防疫以及整饬街道等民生职责。在之后的历史发展演进中，无论是北洋抑或民国政府时期，还是到中华人民共和国成立后，警察在业务范围、管辖分工与管理体制等方面的角色定位基本算是一脉相承。需要注意的是，新中国成立之后，政权性质和政治意识形态因素对警察的认识及其制度构建产生了深刻的影响。根据马克思主义国家观的叙述，警察的阶级属性与专政功能在社会主义制度下被强调放大，但警察在组织意义上的机构设置则始终相对独立，自成体系，名称虽历经变化但内涵渐趋固定。近现代中国警察组织发展脉络大致为：清末的巡警部与巡警道；北洋的警政司和警察厅（局、所）；民国的内务部（内政部）和警察厅（处、局）；新中国的公安部与公安（厅、局、分局）。❶

中华人民共和国成立后，1957 年《人民警察条例》中所定义的警察概念仍然是侧重从组织法意义上对警察进行界定。随后经历多年的政法体制改革，逐渐形成了"既统一又分散"的警察管理体制。1995 年《人民警察法》第 2 条第 2 款对当时认为的警察概念从法律层面进行了确认，即"人民警察包括公安机关、国家安全机关、监狱、劳动教养管理机关的人民警察和人民法院、人民检察院的司法警察"。但从国家机关之间的关系上看，这些机关之间彼此独立，互不隶属。从某种程度上说，这让警察的概念跳出了组织法层面，具备了德国法上"实质警察"的意味。但在中国的政法实践中，警察在通常意义上主要指向公安机关及其人民警察，这与规范层面"实质警察"概念形成了鲜明而又尴尬的冲突。

当前，《人民警察法》在经历 20 多年的运行后正在进入新一轮的修法程序中，《人民警察法》（修订草案稿）已于 2016 年 12 月 1 日向社会公开征求意见。根据《人民警察法》（修订草案稿）第 2 条第 2 款规定，"本法所称人民警察，是指公安机关中依法履行治安行政执法和刑事司法职能且被授予人

---

❶ 余凌云. 警察权的"脱警察化"规律分析 [J]. 中外法学, 2018 (2)：399.

民警察警衔的工作人员"。通过该草案条款我们可推断，针对争论多年的警察概念问题，即警察范围界定模糊等问题，国家似乎想要借助当前公安改革的契机，通过立法解决"多元分散"的警察体制与格局，实乃令警察法学界"喜大普奔"的重大事件。但同样令人觉得疑惑和遗憾的是，《人民警察法》（修订草案稿）第104条同时又规定："除法律另有规定外，本法关于人民警察的规定适用于国家安全机关、监狱以及人民法院、人民检察院中授予警衔的工作人员。"如此自相矛盾、似是而非的规定，使得第2条第2款关于警察范围界定的规定再度变得模糊不清，立法机关似乎受制于某种无形的利益纠葛，始终难以在这个重要的问题上作出决断。

在中国语境下探讨警察概念问题，始终绕不过一组概念的关系，即"警察"与"公安"的关系问题。在我国，一般以公安指代警察及其相关概念，这是几十年来形成的惯例和传统，是极具中国特色的做法。一般认为，我们通常所称的"公安"是指公共安全，即英文的"Public security"。很显然，在西方人眼里，"Public security"与"Police"是不同的两个概念，但中国人却将二者视为同一概念，这从我国公安部的官方译文"Ministry of Public security"可见一斑。但为何警察到了中国就变成了"公安"而不叫"警察"了呢？原因在于，新中国成立后，为了彻底打碎旧中国的警察机构和体制，建立起与旧中国警察机构有本质区别的公安机关，亦即人民警察机关。几十年来，各级公安机关和公安民警在打击、预防犯罪，保卫国家与社会安定，保护人民生命财产等方面作了极大贡献，在人民心目中塑造了崇高的声誉和威望，因此在相当长的一段时间内，国内的文件、新闻媒介和人民群众都习惯于使用"公安"这个词汇。但有学者提出，涉及公共安宁、安全的事项（如防止环境污染、预防疾病的流行与传播等）并不都是公安管辖的事情，因此提出随着社会的发展，应用"警察"代替"公安"。也有学者认为，公安部、公安厅（局）、公安派出所等名称已沿用多年，尊重历史和习惯有利于维护警察队伍形象和权威。实际上，在多年的公安学、警察法学以及警务实践中，各界人士早已习惯于根据需要和场合把"公安"与"警察"混用，❶ 并未造成人们对于警察概念的混淆和误解。可见，在国内"公安"与"警察"两个词几乎可以混用，并且这种情况会并存相当长一段时间。❷

鉴于研究志趣、范围和能力所限，本书所指的警察主要指公安机关及其人民警察，即在形式的组织法意义上展开相关问题的讨论。除却前述理由外，我国改革开放40多年来，"警察"早已不被公众视为传统公法上的法律专业术语，更多的是被当成日常用语层面的一种习惯性称谓。换言之，"警察"现下很少被用来概括某种国家活动，而是指日常被称作"警察"的执法主体。由此，"警察"早已演变为一种身份化了的概念，❸ 既指向打击违法犯罪和维持社会治安秩序的公安机关，也包括公安机关中的人民警察，因此本书将会把"警察"和"公安"二词根据需要在不同的场域随时切换使用。

第二节　警察权的内涵与特征

作为国家权力体系的独特存在，警察权在国家权力运转过程中发挥着至关重要的作用。出于不同的国情和历史背景，警察权在不同国家中有着不同的认识和表达。在西方国家，警察权又被称为"治安权"，是指一个主权国家所享有的，为维护公共安全、公共利益、公共卫生、公德和社会正义，由法律规定的内在和绝对的权力，它是政府所必需的一项基本权力，不能为立法机关所放弃或从政府中转移。如在联邦制国家里，根据联邦宪法规定，联邦

---

❶ 两者混用的情况比比皆是，如已被官方采用为"警察"的名称有"中国警察学会"，《中华人民共和国人民警察法》《中华人民共和国人民警察警衔条例》；被官方采用为"公安"的有《公安机关组织管理条例》《公安机关办理刑事案件程序规定》；甚至在同一个法律规范中两者同时出现的情况亦不少见，如《公安机关人民警察纪律条令》；就连公安部直属的两大公安院校中，一个叫中国人民公安大学，一个叫中国人民警察大学。

❷ 王大伟教授认为，在国内"公安"与"警察"可以根据不同场合混用，但与外国交流时，还是用"警察"一词为好，以避免不必要的误解。详情可参阅：王大伟. 英美警察科学 [M]. 北京：中国人民公安大学出版社，2018：69.

❸ 陈鹏. 公法上警察概念的变迁 [J]. 法学研究，2017（2）：37-40.

和各州（邦、共和国）均有权制定刑事警察法规，设定罪名、刑罚以维护社会治安，警察权在国家行使的直接目的在于预防犯罪、消除暴力，同时间接地保护个人自由及财产所有权等宪法所确认和保护的公民权利。❶ 在我国，警察权概念等基础理论研究长期被忽视，为数不多的研究主要选择从维护国家安全，预防和打击犯罪等层面展开。随着我国依法治国以及法治公安建设进程的不断推进，警察权正逐渐由专制性权力向制度性权力转型，"警察"概念在中国语境下内涵的多元性和复杂性也决定了警察权概念所具有的多重含义。❷

一、 警察权的内涵

国内学界一般认为，警察权的定义有广义说和狭义说之分。广义说认为，警察权属于国家权力的一种，是体现警察职能的一项国家权力。我国的警察权包括国家关于警察职能的立法权、司法权和行政管理权。狭义说认为，警察权是指国家依法授予警察机关及人民警察为履行维护国家安全和公共秩序的职能所必需的各种权力的总称。❸ 事实上，无论是广义还是狭义之概念，只是不同研究者从不同立场和视角的观察，因此难免会得出不同的结论。但从警察权这一客观事物本身而言，其公法意义上的核心特性应当具有一定普世性，据此总结出警察权的内涵应当可行。

具体来说，所谓警察权通常应涵盖的特性包括但不限于：其一，警察权是一种国家权力。其二，警察权是一种法定权力，应当由法律（广义法律，包括宪法、法律等各层级法律规范）赋予。其三，警察权归属特定的主体，即只能由警察机关代表国家行使。警察权是国家权力中最具强力特征的权力，但并非任何国家机关都能拥有并行使，只有获得国家授权的警察机关才能拥有并行使该项权力。其四，有限的作用范围，维护国家安全和秩序稳定，进

---

❶ 转引自：刘贵峰. 我国警察权研究［D］. 北京：中国政法大学，2006：5.
❷ 在我国，"警察权"并非一个法律术语，因此在立法和司法层面一般看不到"警察权"字眼的使用，它主要出现在学术层面，成为当前警察法学界近年来颇为关注的研究对象。
❸ 转引自：陈实. 警察·警察权·警察法——警察法概念的逻辑分析［J］. 湖北公安高等专科学校学报，1998（4）：40.

行治安管理与惩治犯罪活动是警察权得以存在的正当性基础，因此警察权的作用范围应当限于警务活动领域。❶ 综合这些属性，本书所采用的警察权概念可表述为：警察权是警察机关依据国家制定法的授权，依法从事警务活动、履行警察职责，为实现国家职能而享有的国家权力。❷

根据我国法律规定，警察权作为一项国家权力却被不同的国家机构所分享，除了公安机关以外，还包括国家安全机关、司法行政机关（监狱）、人民法院、人民检察院、武装警察部队等，它们依据法律的授权分别行使着治安行政管理权、刑事侦查权、司法裁判的执行权、治安紧急处置权以及武装防卫权等警察权的具体权力形式。基于这些权力的属性差异，因此学界一直对警察权的属性（性质）存在不同观点。第一种观点为"四重属性说"，认为警察权包含行政权、立法权、司法权和军事权。其主要依据是我国宪法所确立的国家机关为四种类型，即立法机关、行政机关、司法机关和军事机关，❸ 而这几种国家权力类型在警察权中均有所体现，如警察立法权（制定行政规章）、警察行政权（治安行政管理权）、警察司法权（刑事侦查、执行司法裁判、行政复议等）、警察军事权（武装守卫、武装镇压、执行戒严等）。第二种观点为"三重属性说"，即警察权具有行政权、司法权、军事权三种属性。第三种观点为"双重属性说"，认为警察权既是行政权又是司法权，其中司法权主要表现为对刑事案件的侦查权和对刑罚的执行权。以上几种观点中，"双重属性说"是目前学界的主流观点。

为实现警察权的功能，警察行政职能和警察刑事职能是现代警察权应当具备的两项基本职能，两者共同服务于警察权维护社会治安和打击违法犯罪的功能。警察行政职权是指警察机关依据法律在行政管理过程中行使的权力。警察行政职权涉及广泛的社会生活领域，包括治安管理、户政管理、道路交通管理、出入境管理等行政管理权。警察行政权的作用在于通过治安管理与服务，维护社会秩序，并在必要时尽可能恢复受到扰乱的秩序。警察刑事职权是指警察机关在刑事诉讼过程中行使的权力，包括侦查权、刑事强制权和

---

❶ 金川，唐长国，柳捷，等. 司法警察概论［M］. 北京：中国政法大学出版社，2005：7-8.

❷ 刘贵峰. 我国警察权研究［D］. 北京：中国政法大学，2006：6.

❸ 该观点形成之时还未成立国家监察机关，因此并不涵盖当前的国家监察机关。

刑罚执行权。警察刑事权的作用是刑事追诉、侦查缉拿罪犯。治安与犯罪，是两个既有区别又相互关联和衔接的概念，它们的关系决定了警察行政与刑事职权之间的相互关系。由此可见，警察权的"双重属性说"虽然历经不少学者的挑战，但基于我国治安管控和刑事司法的本土实践，警察权兼具行政属性和刑事属性是其发挥维护社会治安作用的必然要求，应当会继续在理论上长期占据主导地位。

二、警察权的特征

（一）国家性

在自由资本主义时期，国家通常被称为"警察国家"，彼时的国家构造相对简单，国家行政等同于警察行政，国家权力几乎就是警察权。随着法治国家时期的到来，国家权力通常由宪法划分为立法权、行政权和司法权。从法治国家的视角来说，警察权源于立法的授权，"没有立法就没有警察权"。警察权作为一种国家权力，需要国家制定法律对警察的职责和权限进行规定。由于法律是国家意志的体现，因此警察权是国家意志在警察行政中的体现。实践中，警察权运行通常表现为警察个体的执法行为，但是由于权力的国家授权，警察个体执法所拥有的警察权及其法律后果应归属于国家而非个体。在一个国家内，公民依照法律规定具有维护国家安全以及公共秩序的义务，而警察同样负有维护国家安全以及公共秩序的职责。

根据马克思主义国家学说，资本主义国家警察权的性质与资产阶级国家性质相一致，社会主义国家警察权的性质是由社会主义国家性质决定的。我国是实行人民民主专政政治体制的社会主义国家，中国共产党的领导是中国特色社会主义制度最本质的特征。因此，我国警察权作为保障国家政治和社会安全的重要国家权力，必须体现国家性质的要求，无论是从权力的来源（来源于人民）还是从权力的展开方式（党委领导、依法用权）来看，警察权无处不体现着其国家性特征。在警务管理和执法实践中，警察权的国家性就是要坚持"政治建警"，强调"警察姓党"原则，时刻把握正确的政治方向，在公安队伍的意识形态和组织机构建设中，始终贯穿人民警察国家性和

人民性，将警察权牢牢控制在统治者手中。❶

（二）强制性

警察权的强制性是指警察权以强制的方式和手段来实现其权力内容，它更多地体现为一种直接强制，即警察权的行使不需要借助其他国家机关或国家权力的力量，警察可以通过自身的行为直接将行为结果施加于相对人身上。警察权的行使是以国家强制力作为后盾的，警察权的国家性使得警察行为具有强制性。与此同时，警察权的强制性还是由警察职权所决定的。警察的职权主要以打击违法犯罪的形式呈现，违法相对人或犯罪分子基于自身利益和逃避法律制裁的考虑，通常不会主动配合警察的执法行为。事实上，在大多数的警察执法行为案例中，借助强制力和即时控制方能实现执法目的的案件占绝大多数。

警察权的强制性决定了警察应当具有高度的权威和公信力。出于对警察权强制性的忌惮或尊重，相对人应当选择服从以避免强制行为的出现，只要相对人的行为符合了警察机关的指引，履行了相应义务，就不会出现强制行为。但现实中，挑战警察执法权威和公信力的事件在我国当下频繁上演，"辱警""袭警"现象背后的原因异常复杂，是警察、媒体以及社会多方因素共同长期作用的负面结果，在这其中，警察权的强制性被忽视、漠视甚至人为淡化是重要原因，因此在理论上深度挖掘警察权强制性特征的理论价值，对于指导我们看待和分析当下的警察执法权威问题极具现实意义。

（三）公益性❷

警察权作为一种具有特殊性的国家权力，其创制目的是维护秩序和惩治犯罪，人民因此能够享受到安居乐业的生活。警察的进化史表明，现代警察权内涵中"人权保障"的功能价值早已为世人所接受，警察权因此而具备鲜明的公益性色彩。与近代警察权相比，现代警察权更注重公共服务的提供和

---

❶　王星元. 论警察权的控制与规范［D］. 长春：吉林大学，2013：20.

❷　对于警察权的公益性，有学者认为公益性等同于公共性，但两者还是有区别的。公共性强调的是"非竞争性和非排他性"，没有价值判断的成分，而公益性更多地含有"公共利益"或"福利"的意义。

对相对人权益的保护，这与传统警察国家以管理、控制甚至镇压为权力行使主要目的的旧式警察有着本质的区别。在法治国家中，警察权以法定的方式运行，以维护社会秩序、惩罚和预防犯罪的方式，最大程度上保障公共利益和促进人权的实现。

需要说明的是，"公共利益"从来都不是一个容易界定的概念，各个国家莫不如此。究其本质，公共利益应当是绝大多数人的利益，而不能是少数人或个别部门的私利。由于公共利益界定的困难，实践中包括警察权在内的公权力容易被滥用，打着"公共利益"的旗号谋取个人或部门的私利。在法治国家中，法律应当成为界定公益的唯一标准，无论是通过立法还是司法途径，明确而清晰的公益概念有助于规范警察权的行使。因此，警察权的公益性特征，无论从权力的目的还是手段，或是权力配置和运行的正当性等方面来看，均有重要的理论研究价值。❶

第三节　警察权的功能与追求

一、警察权的功能

对于当今各国而言，警察无疑是维护公共安全、社会秩序以及人权保护最为仰仗的力量。但从西方近代史看，警察的这一功能却是历史演变过程的结果。在古代西方，警察一般是指宪法或者有秩序的共同社会的意思。到了中世纪的法国，警察作为封建领主的一种特别统治权形态而存在。16世纪以后，"警察"被视为国家行政的象征，即所有国家公权力维持社会秩序的行为都是警察行为。18世纪后，在国家近代化浪潮下，国家的作用范围不断扩大以及职能分化，财政、司法、外交等国家职能陆续从警察中分离出来，此时的"警察"只意味着维持公共福利与秩序安全的内务行政。1786年玛尔著

---

❶　王星元. 论警察权的控制与规范［D］. 长春：吉林大学，2013：23.

《警察学》一书专门研究警察问题，警察第一次成为理论研究的对象。到了19世纪初，英国以《大都市警察法》创建了世界上第一支享受国家警饷的正规化职业警察队伍，现代意义上的警察制度正式诞生。由此，"警察"才比较稳定地成为行使国家治安行政权力并维护公共安全和秩序的政权机构及其人员的专称。随着近代立宪主义的发展，国家通过宪法确立了权力的有限性，伴随着正当程序、保护人权等核心价值理念的普及，警察的功能定位也深受影响，表现为消极界定警察权边界、缩小对公民私权的限制与干涉。20世纪以来，伴随着宪政国家的进一步发展，各国呈现出国家积极干预社会、人权相对化、权利社会化等特征，警察的功能亦出现新的变化，其阶级性逐渐被模糊，行政服务论逐步占据主流，警察的积极行政功能被放大，其促进社会福利的功能正被日益凸显。

我国近现代意义上的警察制度源自19世纪末，当时的警察功能被定位为保障公共安全、社会秩序以及对公民权利的消极限制，警察是作为一种国家行政权的存在。到民国时期，巡警被改称为警察，并且伴随着西方国家警察理论与立法制度的不断引进和借鉴，警察的内涵较前一时期有了较大丰富和变化：庞大和完备的警察体系得以建立，警察制度得以实现专业化发展，出现了铁路警察、矿山警察等特种行业警察。中华人民共和国成立后，在相当长时期内，"警察"被视为旧法术语而被弃用并改称"公安"，直至1957年《中华人民共和国人民警察条例》的出台。❶ 虽然此时警察职能突出的是其阶级性与工具性，强调其消极行政功能，但却明确了警察权来源于人民，即公权源自私权的宪政思想。同时明文确立了警察的行政属性，将警察定义为"国家治安行政力量"，从而否定了警察的司法属性。改革开放后，我国警察理论与制度建设成果丰硕，但是关于警察的职能界定问题，由于立法的滞后和模糊不清，以及实践中警察执法出现的诸多问题，警察职能法治化一直成为学界研究的热点。

---

❶ 《中华人民共和国人民警察条例》第1条规定："中华人民共和国人民警察属于人民，是人民民主专政的重要工具之一，是武装性质的国家治安行政力量。"全文可参见：中华人民共和国人民警察条例［EB/OL］.（2000 - 12 - 10）［2016 - 07 - 20］. http：//www. npc. gov. cn/wxzl/gongbao/2000 - 12/10/content_5004310. htm.

概言之，警察的职能随着社会发展而不断演化，警察从一般统治权概念发展到以维护社会治安为职责的特别统治权概念，并在新的历史环境下正逐渐演变成一个职业化、专门化的概念。从宪政发展史角度看，作为国家公权力最具代表性的警察，其不断从国家行政中剥离并专门化、职业化的发展变化轨迹直接映射了宪政建设中分权与制衡的思想。伴随着这一轨迹，警察职能需要法律的明确界定并接受其规制，这是法治发达国家的共同经验。一方面，明确的警察职能体现了国家权力的可预期性与稳定性，使得对警察权的约束和监督成为可能；另一方面，法定的警察职能可以让警察专注于国家安全与公共秩序的保障，排除不必要的"干扰"，从而最终实现社会公共服务和公民权利保护的价值。本书认为，警察权的基本功能主要有四个方面。❶

（一）执行功能

从权力的本质上说，警察权作为一种行政权，其运行过程就是执行国家意志、法律和政策的过程。国家的政治功能可以概括为两个方面，一是形成国家意愿、意志；二是实现国家行为、行动。法律、政策的制定就是国家意志的表达，是国家意识、决策意志的确立；国家意志必须通过行动才能实现，其执行主要体现为法律、决策的实施活动。根据现代国家权力分工机制原理，警察权属于国家的执行权，具体表现为实施法律或政治决策的警务活动，将国家意志作用于警察权的客体，贯彻落实到具体的警务活动对象，包括人身、财产、地域、权益或利益等。

（二）控制功能

保障安全、维护秩序是警察权的传统而基本的功能，警察权实施的重要目的就是实现维护国家安全、公共安全和社会秩序，履行国家的政治职能，

---

❶　许多学者认为，为适应政府治理转型趋势，警察应当与其他政府部门一样，突出服务功能，建设服务型警察队伍。但本书认为，服务型行政确实有传统管理型行政不具备的优点，但警察机关在政府序列中属于独特的"刀把式"部门，其打击违法犯罪所形成的威权特征不应被轻易淡化。在多年的"有困难找警察"服务型理念影响下，大量非警务活动早已让公安机关不堪重负。再加上普通群众很难有能力鉴别"公共服务"和"私人服务"的区别，若是一味强调公安机关的服务属性，很容易使其给人"服务行业"的印象，那么警察执法权威更加难以塑造。在此意义上，本书不再将"服务功能"视为警察权的基本功能，特此说明。

从而有效地防范、制止危害国家政治安全和社会公共安全，侵犯公民人身、财产安全和合法权益的违法犯罪行为。为此，警察开展安全保卫和治安防范，维护社会公共利益和社会治安秩序，对危及或影响社会安全秩序的人、事、物等开展安全管理和防范控制，预防各种刑事案件、治安案事件和灾害事故的发生，做到防患于未然，为社会政治稳定、经济发展和人民群众生活安定创造良好的秩序环境。

（三）惩戒功能

警察权作为国家强制力量之一，具有制裁、惩处违法犯罪行为的特殊功能。警察在公共安全管理中，依法查处各种治安案件、治安事件和治安灾害事故，查处各种治安违法行为，对于妨害公共安全，扰乱社会秩序，破坏社会稳定，侵犯公民权利的各种违法行为予以惩处制裁，追究法律责任，保证政治安全和社会稳定，促进社会有序发展；警察在刑事执法中，为了保障刑事诉讼活动的顺利进行，辅助司法权制裁违法犯罪行为，实施刑事调查、刑事侦查和执行刑罚等刑事诉讼活动，通过依法采取各种警察执法措施，保障司法惩治刑事犯罪、执行刑罚，完成刑事诉讼不同阶段的任务。

（四）保障功能

"尊重与保护人权"是现代国家和政府的重要目标，因此保护公民的合法权益，维护社会公共利益是警察权的基本功能，这是由警察权的性质、目的和警察权配置的基本任务决定的，尤其是我国是人民民主专政的人民当家做主的国家，警察权是国家和人民赋予的权力，保护公民合法权益是人民警察的基本职责，应当贯穿于警察权运行的全过程。为此，警察大量的执法活动都与保护公民人身权利、合法财产权益有关，如警察在治安管理、户籍管理、特殊行业管理、危险物品管理、消防监督管理、网络安全管理、应急安全管理以及防范违法犯罪等方面保护着百姓的合法权益，为广大人民群众提供着安全保障服务。❶

---

❶ 程琳. 警察法学通论［M］. 北京：中国人民公安大学出版社，2018：56－57.

二、　当前中国警察权功能定位之审视

在我国当前的警察法律体系中，警察的"职能"并非严格意义的法律术语，立法采用的是"职权"一词。● 在我国立法惯例中，"职权"多被认为是"职责"与"权力"的结合体，《人民警察法》第二章"职权"的规定便是典型。该法第 6 条规定了公安机关人民警察的 14 项"职责"，并在第 7 ~ 19 条中列举了警察在各种情形下的执法"权力"。从《治安管理处罚法》到《人民警察使用警械和武器条例》，这样的立法模式被沿用在几乎整个警察法律体系中。而实际上，警察职能并不等同于职责，它是更具宏观性和包容性的概念，警察职能是警察应当具有的功能，是国家在整体上对警察的价值判断和功能认定。

虽然目前我国法律中未明确规范"警察职能"，但体现其精神的内容规定并不缺乏，只是由于不够明确和科学，造成了法律规范上的模糊和混乱，如警察的性质、权力来源和法律地位没有明确界定、警察的范围和功能发挥之间存在矛盾、警察职能发挥的保障性条款缺失等，这势必在执法实践中产生许多问题。例如，法治社会中任何国家权力都需要明确的法律依据，故警察权的来源、性质和地位应当在宪法或法律中得以明确体现。例如，国家应当以宪法或宪法性法律赋予警察机关明确的权力定位和范围，使其具有独立且明确的法律地位并与其他国家部门划清权限。同时以相应的单行法律、法规、规章等法律文件规范每一个警察机关和警察所拥有或行使的警察权，划分出他们各自的职权范围，为具体警察权的获取和运行划定明确的条件、程序和方法，形成从宪法、法律、法规到规章等不同效力等级的科学统一的警察法律体系，使警察权在整体和个案状态下都能够实现法律的全面规制。

然而在我国，由于警察权缺乏明确的宪法界定，且规定警察权力来源、性质和地位的法律规范的位阶不高、内容模糊，再加上实践中各种权威极高和级别极高的政策性文件"冲击"，导致人们对人民警察的性质、地位、功能

● 按照现代汉语词典的解释，所谓"职能"，是指事物、机构本身具有的功能或应起的作用。这与"职权"有所区别，它更侧重从宏观角度强调事物的整体性功能，而后者侧重从微观层面描述事物实现功能的方式。

等认识上的误读，混淆了警察机关与其他行政机关的职能，严重干扰了警察权的运行和警察职能的发挥。又如，由于警察法律规范的不健全，当前我国警察权在授权、分配、委托及法律责任等问题上，缺乏统一明确的法律规定，以致在实践中各地做法不一，部分地方政府或政府部门随意扩大、滥用警察权，甚至一些社会组织和个人非法受托滥用警察权的现象时有发生，警察权正面临着被严重"泛化"和滥用的风险。❶

更进一步观察，警察权在国家和社会治理层面中所发挥的实际功能，远远超出了法律规范意义上的警察职能，其社会定位远非西方国家"行政执法力量"般存在。由于当前我国宪法和警察法律没有对警察进行明确的法律定位，使得公安机关在事实上早已成为全职全能全天候的"万金油"部门。现实中，我国的警察除了要履行维护国家安全、社会稳定等传统职责外，还承载着"贯彻党委政府领导""为地方经济保驾护航"等政治或政策任务，同时还要"摆平"各种群体性事件和涉法涉诉事件，更要兼顾不计其数的诸如打狗、清摊、收粮、计生、家庭纷争等其他政府部门的"非警务"活动，警察承载了太多法律之外的职能与任务。如此"泛化"的警察职责最终影响和伤害了警察职能的有效发挥和整体形象定位，加上各地警力配备严重不足，疲于奔命，执法效能降低，执法缩手缩脚、压力巨大，严重影响了警察执法的公信力、损害了警察权威。

由此可见，宪法和法律上的警察职能规范缺失或混乱，不仅造成了部门法在警察权规范问题上的冲突和混乱，更严重影响警察机关和警察作为国家重要执法力量的法律定位和社会功能的发挥。当下，新一轮的《人民警察法》修改正在进行，本书认为，新时期警察的功能和法律定位是修法必须面对和解决的核心问题。"有所不为方能有所为"，要解决当下警力奇缺、任务繁重、执法效能低下等问题、构筑科学、理性和健康的警务发展道路，需要宪法和法律对警察的法律功能与社会角色间长期存在的矛盾予以回应和明确，从"源头"正视和思考问题，从宪法和法律层面重新审视警察及警察权的功能和定位，聚焦主业和主要职责才是破解我国警察职能发挥难题的根本途径。

---

❶ 李元起. 警察权法律规制体系初探 [J]. 河南公安高等专科学校学报，2010（2）：38.

三、　警察权的价值追求

从近代立宪主义所构筑的法治国家视野看，通过对警察权的特征、职能以及法律定位的分析，我们会发现：一方面，警察权具有极强的国家性，它要求权力的运行体现统治阶级的意志和利益，这种国家性具体体现为一种强制性，它是一种不需要借助于其他国家机关的力量而直接施加于相对人身上的特殊强制。毛泽东同志曾指出："军队、警察、法庭等国家机器，是阶级压迫阶级的工具"，❶ 正是对这一现象的高度概括。另一方面，警察权又具有广泛的公共性，即这种权力自诞生之日起就担负着维护社会秩序、维护公共利益、保护公民权利的职责，它不但关注国家利益，同时也注重私人利益的保护。正因如此，使得警察权在价值追求的目标上呈现出二重性的特点。

（一）秩序是警察权追求的基础目标

"权力的价值主要指向秩序……秩序的保护和维护是权力存在的主要理由。"❷ 秩序是自由与发展的基础，在一个缺乏秩序（安全）的社会，人们要获得充分的自由与发展是不可能的。有基于此，国家赋予公安机关以警察权的目的是让其有效地履行维护国家安全和社会治安秩序的职责，它通常以某种程度的限制公民自由为方式来实现对社会治安秩序的控制，具体表现为预防、制止和制裁各种违法犯罪行为等行使公务执行权的行为（公安执法行为）。从这层意义上看，警察既是社会秩序的象征，又是社会秩序的手段，警察权在预防和制止社会无序状态方面起着其他国家权力无法替代的作用，此时警察权行使的价值目标表现为秩序。

（二）自由是警察权追求的终极目标

"人民对秩序的追求不是终极追求，仅仅是以此作为其他追求的条件或外部环境。"❸ 但其他追求是什么？历史告诉我们，人类的社会发展史就是一部

---

❶ 毛泽东. 论人民民主专政［M］//毛泽东. 毛泽东选集：第 4 卷. 北京：人民出版社，1991：1365.

❷ 王人博，程燎原. 法治论［M］. 济南：山东人民出版社，2003：119.

❸ 卓泽渊. 法理学［M］. 北京：法律出版社，2000：207.

不懈追求自由的历史。在近现代宪政民主国家，公民制定并遵守宪法和法律，最终目的就是自由。尽管秩序是实现自由的基础和保障，但片面强调秩序，过度的社会控制往往会侵犯公民自由、阻碍社会发展，这是早已被社会历史发展证明的事实。因此，任何法律，不论是确认公民权利还是赋予国家权力，其终极价值均应指向自由，用法律的话语表述就是权利，国家权力只不过是通向自由（权利保护）的必要手段而已。在这层意义上，警察权的终极价值目标应当是保障公民自由和权利，警察权的行使过程应该是一个以限制公民自由为手段，以维护社会治安为内容，通过实现社会治安的有序状态，最终达到保障公民自由（权利）的过程。

在当今时代背景下，"自由、民主、权利、公平、正义"等早已成为世界各国维持正常秩序和展开国际交流的关键词，在法治原则背景下依法保护公民的合法权利成为各国政府的目标，也是其统治获得正当性的基础所在。因此，上述两种价值追求对警察权而言并非并列或选择关系，而应当是一种递进关系，后者是以前者为基础或保障，而前者的目标是最终实现后者。在一般的警察执法层面上看，我们更多是发现和强调公安执法的秩序维护功能，而对隐藏在其中的保护权利功能往往不够关注或被忽视。因此，在法治环境背景下，客观审视两者关系，在警察权追求的价值序列上摆正两者的位置，既要保证秩序，更要保护权利，千万不能打着"维护秩序或公共利益"的旗号违法损害公民的合法权利。正确的价值取向，对于公安机关把握自身的准确定位、树立科学的指导思想以及规范执法行为等都是至关重要的前提条件，只有把方向搞清楚了，后面的道路才能走得顺畅。

第二章

警察权的宪法基础

第一节　宪法历史中的警察权

一、　西方宪法史中的警察权

在西方社会进入立宪主义前的国家形态中，君主专制政体是欧洲各国主要采用的政权组织形式。专制政体的政治权威和统治力主要基础在于武力，即统治阶层维系其统治地位的根本手段在于掌握强权、武力，通过能够熟练使用权术、采取自上而下专权或分而治之分权等方式迫使被统治者屈服。长达数千年的集权思想和专制实践最终演化出所谓的"警察国家"（Police state），即依靠一整套强大的武装力量，通过不断扩张权力，严厉管控、集权专断地以暴力和威权维持国家存续。在警察国家中，强权政府下的行政活动笼统而全面，社会生活的方方面面、事无巨细均受严格管制，国家和社会一元同构，并无市民社会存在的空间。在当时的环境下，"除军事外，其他皆属内政"，此时的警察权几乎就是国家权力的全部构成。在立宪主义分权原理看来，"警察国家"中的警察权是一种集立法权、行政权、司法权等多种权力于一身的强大存在，从某种程度上说，当时的警察权就是现实中霍布斯所描述的"利维坦"般的存在。❶

---

❶ 刘茂林. 警察权的现代功能与宪法构造难题［J］. 法学评论，2017（1）：28.

随着资本主义的发展，欧洲开始进入"开明专制"时代。在这一时期，"法治国"理念逐渐兴起，"以国家造福人民之目的，而不注重达成目的的手段"之理念已不再被赞同，"警察国家"被注入了新的元素，开启了逐步向法治国转型的序幕。在奥托·迈耶看来，这一时期的国家行政并非"野蛮"和"无规则"的，"法律已作为权力依据，司法独立已现制度雏形，国家目的的达成也开始引入私法的方式，产生国家法人化的动向"。❶ 在当时的欧洲，随着工业化的发展，社会化分工亦开始体现在政府组织中，司法、财税等权力相继独立并由专门机构承担，警察不再与政府同义。警察权虽然继续保留权力分工所留下的剩余权力，但其主要职权开始集中于治安秩序的维持。❷ 有学者指出，"开明专制"相比于"警察国家"的深刻变化，是法律保留原则的兴起，这也是开明专制走向法治国的质变因素。法律保留原则要求"凡人民权利限制与国家权力行使，皆需通过立法者的法律方得为之"。❸ 正是在这样的理念下，"法律限制"逐渐成为政府权力配置和运行的基本原则，警察权亦开启了近代法治化发展的道路。

资产阶级革命后所建立的西方各资本主义国家，虽然采取了不同的立宪模式，但在国家（公权）与社会（私权）的关系上，基本都秉承了"政治国家——市民社会"的二元结构设计。在近代立宪主义看来，政府所拥有的公权力是有限的，政府应当充当社会生活"守夜人"的角色，充分尊重市民社会与私人生活的充分自由，由此便产生了近代宪法史上的"夜警国家"。"夜警国家"的出现，原是出于对封建专制统治下权力（警察权）专断和滥用的不信任，因此当时的普遍观念认为，"管得越少的政府就是越好的政府"，此时国家权力只需保留国防、外交、治安、纠纷解决等传统且消极的权能即可。在此环境下，警察权的权能大为缩减，主要在于维护社会秩序和解决公民纠纷。

纵观各国近代宪法史，警察权在宪法中的描述和定位呈现出两大特征：其一，近代宪法在界定警察的职能和定位时，并未在国家权力组织框架设计

---

❶ 奥托·迈耶. 德国行政法 [M]. 刘飞，译. 北京：商务印书馆，2002：56.
❷ 伯阳. 德国公法导论 [M]. 北京：北京大学出版社，2008：135.
❸ 陈新民. 行政法学总论 [M]. 台北：三民书局，2000：15.

中将"警察权"单独作为国家权力的一支予以明确标示，而是将警察权归为行政权的内在构成，主要纳入行政法律体系的控制。其二，各国宪法及其法律基本都将警察权定位为国家的暴力机关，强制性和执行性是其突出共性，其权能集中表现为维持治安秩序、预防和惩戒违法犯罪、保护公私安全，这些权能亦成为警察权的传世功能延续至今。

需要提及的是，虽然警察权如此重要，但基于对"权力"的天然不信任，近代宪法仍然将警察权视为国家治理中"必要之恶"加以防范，其既需要接受议会、司法等其他权力的制衡，同时也受到法律规范的严格控制。例如，在警察国家，警察等同于国家，它集立法、司法与执法于一体。但在近代宪法下，基于对公民权利的保护和公权力的限制考虑，警察立法规范和警察权监督机制要求警察的执法行为在目的与手段之间的合法性关联及其程度必须合乎比例，这是现代社会关于警察权的全新要求。近代宪法克服了"警察国家"基于为臣民安排幸福的目的而赋予所有手段合理性的专制主义倾向，体现在制度层面上，催生了由不同机构承担不同职权的近代分权体制的诞生。这是近代宪法对法治国的推进，也将警察权嵌入宪法体制层面上的权力架构中，让其接受来自宪法体制的全面约束。❶

20 世纪初，西方各国经历了立宪主义由近代向现代的转型，1919 年魏玛宪法的出现是其主要标志。现代宪法相较于近代宪法的变化主要有二：一是国家与社会关系的变化，此时"国家—社会"二元结构分野不再绝对，政府不再是管得越少越好，社会和公民的发展需要国家的合理干预；二是传统的人权体系发生了变化，在"第一代人权"（消极权利）的基础上，演进出以发展权、就业权、休息权等社会权为代表的"第二代人权"（积极权利）。《魏玛宪法》文本中首次出现了警察的相关概念，使得警察权在这一时期上升到了宪法高度。在当时，警察权依旧强调其对国家社会秩序的维护与保障的行政特征，但警察含义中的阶级性逐渐被模糊。

随着工业社会分工的发展，各种社会组织的产生消解了传统政府权力的垄断领域，社会治理的基础发生了显著变化。在多元社会治理格局和社会需

---

❶ 刘茂林. 警察权的现代功能与宪法构造难题 [J]. 法学评论，2017（1）：29.

求下，警察权所涉及的传统领域也随之不断扩展，早已超越了消极意义的权能而向积极意义的公共服务演进。伴随着宪法治理的进一步发展，"行政服务论"逐步占据主流，福利国家逐渐出现，警察含义中的积极行政功能被放大，其促进社会福利的功能也被日益凸显。尽管如此，现代宪法仍然延续了近代宪法关于警察权的定位和构造。对此，刘茂林教授认为，"无论是近代宪法还是现代宪法，以人民幸福之依归，在文本层面上都冠冕堂皇地排斥作为国家强制力量的警察权的'暴力'色彩。另一方面，近现代宪法的'国家权力—公民权利'架构，都立足于立法权、行政权和司法权的总体框架下，无法深入到行政权内部的具体类型，因而并不能很明确地对警察权及其相对于其他行政权的独特性做出精准描述"。❶

二、 中国宪法史中的警察权

"中国近代警察产生于清末立宪运动之中，并伴随制宪进程的发展经历了民国时期和新中国成立后漫长的发展演变过程。在这一过程中，警察权从最初的被动移植到主动移植再到逐步承继，并不断结合我国的宪法实践进行着本土化的调适与变革，形成了独具中国特色的警察权力运行模式。"❷

警政作为新政之基，是清末宪制改革的重要内容，在清末立宪派的政治要求中，亦包含了建立现代警政的思想。我国近代警察观念的引入始于清末改良主义思想家郑观应、何启、陈炽等人，他们通过考察西方列强先进的警察制度，痛陈清末旧式警察的弊病，阐述了新式警政的优越性以及在中国建立新式警察的必要性与可能性，试图论证警察权的性质、功能及其与立宪主张并最终国家富强的逻辑关联。在改良主义立宪思想家的推动下，中国近代警察权研究得以在"救亡图存"的立宪主张背景下产生。康有为对西方警察权了解较早也颇为推崇，为"革旧图新、变法图强"，他于1897上书清帝，在"维新"奏折中三次提出"设巡捕、办警务、练巡警"等主张，足见警政在其维新变法思想中的重要地位。另一位维新派代表人物黄遵宪更是将立宪

---

❶ 刘茂林. 警察权的现代功能与宪法构造难题 [J]. 法学评论，2017 (1)：30.
❷ 刘琳璘. 宪法学视野下警察权问题研究 [M]. 北京：法律出版社，2017：86.

与警政思想紧密结合，提出警政"为新政之根柢，若根柢不立，则无奉行之人，而新政皆成空言矣，故首注意于是"，在他看来，警政是立宪的根基所在，新式警察能够成为安靖地方、推行立宪的工具，并且对于保障民权、改善民生有积极作用。❶ 清末立宪主义和警政思想的传播，为近代警察权的产生奠定了观念基础，并最终促成了中国新式警察的出现。

北洋政府时期，以袁世凯为首的北洋军阀普遍意识到强化警察权这一国家权力对维持统治秩序的重要意义，在警察体制建设、警察立法、警察教育方面均有所成就，如整顿地方警察机构，加强省县警察力量，召开全国警务会议，制定警察章程等。但在这一时期，北洋军阀们多数受到错误的立宪思想影响，仅仅将宪法作为维护专制统治的工具，将警察视为维持军阀统治的"打手"和"家丁"，导致该时期警察权的职能与定位出现严重偏差，警察权的暴力性与镇压性被凸显而维护公共秩序和保护民权的功能被忽视，警察沦落为旧式军阀封建集权统治的工具。

南京临时政府时期，孙中山对辛亥革命后中国不仅没有走向民主共和道路，却相反走向军事强人政治、国家因内战四分五裂的现象进行了反思。他认为原因在于"由军政时期一蹴而至宪政时期，绝不予革命政府以训练人民之时间，又绝不予人民以养成自治能力之时间，于是第一流弊，在旧污未能荡涤，新治无由进行。第二流弊，在粉饰旧污，以为新治。第三流弊，在发扬旧污，压抑新治。更端言之，第一为民治不能实现，第二为假民治之名，行专制之实，第三则并民治之名而去之也"。❷ 他继而提出"军政、训政、宪政"三阶段理论以及"三民主义""五权宪法"思想，竭力为中国设计国家发展路线图。❸

到了南京政府时期，蒋介石利用连年战乱的时局，将孙中山的三阶段理论发展成为一种集权主义政治体制，使得中国的民主立宪进程进一步倒退。王人博教授认为，在中国近代立宪史中，民族主义一直占据着独特地位，成

---

❶ 韩延龙. 中国近代警察制度［M］. 北京：中国社会科学出版社，2018：31-35.

❷ 蒋廷黻. 中国近代史［M］. 长沙：岳麓书社，2010：95.

❸ 孙中山先生认为，军政时期是指"以党建国"的暴力革命时期；训政时期是指"以党治国"时期，而宪政时期意指"还政于民"时期。

为影响中国立宪选择的重要因素。亦有学者认为，民族主义最初"作为一种手段对中国现代化进程起到了极大的社会动员作用，但它也经常淹没了现代化，并使之偏离主航道"。❶ 在当时的环境下，国人普遍认为"救亡图存""民族自强"是比"自由、民权"更重要和更优位的选择。由此可见，中国近代的立宪思想在本国民族主义浪潮下，自始就与西方立宪主义原旨存在着较大差异。申言之，"以党治国政治模式"之诉求是自近代以来隐藏在国人心中反西方强权政治的民族主义的结果。蒋介石利用了这种民族主义思潮，倡导其所谓的国家立宪主义，即为了国家统一、民族独立，应该牺牲个人自由和权利并将其托付给军事强人，由其完成集权统一。在这样的立宪思想下，南京政府时期的警察权围绕着蒋介石全面军事集权政治体制进行建设和发展，突出警察权在社会控制、秩序保障、民众监控、剿灭中共等方面的功能及制度建设。例如，建立了从地方到中央、从城市到乡村更加严密完善的警察网络，使清末以来中央政府对乡村地区失去控制的局面得以改变；新设了刑事、外事、驻卫、税务、盐务、海关、渔业、林业、公路、航空等各类警察，几乎涵盖了近代所有警种；建成了高等警官教育、警官教育和警士教育体制，在入学资格、课程设置、考试制度和实习制度方面针对不同级别警察作了不同规定，构建较为科学的警察教育体制。需要指出的是，"军警宪特"四位一体是南京政府时期警察权的一个突出特点，军队、警察、特务与宪兵紧密联系、互相渗透，警察权镇压功能凸显，尤其是警察部门针对共产党和革命群众的镇压职能极为突出。从此意义上看，该时期的警察权彻底沦为维护专制统治的反动工具。❷

新中国成立后，国内外时局发生了重大变化，宪法的发展进入了一个全新的发展阶段。在新中国成立前的百年中，各种政治势力在宪法问题上的斗争尖锐复杂，其斗争的焦点集中于国家制度问题上，无论是清朝封建皇族炮制的伪宪法，北洋军阀频繁更迭的资产阶级共和国宪法，还是蒋介石国民党政府标榜的"国民宪法"，背离近代立宪主义精神的宪法也造成当时警察权的

---

❶ 转引自：许纪霖等. 中国现代史（第一卷）（1800—1949）[M]. 上海：三联书店，1995：7.
❷ 刘琳璘. 宪法学视野下警察权问题研究 [M]. 北京：法律出版社，2017：113.

错位，但警察权在不同的国家制度中始终发挥着安全保障的功能，为当时的宪法运行提供可靠的社会环境与秩序。直至新中国成立之后，真正体现人民主权的民主主义和社会主义宪法终于得以诞生，警察权在内涵、形式和职能重心上终于重回正途。1954 年以来，我国先后颁布了 1954 年、1975 年、1978 年和 1982 年四部宪法，宪法的结构发生了一些变化，置身其中的警察权的地位也在变化。如 1954 年《宪法》文本中仅在第 70 条第（3）项规定："自治区、自治州、自治县的自治机关依照国家的军事制度组织本地方的公安部队。"这是对警察武装性的突出强调，可见当时对警察权的认识仍停留在其武装性与暴力性的维度，警察权被视为国家政治统治的保障性权力。❶ 在 1982 年的现行《宪法》文本中，共有 6 处涉及警察权问题（后文将详细展开），体现出警察权的作用和地位日益受到重视。我国的宪法发展历程表明，警察权伴随着我国国家治理和法治建设进程的转型升级，其地位和价值越发受到重视，警察权的规范性、专业性以及执法保障等问题正在立法、执法、司法以及社会层面被更多地关注与研究。❷

三、 警察权与宪法的关系

（一）宪法是警察权生成和运行的根本规则

1. 宪法是警察权的正当性源泉

在立宪国家中，现代警察机构是基于社会公共安全、公共服务以及公民权利保护的需要，由法创建，是宪法和民主政体的产物。宪法作为一国公民意志的最高反映，是集民主、政治、法律与道德认同等多重因素的集合体，

---

❶ 1975 年《宪法》被学界认为是 1954 年《宪法》的倒退。该《宪法》文本中警察权出现了两次，第一次是在第 25 条第 2 款规定："检察机关的职权由各级公安机关行使"；第二次是在第 28 条规定："公民的人身自由和住宅不受侵犯。任何公民，非经人民法院决定或者公安机关批准，不受逮捕。"当时我国正处于"文革"期间，法治被严重破坏，检察被取消并由警察权代为行使（逮捕决定权也划归警察机关行使），而后在"四人帮"砸烂"公、检、法"的口号下，警察权也丧失殆尽。1978 年《宪法》对 1975 年《宪法》中的错误进行了纠偏（但不完全），该《宪法》文本在第 47 条第 2 款中规定："任何公民，非经人民法院决定或者人民检察院批准并由公安机关执行，不受逮捕。"该条款是对公、检、法三机关在刑事诉讼中互相配合、分工协作关系的重新确立，同时也体现了对公民权利的尊重。

❷ 刘琳璘. 论我国宪法框架中的警察权 [J]. 北京警察学院学报，2016（4）：10.

是立宪国家内最为仰仗的治国宝典，是一切国家权力产生运作的基础。正因如此，执行能够为现代国家及其民众带来安稳与福祉的宪法和法律，无疑成为警察权存在的最大理由。换言之，警察只有最为忠实地执行宪法，守护宪法所确立的"人民主权""安全秩序""公平正义""人权保障"等理念，捍卫宪法所确立的各项制度，才能从根本上证成其权力的正当性。

2. 宪法是警察权功能定位的最高依据

警察权作为一种特殊的行政权，其本质是执法权。❶ 警察执法在某种程度上就是"会说话的法律"，其必须忠实地实现法律的意图。出于权力的平衡以及对权利的保护，在涉及警察权这种具有极大强制力的国家权力时，应当由立法机关或者是制宪机构规范警察权的设置、运作、监督等基本问题，而不能由行政权以"行政立法"自我赋权。因此，警察权的定位就是维护并实现国家宪法及法律，其在价值取向上必须与宪法保持一致。一方面，国家通过宣告宪法的最高权威，包括警察权在内一切国家权力运作是否合法或正当，都须依据宪法判定。另一方面，依据宪法原理，公权力与私权利呈现出反比例关系，警察权的扩张同时意味着公民权利的缩减。❷ 尤其在当下，各国均面临着严峻的公共安全压力和秩序管控压力，势必引发对警察权扩张、适当压缩诸如隐私权、信息自由、言论自由等公民权利的发展空间。如何平衡警察权与公民权两者之间的关系，既是宪法面临的社会挑战，也是警察权功能定位的新课题。但从总体上看，警察权的功能，正在宪法的作用下同现代国家一起，在实现社会秩序稳定和保障人权方面发挥着无法取代的作用。

3. 宪法是警察权运行的终极边界

警察作为宪政国家的基础性力量，创设的目的即为维护国家安全、社会稳定以及权利保护，这与宪法和国家的根本目的是一致的。作为实现宪法和法律的主要力量，警察权可以使用武力和暴力，然而正是由于这种暴力属性，

---

❶ 关于警察权的性质，我国理论界一直存在争议。一说认为公安机关作为行政机关，其行为属执行法律，本质上属行政权；另一说认为警察因办理刑事案件而具有刑事司法属性，故性质上兼具行政权与司法权属性。本书采取前说观点，原因详见后文。

❷ 刘杰. 论我国警察权的宪法制约与监督机制的构建［J］. 安徽警官职业学院学报，2005（2）：37.

警察权最有可能违背宪法目的和使命被不当使用。❶为此，为警察权划定运行边界，应当成为宪法的基本内容之一。尤其是在特殊的历史条件下，立法很可能基于某种特殊目的而赋予警察特殊权力，从而忽视并侵犯宪法所保护的公民基本权利，或者以改革或制度创新的名义扩张警察权，进行所谓"良性违宪"，此时的警察权由于具备法律授权而具有形式意义上的合法性，但其正当性应当通过宪法审查机制进行检验。在此意义上，宪法应当成为警察权运行的终极边界和审查依据，警察权的运行必须符合人民的最高意志，符合宪法精神并经得起合宪性审查。

（二）警察权是宪法运行的稳定剂和宪法改革的信号灯

警察权并非完全被动地接受并受制于宪法，它在接受宪法规范与约束的同时，也能够为宪法提供安全保障，并对宪法的发展完善起到推动和促进作用。警察权是宪法规范在社会现实中得以实施的动态表现，它具有鲜明的现实性和即时性。相对于静态的宪法规范，警察权在协调国家与公民、政府与社会关系时，既表现出规范性，又呈现出一定裁量性和灵活性，它在处理宪法规范和社会现实冲突过程中所面临的挑战和积累的经验，能够成为促进宪法改革的直接动因并提供稳定保障。

1. 警察权为宪法的稳健运行提供安全保障

稳定是宪法及其所规范的制度的鲜明特征，由于宪法所涉内容均严肃重大，若非迫不得已，宪法一般不宜轻易改动。也正因如此，当一国宪法选择改革之时，通常意味着宪法面临着"不得不改"的社会问题。多数情况下，在解决宪法规范与社会现实冲突的过程中，常常会引发对既得利益阶层的限制与权力分化，从而产生新的矛盾与冲突，此时社会环境极易陷入持续动荡与治安混乱，警察权此时便承担着维护宪法秩序的重任，对正常社会秩序的维护和国家安全稳定的保障成为警察行政的重要内容。例如，日本明治维新初始，社会急剧变化，幕府的崩溃使得浪人肆意横行，加剧了社会的动荡不安。建立近代警察制度，为宪法改革提供良好的社会环境成为新政府刻不容

---

❶ 刘洋. 警察执法的宪法维度［J］. 中国人民公安大学学报（社会科学版），2015（2）：92.

缓的任务。明治政府在派人赴欧洲考察学习后，提出"警政为新政之基"，❶并于 1875 年制定了"行政警察规则"，日本全国性的警察制度由此得以建立。警政改革为明治政府的宪法改革扫除了治安隐患，提供了安全保障。"二战"后的日本国内治安极为混乱，当时由美国主导的宪法改革同样是从警察权向民主化方向的转变开始的，1946 年《警察制度改革草案》的出台推动了日本现代警察制度的建立，为其后《日本国宪法》的颁布与实施创造了稳定的社会环境。

2. 警察权面临的社会矛盾是宪法改革的信号灯

宪法作为国家根本大法的权威性主要来源于自身的稳定性与适应性，宪法规范通过其立法技术上的高度抽象性、概括性、包容性涵盖了国家所有重要内容，使得宪法规范成为极具弹性的规范体系，努力适应着丰富多变的社会生活。但是，抽象概括的宪法规范与丰富易变的社会现实之间是难以达到完全一致的。宪法规范在调整社会生活时，不可能涵盖所有的社会生活领域，它需要宪法规范结构，为社会生活预留一定空间，因此宪法难免带有一定的滞后性，它与社会之间存在部分冲突实属正常。换言之，即使再完善的宪法，在面对日益变革的社会现实之时，也必然会显现出它的滞后性和保守性，而宪法与社会现实的张力会进一步加剧宪法在调整国家权力关系中的利益冲突与矛盾。

警察权作为国家与社会之间权力与权利对话的媒介，是众多国家权力中对公众和公民权利影响最全面、最直接的公权力，警察权所涉及的社会关系充满了政治性、复杂性、群体性、易变性等特征，稍有不慎或处置不当极易引发各种影响社会安全和稳定的社会矛盾。而在这些矛盾当中，很多是由于社会情势变化而未被宪法规范化的领域造成的。社会现实的流动性与变革性的特征，需要警察权必须与社会现实紧密结合，一旦社会矛盾发生变化，警察权需要及时感知并作出反应。从某种程度上看，警察权面临的社会矛盾就像是宪法改革的信号灯，当社会矛盾与冲突达到一定程度，警察权及相关法律对其已无力调控时就会发出预警信号，提醒并促使宪法作出调整与改变，

---

❶ 日本警察制度研究会. 现代日本警察 [M]. 周壮，等译. 北京：群众出版社，1990：15.

以此促进宪法的不断改革与进步。❶

第二节 警察权的宪法渊源

宪法渊源是宪法的表现形式，除了英国等少数国家外，当前几乎所有的国家都有一部成文法意义上的宪法典，因此各国的宪法渊源主要表现为本国的宪法文本（部分地包括学理意义上的宪法性法律）。为了更直观、精准地考察警察权的宪法基础，本书选取了部分国家的宪法文本进行梳理，❷ 并结合该国的宪法传统和法律制度，窥视在不同国体、政体及文化背景下的国家中，宪法对于警察权的态度、定位以及规约之异同，以期发现其规律并作为审视我国警察权与宪法关系的参考。

一、 比较宪法视野下的警察权

（一）美国宪法中的警察权

美国是人类历史上第一个拥有成文宪法的国家，但美国宪法文本中却并未出现"警察"字眼，警察权被视为国家三权中行政权的构成部分。伴随着联邦与州（地方）关系的变迁，美国警察权与美国宪法共同经历了不断发展与完善的过程。

众所周知，美国最初由相对独立的 13 个殖民地（州）组建而成。建国之初的联邦实力比较孱弱，而各殖民地的自治传统和力量比较强，因此美国在最初立宪之时，对于是否建立一个强大联邦政府存在激烈的争论，体现在草拟宪法文本时，宪法并不触及各州的内务行政（警察）权，当时的联邦政府并无自己的警察权。从美国早期的宪法判例看，警察权是作为"州剩余主权"

---

❶ 刘琳璘. 宪法学视野下警察权问题研究［M］. 北京：法律出版社，2017：58－59.
❷ 由于英国没有法典意义上的宪法，同时前章亦较多地介绍了英国警察制度及其历史演进，因此本节对宪法文本中警察权的考察暂不论及英国，但并不意味着英国宪法对警察权规制和保障的缺位，特此说明。

的同义词存在的，即指不属于联邦政府、由各州保留、能够对所有地方事务采取其认为适当的方式进行规制的一般权力。与后来的联邦宪法相反，在美国建国的早期，许多州的宪法文本中都有明文提及"police"，并将其明确界定为"统治和规制内务行政的固有权力"。也就是说，在当时的环境下，"police"可以解释为"内政管理以及对国家的统治"。❶

在美国宪法的制定过程中，联邦与各州之间的权力的划分一直是极富争议和复杂的问题，直至 1787 年美国宪法颁布后的相当长一段时期内，情况也未根本转变。在当时，美国人所理解的警察权就是内务行政，因此从某种程度上说，州与联邦权力的划分就是立法权与警察权的分配问题，也是警察权逐渐演变为美国联邦主义核心权力（构成要素）的重要原因。换句话说，如果不借助于警察权，就无法充分理解美国的联邦主义。但有意思的是，警察权在联邦与州之间究竟如何分配，宪法本身并无明确规定。但根据 1791 年美国宪法第十修正案规定，宪法没有授予联邦的权力，由州各自保留。❷ 也就是说，各州的警察权是每个主权州固有的、在其统治范围内的政府权力，这反映了美国联邦制中"剩余主权"的思想，构成了州警察权的主要宪法基础。

1852 年之后，尤其在南北战争的深刻影响下，美国联邦最高法院在阐释宪法问题上开始转向，采取了"联邦中心主义"和"联邦权力至上"立场，在一定程度上否定了州警察权的绝对性，联邦警察权逐渐扩张并日益强大起来。从联邦最高法院的判例来看，法院通过不同时期判例"列举"的联邦政府警察权大致分为两类：一类权力是绝对属于联邦政府的，各州不得行使；另一类权力不是绝对属于联邦政府的，各州也可以行使。但是，对于同一事项的规制，州法律的规定不得与联邦议会的法律相抵触。例如，判断一州的警察立法是否违反了事权划分，有两个递进的标准：一是该法是否侵犯了联邦专有的警察权，联邦法院认为，州立法不得染指联邦权力，否则就是与

---

❶ 余凌云. 论美国警察权的变迁［J］. 公安学刊，2018（3）：59.

❷ 宪法修正案是美国宪法的重要组成部分，是美国宪法规定的正式改变宪法的形式之一（另一形式是召开另一次制宪会议，但并未被使用过）。自 1787 年美国宪法签署完成后，共有 27 项修正案经批准，其中前 10 项统称为"权利法案"。其中，美国国家权力的纵向划分问题明确于 1789 年 9 月 25 日提出、1791 年 12 月 15 日生效的联邦宪法第十修正案，即"将宪法未授予美国联邦政府的权利保留给各州"。

"联邦至上"冲突；二是该法是否违反了"保障个人自由"原则的底线，如违反第十四修正案中规定的未经正当程序不得剥夺生命、自由或者财产，或违反"法律平等保护"原则等。如是，则该法就是无效的警察法。❶

鉴于立法理念和技术的选择，美国宪法文本仅在前7条中对立法权、行政权、司法权等国家权力配置等重大事项作出安排，而对公民基本权利保护只字未提。而警察权行使的重要特征便是对公民权利进行抑制或剥夺，因此，言及美国警察权就不能不提及"权利法案"（美国宪法前10条修正案）。具体来说，美国宪法在对警察权的控制方式上，是通过确认公民基本权利以限制警察执法权的立法技术来实现的。"权利法案"并未以积极方式授予警察权，而是以确认公民权利的方式为警察权划定界限，严格限制或绝对禁止警察对某些基本权利染指。例如，1791年通过的宪法第二修正案规定："纪律严明的民兵是保障自由州的安全所必需的，因此人民持有和携带武器的权利不得侵犯。"据此，合法持有枪支是美国公民享有的一项宪法权利，反向推知，警察权至少不得对公民合法的持有枪支行为构成妨碍。虽然合法持枪权导致了美国枪支泛滥、涉枪犯罪严重等不良现象，但合法持枪毕竟是建立在美国民意上的宪法选择，除非以修改宪法的方式才能禁止。又如，美国宪法第四修正案规定："禁止不合理的收押，并载明须有基于相当理由，由中立的法官或裁判官裁定的搜索票。"实际上，这是为警察羁押公民设置了条件：一是要有法律事实，即对公民采取收押等强制措施必须有合理理由，如公民可能涉嫌违法犯罪；二是理由应当充分，即警察羁押的理由必须"合理"；三是"合理"与否不能由警察评判，基于"任何人不得做自己案件的法官"，评判应当由中立的第三方（法官）进行。换言之，第四修正案规定了警察强制措施权适用的内容、理由以及评价主体与评价标准，❷ 成为美国警察权控制的重要方法之一。

（二）法国宪法中的警察权

法国是欧洲大陆历史上第一个拥有成文宪法的国家。法国拥有历史悠久

---

❶ 余凌云. 论美国警察权的变迁 [J]. 公安学刊, 2018 (3)：60.

❷ 李国华. 美国法上的警察权规制及其启示——以《权利法案》为中心 [J]. 净月学刊, 2017 (2)：76.

的单一制传统，早在 11 世纪法国就开始了中央集权的过程，但与政权上的集中统一形成鲜明对比的是，法国的宪法可谓命运多舛、频繁更替。18 世纪末的法国，社会矛盾空前尖锐，封建君主制和分封等级制度阻碍了社会发展，1789 年大革命的爆发标志着法国近代史的开端。从 1791 年宪法诞生开始，伴随着政权的频繁更迭，法国相继颁布了 1793 年宪法、1795 年宪法、拿破仑时期宪法（1799 年、1802 年、1804 年和 1815 年等 4 部宪法）、1814 年宪法、1830 年宪法、1848 年宪法、1852 年宪法等十多部宪法。与法国资产阶级革命的复杂性和反复性相适应，这些宪法代表了不同时期不同统治阶层的利益诉求，如 1791 年宪法是君主立宪制宪法，1793 年宪法是资产阶级共和制宪法，而拿破仑时期的宪法则为君主专制性质的宪法。❶

　　虽然法国宪法的数量众多，但这些宪法在当时更多的是不同政治派别维护各自阶层利益、寻求统治保障的工具，很少涉及公民权利的规定。如 1875 年宪法是法国历史上为数不多的"不成文宪法"，它由《参议院组织法》《政权组织法》《政权机关相互关系法》三个宪法性法律组成，其主要内容是规定国家权力的配置及运行规则，并无公民权利条款一席之地。"二战"之后，1946 年第四共和国宪法重新确认了《人权宣言》和国家基本制度，尤其注重对人权的保护，但该宪法延续了传统议会共和制的政制设计，"强议会、弱政府"的情况导致政府频繁倒阁，致使法国政治始终动荡难安。1958 年第五共和国宪法吸取了前述教训，在政治强人戴高乐总统指导下建立了"半总统制"共和政体，即缩小议会权力、扩大加强总统权力，稳定政府和总理的地位。

　　现行法国宪法文本中并无警察权的特别规定，警察权是政府权力的组成部分。根据法国宪法规定，总统是国家权力的核心，除拥有任命高级文武官员、签署法令、军事权和外交权等一般权力外，还拥有任免总理和组织政府、解散国民议会、举行公民投票、宣布紧急状态等非常权力；议会由国民议会和参议院组成，其立法权、预算表决权和监督权须受到总统和政府的限制；政府是中央最高行政机关，对议会负责，除拥有决定和指导国家政策、掌管行政机构和武装力量、推行内外政策等权力外，还拥有警察权和行政处置权、

---

❶　白利寅. 法国宪法变迁脉络与规律启示［J］. 河北科技大学学报（社会科学版），2013（3）：41.

条例制定权和命令发布权。政府总理由总统任命，须听命于总统，起辅佐总统的作用。❶

　　与法国宪法所确立的单一制国家结构形式相适应，法国的警察权高度集中，是典型的集权型结构。法国被划分为 22 个行政区域，在此基础上又被划分为 96 个省级单位，中央政府的警察权力较大，地方警察权较弱。法国的警察体制组织形式比较特殊，包括军事性质和文职性质的警察力量。在法国，警察被视为国家的象征，所有警察权都集中统一于中央警察机构，警察权的功能主要为社会管制、秩序维护以及犯罪预防和侦缉。根据一些特别法律规定，法国警察还承担公共健康、房屋管理以及人口登记等公共服务职能。❷

　　在法国，警察实行"双轨制"管理机制，即国家警察与国家宪兵两大并列警察系统，它们担负同样的治安任务，享有同样的权力，仅在负责的区域上有所区别，国家警察负责 2 万人以上的城市治安，国家宪兵负责 2 万人以下的城镇和所有农村地区的治安，❸ 它们对各自负责区域内的地方警察事务具有相应的领导权与指挥权。地方省长负责处理本地治安问题，有权指挥、调动省内的国家警察和国家宪兵，但不负责其日常管理；市镇长只能根据市镇法规定负责日常治安问题，无权使用和支配国家警察和国家宪兵，只能请求支援、配合与协助。伴随着法国地方分权的宪法改革，地方警察权得以丰富和扩张。如 1983 年宪法改革中，地方分权的一项重要举措就是允许地方建立大量的都市警察（亦称市政警察），他们在市长控制下运作，负责地方的交通安全、街区卫生、大型活动及公共场所秩序、防火防灾等社会治安秩序维护。时至今日，法国警察权的集权型架构发生了转变，不再是单纯的中央集权，而是结合地方发展需求适度授予地方部分警察权，鼓励和支持地方市政发展和增加自己的市政警察。❹

　　综上，当前法国宪法下的警察权仍表现出高度的中央集权性，但不再绝

---

❶　张超. 警察权宪法基础之比较法考察 [J]. 河南公安高等专科学校学报，2010（2）：30.

❷　李小波、冯道康. 法、德、日警察权考察及其启示 [J]. 净月学刊，2013（4）：14.

❸　程小白. 法国警察管理概述——赴法国研修考察报告之一 [J]. 江西公安专科学校学报，2002（5）：67-68.

❹　在法国，市政警察归地方城市的市政府领导，协助国家警察维护地方治安，但依照法律规定不享有刑事司法权。

对化，而是在配合宪法单一制改革的实践中适度放权给地方，逐渐形成中央与地方配合共管模式，使地方警察权获得了扩张与发展空间。❶

（三）德国宪法中的警察权

德国的现行宪法是 1949 年 5 月 23 日颁行的《德意志联邦共和国基本法》（又称《波恩宪法》，以下简称"德国基本法"），除序言外，全文共 11 章、146 条。根据德国基本法，联邦法律高于各州法律，各州宪法必须符合基本法原则；总统为国家元首，由联邦大会选举产生，对外代表联邦，发布命令和缔结重大条约须获得联邦总理及主管机关的副署方能生效；联邦议会由联邦议院和联邦参议院组成，其中由公民选举产生议员组成的联邦议院享有较大的权力，在联邦立法方面具有决定权，并选举产生联邦总理，有权对联邦总理表示不信任和否决总要求表示信任的提案。联邦政府由联邦总理和联邦各部部长组成。❷

德国基本法文本中涉及警察权相关的条文较多。如该法第 30 条规定："国家权力的行使及国家职责的履行为各州之事，但以本基本法未另有规定或许可者为限"，这反映出德国是联邦制国家，各州警察是警察权行使的主体。虽然在 20 世纪 60 年代的宪法改革中，联邦警察被赋予了治安执法权，但其权限须受到基本法及特别法律的严格限制。德国基本法对警察权的控权思想较为明显，❸ 它通过严格而缜密的警察组织法、程序法和秩序法组成了本国的警察法律体系，该体系的设置和调整须严格按照基本法的精神和要求进行。

联邦警察是联邦内政部主掌的联邦机构，它由国境警察发展而来，前身是联邦边境护卫队，2005 年德国加入欧盟后，边境警察的边境保护职能弱化，遂在整合相关职能后更名为联邦警察。联邦警察机构主要有联邦警察总局、

---

❶ 刘琳璘. 宪法学视野下警察权问题研究 [M]. 北京：法律出版社，2017：147.

❷ 德意志联邦共和国基本法 [EB/OL]. [2020 − 02 − 05]. https：//baike. baidu. com/item/德意志联邦共和国基本法/8676436? fr = aladdin.

❸ 例如，《德意志联邦共和国基本法》第 104 条第 2 款规定："只有法官才能对准许或继续剥夺自由做出裁决。如果不依据法官命令而剥夺自由时，应该立即获得司法裁决。警察不得擅自在扣押后第二天终了时继续扣押任何人……"该条第 3 款还规定："任何人因违法嫌疑而被暂时拘留，必须在扣押后第二天内受法官审查；法官告知拘留的理由，对他进行查问并给予机会提出反对的理由，法官应该立即列举逮捕理由，发出逮捕令或命令解除拘留。"

联邦宪法保卫局、联邦刑事警察局、联邦警察事务司、联邦议会议长❶、危机管理及公民保护司等部门。从性质上说，联邦警察是带有准军事性质的警察机构，职能是保卫国家领土。随着联邦制的改革，其当前主要职能转变为承担基本法和法律授权范围内的治安管控，主要是处置骚乱、暴动等严重治安事件，若非紧急情况且符合法定条件不会启用。根据《德国基本法》第 35 条第（2）项"公务协助"的相关规定，❷ 联邦警察最重要的治安职能是协助各州警察执法。如 1992 年修订的《联邦国境警察承接铁路警察及航空安全任务法》第 9 条规定，在"维持或恢复公共安全和秩序的重要情况下，在州法有明文规定，且州警察未得到支援将无法或极端困难达成任务时，应州主管官署请求的"，联邦警察得以参与州警察事务。❸

依德国基本法，德国由 16 个联邦州构成，州警察机关依据各州的警察组织法产生，因此德国有 16 种不同的警察法律。据学者分析，德国 16 个州的警察机构组织方式各有不同，大体上可以分为两种模式：单一式与分离式。前者将所有负责防卫危险的政府机关都归入警察机构中，而后者则把防卫危险的政府机关划分为警察执行机关（通常意义的"警察"）、一般公共秩序管理机关和特别公共秩序管理机关。虽然德国地方警察法律体系和组织机构形式各异，但警察权的本质功能基本一致，并且从根本上要统一接受基本法的约束。

在德国基本法文本中，联邦宪法保卫局是一个比较特殊的部门。从字面上看，该部门似乎是保障和维护宪法实施的执法机构，但它实际上是一个由

---

❶ 《德意志联邦共和国基本法》第 40 条第 2 款规定："议长在联邦议院建筑物内行使房屋所有权和警察权，在联邦议院屋宇范围内未经其同意不得进行搜查或逮捕。"因此在德国，议长职位也被纳入联邦警察机关范围中，作为一项特殊的警察机构看待。

❷ 《德意志联邦共和国基本法》第 35 条第 2 款规定："为维持或恢复公共安全或秩序，在特别重要的情况下，如果没有这种协助警察就不能完成或相当困难才能完成任务时，各州可呼吁联邦边防军的部队和设施来协助其警察……为应付自然灾害或某种特别重大的事件，各州可要求其他各州警察或其他行政当局或联邦边防军或国防军的部队和设施的协助。"此外，该条第 3 款还规定："如果自然灾害或事件危害地区大于一个州的范围，则联邦政府为有效应对这种危害，在需要时可责令州政府将他们的警察交由其他州指挥，并派出联邦边防军或国防军的部队支援警察。联邦政府依本款第一句所采取的措施，在联邦参议院提出要求时，以及危险解除的情况下，必须立即撤销。"

❸ 钟碧莹. 德国警察主体法律体系评析及对我国的启示——以治安职能为核心 [J]. 河北法学，2013（5）：146.

联邦内政部领导的"情报机关"。❶ 根据《联邦宪法保卫局法》，联邦宪法保卫局的首要任务是收集并分析处理敌视宪法和极端性质的情报、信息、材料。与其他联邦警察机构相比，联邦宪法保卫局一般只负责情报收集与调查，不能直接执行抓捕、预审等警务活动。因为根据《联邦宪法保卫局法》的有关规定，联邦宪法保卫局无权动用警务措施，也不得提请有权的警察部门代为使用。可见，该机构并不具有通常意义上的警察权，但由于其权力极具政治敏感性，德国法律对其控制也是相当严格的。❷

综上，在德国基本法下，警察权存在的正当性在于维护公共秩序和保护公民基本权利，因此警察权的配置和运行必须遵循德国基本法的精神与要求。在德国传统行政法的控权理念下，德国警察法律和警察制度已形成了一个逻辑连贯的体系，形成了联邦制下独具特色的警察管理体制。

（四）俄罗斯宪法中的警察权

1993 年《俄罗斯联邦宪法》是俄罗斯现行宪法。除序言外，俄罗斯宪法文本共由两编组成，第一编为"正文"，共包含 9 章 137 条，第二编为"最后条款和过渡性条款"。由于 1993 年宪法颁布于"冷战"后期特殊的转型时期，为实现国家的资本主义转型，相比之前的社会主义宪法，呈现出较大变化。一是确立了资本主义国家性质，以三权分立原则构架国家权力关系。如现行宪法第 10 条规定："国家权力在立法权、执行权和司法权分立的基础上行使，立法、执行、司法权力机关相互独立"。二是确立了联邦制国家结构形式。如现行宪法第 1 条规定"俄罗斯联邦是联邦制国家"。❸ 三是赋予宪法直接的适用效力。现行宪法第 15 条第 1 款规定了"俄罗斯联邦宪法具有直接效力"。俄罗斯联邦宪法法院可直接依据宪法和相关法律条款审理宪法诉讼案件，公民亦有权依据宪法条款启动宪法诉讼保护自己的基本权利。四是确立半总统

---

❶ 关于联邦宪法保卫局的性质，德国前总理赫尔穆特·施密特曾说道："宪法保卫局不是刑事追诉机关，而是安全保障机关。"

❷ 熊琦. 德国警察制度简析 [J]. 湖北警官学院学报，2006（6）：69－70.

❸ 自 1917 年十月革命胜利到 1993 年，俄罗斯的联邦制经历了三种形式：一是由 1918 年宪法规定的建立在自治基础上的联邦制；二是由成员国签署条约形式成立的苏联联邦制；三是由 1993 年宪法规定的现行联邦制，基于目前俄罗斯联邦组成成分较为复杂（由共和国、边疆区、州、联邦直辖市、自治州、自治专区组成），因此是一种特殊形式的联邦制。

制政体。与法国的半总统制不同，俄罗斯根据转型期动荡不安的特殊国情，赋予总统比法国总统更大的权力，意在打造一个强而有力的权威型政府。如根据宪法规定，总统无须与总理和两院议长磋商即可独立作出解散国家杜马的决定；总统不仅有权接受政府辞职，而且有权根据自己的动议决定政府辞职；总统个人决定国内外政策的基本方针；总统不需要总理或有关部长副署而直接发布命令等。❶

俄罗斯警察制度始创于沙俄统治时期。20 世纪初，沙皇彼得一世效仿法国和德国等欧洲国家进行警政改革，建立起近代警察组织。但当时的警察机关与司法机关混合在一起，具有几乎不受控制的国家权力。在近代"脱警察化"的背景下，警察权逐渐从司法权中剥离出来，其职权被界定为维护社会治安秩序和刑事犯罪侦缉等两个方面。十月革命后，苏维埃政权颁布了社会主义性质的宪法，建立了人民政权掌控的警察机关，并将警察改名为"民警"，意指"人民的警察"，强调警察权的人民属性。20 世纪 90 年代，以苏联为首的社会主义阵营分崩离析，俄罗斯社会的政治、经济环境面临着极为困难的严峻挑战，在西方"民主自由"思想冲击下，俄罗斯开始反思并重构国家权力的制约机制，试图建设一个以保障人权为目标的现代法治国家。❷

俄罗斯现行宪法文本中虽未直接出现"警察"字样，但在宪法治下的法治化进程中，俄罗斯警察权的法律控制成效显著。苏联时期，由于过于强调国家利益至上而忽视私权保护，警察权力因过于膨胀而缺乏有效制约，贪污腐败和滥用权力的行为导致警察与公民之间的矛盾日益激化，要求对警政进行改革的呼声日渐高涨。1993 年《俄罗斯联邦宪法》第 2 条规定："人和人的权利与自由具有至高无上的价值，承认、遵守和维护人和公民的权利与自由是国家的责任。"在这样的宪法精神下，俄罗斯颁布了一系列旨在规制警察权的法律，如《俄罗斯联邦警察法》第 1 条第 1 款规定："警察的使命是保护俄罗斯公民、外国人以及无国籍人的生命、健康、权利和自由；打击犯罪，

---

❶ 刘向文，赵晓毅. 谈俄罗斯联邦宪政建设的宪法基础 [J]. 俄罗斯中亚东亚研究，2012 (4)：1-2.

❷ 周艳萍，黄波. 俄罗斯联邦警察法评析 [J]. 中国人民公安大学学报（社会科学版），2014 (3)：79.

维护社会秩序，保障公共安全。" 2011 年，俄罗斯在总结 20 多年的法治实践经验和制度探索基础上对警察法进行了大修，新法继承并强调 1991 年警察法"权利保障"这一基本理念，进一步致力于具体制度的完善。例如，为防止警察权的扩张，新法界定了警察"权力清单"；为规范警察权的合法行使，细化了拘留等强制措施的使用程序；为防止警察权的滥用，规定了警务活动公开性原则，制定了操作性强的内外监督制约机制等。与此同时，针对日益严峻的治安形势和违法犯罪侦打压力，新法亦扩充了警察权的权能，增强了打击恐怖主义活动和警务信息化能力建设等内容，有效地保障并提升了警察执法效能。❶

（五）日本宪法中的警察权

日本现行宪法是 1947 年 5 月 3 日施行的《日本国宪法》，该宪法体现了三大原则：国民主权原则、人权保护原则、和平宪法原则。根据日本宪法规定，天皇是"日本国及人民团结的象征"，但无权参与国政，属于虚位君主，日本因此属于君主立宪制国家。日本宪法明确规定"主权在民"，实行以三权分立为基础的议会内阁制。最高国家权力机关为国会，立法权归国会两院，司法权归裁判所（法院），行政权归内阁、地方公共团体及中央省厅。由于该宪法是在"二战"后盟军占领时期拟制的，意在以民主法治国取代法西斯军国主义国，因此其最为著名的特色在于第 9 条之规定，即"永远放弃把利用国家权力发动战争、武力威胁或行使武力作为解决国际争端的手段，为达此目的，日本不保持陆、海、空军及其他战争力量，不承认国家的交战权"，因此日本宪法也称"和平宪法"。❷

日本警察制度移植于欧洲警察制度，在"二战"后继承了美国警察制度，在结合本国政治、经济、文化等国情的基础上，经历了几十年的本土化历程，时至今日，已很难在日本警察制度中看到欧洲和美国警察模式的明显痕迹。可以说，在日本警政建设发展中，变化的是警察制度的技术安排，不变的是

---

❶ 周艳萍，黄波. 俄罗斯联邦警察法评析 [J]. 中国人民公安大学学报（社会科学版），2014 (3)：81.

❷ 日本国宪法 [EB/OL]. [2020-02-06]. https：//baike. baidu. com/item/日本国宪法/8148435? fr = aladdin.

民主宪政精神和原则。例如，为保护公民人身自由的基本权利，《日本宪法》第 33 条规定："除作为现行犯逮捕者外，如无主管的司法机关签发并明确指出犯罪理由的拘捕证，对任何人均不得加以逮捕。"为了明确警察机关和司法机关各自权力的行使及其关系，该法第 35 条规定："对任何人的住所、文件以及持有物不得侵入、搜查或扣留。此项权利，除第三十三条规定外，如无依据正当的理由签发并明示搜查场所及扣留物品的命令书，一概不得侵犯。搜查与扣留，应依据主管司法官署单独签发的命令书施行之。"

　　虽然日本宪法文本中并未直接出现"警察"字眼的相关条款，但宪法精神和原则对警察权的配置及体制设计产生了深刻影响，并在日后的警察法律及警务改革中起到了航标的指引作用。例如，战后日本警政体制具有两大特色，即创设了公安委员会和市町村自治体警察，这是源于宪法要求所进行的制度设计。公安委员会制度在某种程度上实现了"群众管理"，让国民的代表能够适度享有警察权，防止警察官僚专制，以保障警察民主化和政治中立性。设置市町村自治体警察是在"地方自治"宪法原则下警察权事权分配的实现，使得地方警察成为与国家完全脱离（国家紧急状态除外）的自治体，是"分权原则"在警察权配置领域的具体呈现。❶

二、　宪法基本原则下的警察权

（一）人民主权原则下的警察权

　　历史研究表明，"人本""法治"等思想在古希腊的先哲们那里就已经得到了充分的认识。如古希腊哲学家普罗泰戈拉认为"人是万物的尺度，存在时万物存在，不存在时万物不存在"，除却其中唯心主义成分不谈，其将人看作万事万物的核心，无疑是对人的极大尊重。又如，在柏拉图的政治哲学中，"人"既是出发点，也是归宿，他始终以人的利益和幸福为最终目的。在柏拉图之后，亚里士多德立足于对人的认知和关怀，认为追求美好的生活是人的本性，而唯有法治才能最终实现对人的全面深切的关怀。正是基于先哲们这

---

❶　师维. 宪政进程中的警政建设——基于对日本警察制度的考察［J］. 河南公安高等专科学校学报，2009（6）：18.

样的人本思想，西方世界逐渐衍生出社会契约、权力制约等学说和理论，为近代立宪主义的发展奠定了深厚的文化底蕴，使宪法具备了人文关怀特质。

英国著名学者劳特派特曾说："如果没有自然法体系和自然法先知者的学说，近代宪政和近代国际法都不会有今天这个样子，在自然法的帮助下，历史教导人类走出中世纪的制度，进入近代的制度。"● 在自然法思想产生前，人们对专制政治进行批判主要停留在感性的实践斗争阶段，而在其产生后，人们把这种批判上升到理性的高度，使宪法的产生具备了坚实的理论基础。具体来看：首先，摧毁了封建君主专制制度赖以生存的哲学基础——宗教神学观和君权神授思想。自然法以一种崭新的理论论证了国家权力的真正来源是个人权利，人民建立国家的目的是保障自己的天赋权利。当国家不能保护甚至严重侵害个人权利时，人民有权组织起来以革命的手段推翻国家，重新缔约组成新的国家。其次，提出了若干近代宪法基本原则，即一方面普遍包含了主权在民、分权、法治等宪法基本原则，另一方面又在此基础上对宪法提出了更具体的要求。例如，自然法"主权在民"的基本原则在政治领域应体现为具体实在的民主制度，用法制化、制度化的人民主权制度使基本人权得到保护。最后，为有限政府的实现提供了理论上的依据。自然法认为人们在缔约建立国家时，政府的权力来源于人民，权力是人民实施自然权利的转化，对于人民保留下来的自然权利，政府只有保护的义务，没有侵犯的权利。因为根据自然法，这些自然权利是"天赋"的，而不是国家法律赋予的，国家只是以宪法确认这些权利的存在而无权变动权利的范围。这样，自然法就化解了公权力与私权利之间的对抗，在实践中为国家保持良好的宪法运行状态提供了切入点，使两者能够维持一种协调的动态平衡，这也正是人民主权原则的精髓所在。

人民主权原则对于警察权的要求在于，警察执法必须"以人为本"，贯彻"以人民为中心"的思想，将人民作为权力配置和运行的出发点和归属。尤其是在我们这样的社会主义国家，人民是国家的主人，也是权力的来源，是主权的享有者，因此作为主权具体形态的警察权，无疑来自人民的授权。在具

● 劳特派特. 奥本海国际法 [M]. 石蒂，陈健，译. 北京：商务印书馆，1971：63.

体的执法实践中，警察权的人民主权原则主要表现为公共服务原则与警务公开原则。在我国，"全心全意为人民服务"作为公安机关及人民警察的执法宗旨，其权力特征表现出执法的公益性与服务性。换言之，警察行政的目的取决于人民赋予主权时所期望实现的目标，主要表现为对公共安全的维护与保障。这里的公共安全并非单纯的生命、财产安全，还包括人民正常生活秩序的维护以及为人民追求社会生活上其他一切可能的安全、秩序满足提供服务，并且强调所有警察执法必须出于维护和促进公共利益的需要而进行，通过对社会事务的管理实现社会福利的增进，并为人民幸福提供保障与服务。

警务公开是警察权接受人民监督、体现人民主权的一种重要途径。它主要表现为警察执法中的程序公开，强调警察权的行使必须符合宪法、法律规定的正当程序与基本要求。警务公开强调的是对人民负责，接受权力委托者的监督，同时是对人民知情权保障的一种重要方式。通过警察执法中的告知、听证、申诉、复议等程序，让人民充分了解警察执法的目的、动机以及法律依据，让人民对警察权的运行进行有效监督，以此推进警察执法的社会化和廉洁性，确保警察权在宪法设计法治框架下有效运行。❶

（二）权力制约原则下的警察权

在宪法国家中，包括立法权、行政权、司法权在内的所有国家权力都要受到一定的约束，对权力进行法律控制，始终是宪法的核心特征。立宪主义不仅意味着一切权力必须来源于宪法，权力的运行必须纳入宪法规定的轨道，而且意味着权力必须分立（分工）并制约。在孟德斯鸠看来，"如果同一个人或是由重要人物、贵族或平民组成的同一个机关行使这三种权力，即制定法律权、执行公共决议权和裁判私人犯罪或争讼权，则使一切便都完了"。❷ 具体而言，这种分立与制衡表现为立法机关代表民意行使立法权，但又受到宪法监督机构的审查；行政机关依法行使行政权，但受到立法机关与司法机关的制约；司法机关独立行使司法权，不受到外界干涉，但必须忠实服从宪法和法律。现代社会，行政权力日益膨胀，如何有效制约行政权力，构建一个

---

❶ 刘琳璘. 宪法学视野下警察权问题研究［M］. 北京：法律出版社，2017：50.
❷ 孟德斯鸠. 论法的精神［M］. 张雁深，译. 北京：商务印书馆，1961：157.

有限政府，避免行政权力在维护公共利益的同时被滥用成为各个国家面临的共同难题。权力受制约的理念，贯穿着对公民与国家关系的深刻思考，体现了对公民权利的深刻关怀，它不仅应渗透到普通公民的内在法律意识之中，更应该成为国家机构及其工作人员的指导思想和工作理念，促使其在权力运行或执法中时刻意识到权力必须依法行使。

"人性恶"伦理假设是权力有限原则的思想基础。经典的宪法理论和法治理论之人性论基础在于假设"人性本恶"，即人人都有追求私利的天性，人们在资源稀缺的情况下，个人可能追求自身利益而侵害他人或者社会利益。❶ 公共权力（政府）产生的目的就在于防止个人受他人或社会的侵害、保障社会秩序与文明状态，人性的缺陷决定了权力拥有者与公共权力（政府）的缺陷，因此必须把公共权力（政府）视为应当谨慎对待和加以防范的"必要的恶"。在此基础上制定的宪法必然要求把限制权力作为宪法的精髓。申言之，宪法的本质在于通过对权力的限制达至对权利的保护。这就要求公民对自身权利的心理认知和对限制政府权力目的达到主观上的统一，从而决定了宪法在内核上是与任何不受限制的绝对权力不相容的。

权力制约原则对警察权的要求在于责任原则和程序原则。警察执法责任原则是由警察权的性质决定的，警察权的使命在于维持公共秩序，公共秩序是人民在社会生活中自发形成而非人为构建的，因此，只有在这种公共秩序遭到破坏的情况下，才有动用警察权的必要。一方面，责任原则意味着只有对那些破坏公共秩序，进行违法犯罪活动的责任者，才能进行警察执法行为，对于非责任者不能任意为之，否则就是滥用警察权。另一方面，责任原则也要求执法行为应当与相对人应当承担的责任相适应，具体而言，有两方面要

---

❶ 作为西方立宪主义精髓的权力制约思想就是建立在一个前提之上，即政府是一种"必要的邪恶"。这源自对人性"恶"的伦理假设，其渊源可追溯到古希伯来宗教文化中的"幽暗意识"，后又通过基督教"原罪"文化继承发展。在此问题上，休谟曾指出："政治作家们已经确立了这样一条准则，即在设计任何政府制度和确定几种宪法的制约和控制时，应把每一个人都视为无赖——在他的全部行动中，除了谋求一己的私利之外，别无其他目的。"又如，美国宪法之父麦迪逊经典地指出："如果人都是天使，就不需要任何政府了；如果是天使统治人，就不需要对政府有外来的或内在的控制了。在组织一个人统治人的政府时，最大的困难在于必须首先使政府能够管理被统治者，然后再使政府管理自身。毫无疑问，依靠人民是对政府的主要控制，但是经验教导人们，必须有辅助性的预防措施。"

求：一是警察机关必须保证依法行使警察权，对自己的执法行为负责，它应该严格遵守警察执法的各项规章制度；二是警察执法行为对象所承担的责任要与其行为性质相适应，警察机关在执法时，应该根据相对人违法责任的性质和轻重程度，依法采取相应的执法措施，务必做到定性准确、裁量适当，避免和减少偏差。

一般认为，对警察权的控制主要存在两种模式：一种是严格规则模式，即从警察行为结果着眼，通过详细的实体规则来实现法律对警察权的控制功能；另一种是正当程序模式，即从警察行为本身着眼，通过合理的行政程序设计来实现控制警察权的目的。在资本主义进入福利国家阶段后，行政权力不断扩张，政府的触手已经伸向社会生活的几乎每一个角落，欲通过制定详细的实体规则来控制行政权力的运行已不现实。而正当程序模式却凭借其不易受外部环境优劣（政治、法律因素）影响、以问题为中心的特性，在面对时代发展变化和不同民族、地域差异时表现出极强的兼容性，使"程序控权取代实体控权"成为当代行政法发展的主流。警察权的运行，涉及对公民个人自由与权利的限制，必须经过法定程序，实现法律对警察执法的控制，防止警察权滥用与扩张。对此，我国有学者指出："警察机关必须依照法定程序行使警察权，不得违反法定程序。实施具体警察职权，应符合与其相应的程序要求，如审查、审议、传唤、讯问、取证、裁决等，要按照法定程序的一般要求，如说明理由，表明身份等。除了应当遵守警察机关内部行使权力的程序制度外，如审批制度、证明文件制度等，还应遵循行使权力时的法定程序，如调查、取证、告诫、询问、裁决、执行等程序的规定，并且对警察权的行使实行监督、申诉、复议、诉讼等制约制度。这不仅有利于保障相对人的合法权益，也有助于警察机关正确地行使权力。"❶ 可以说，将警察权纳入程序轨道，不但能有效实现警察权的监督控制，也恰能符合法治背景的时代要求。

（三）人权保障原则下的警察权

如果说权力制约原则是宪法的核心特征，那么人权保障应该构成宪法的

---

❶ 惠生武. 警察法论纲［M］. 北京：中国政法大学出版社，2000：144.

终极目的。从宪法内容上看，宪法旨在标识人的权利和国家权力的界限，在对政府权力进行有力限制的同时，也为保障公民权利提供了充分的依据。尊重和保障人权是现代国家宪法的根本目的和最高原则，是宪法得以存在和发展的基础和归宿，是衡量一国是否真正践行宪法的根本标准。人权是一个发展的概念，无论从第一代人权到第三代人权，还是从应有权利到实有权利，也不管各国意识形态如何分歧，具有人类共同特质的人权，始终意味着如生命权、自由权等作为"人"的权利必须得以保障和加以实现，这是所有宪法国家所肩负的神圣使命。在如今这个张扬个性与利益多元的时代，公民的权利意识日渐高涨，不同的利益主张在相互激荡中发展，公民实现私利的过程应该是一个守法、用法与护法的过程。国家在维护秩序的同时，必须处理好秩序与自由的关系，清楚认识宪法理念之下权利应该具有更高的价值顺位，形成"权利保障优先"的权力运行理念。

面对纷繁复杂的社会生活，警察所拥有的公权力必须具有充分的自由裁量空间来加以应对，但基于权力的性质和警察法上几乎所有的手段与措施都是以限制相对人权利为代价的，因此，平衡警察权运行的手段与目的间的关系，确保执法的公正性成为规范警察权的重中之重。在此，源自大陆法系的比例原则便成为警察执法与人权保护之间价值平衡的重要方法。

比例原则是指行政机关实施的行政行为应兼顾行政目标的实现和保护相对人的权益。如果为了实现行政目标而可能对相对人的权益造成某种不利影响时，应使这种不利影响限制在尽可能小的范围和限度，使二者处于适当的比例。❶ 比例原则最初产生于 19 世纪德国的警察法学，作为公法中的重要原则，它几乎是所有法治国家在限制公权力、保障私权利的制度构架中普遍遵循的一项原则。比例原则体现在警察权的运行中，就是要求警察功能仅在于维护公共秩序必要的最低限度，其条件、状态与违反秩序行为所产生的障碍应成比例。具体而言，比例原则要求警察执法做到：警察权的行使、有关手段和措施的采取，必须是为了达到法定目的；警察为达到法定目的所采取的措施是对相对人造成最小侵害的措施，即没有其他的能给相对人造成更小侵

---

❶ 姜明安. 行政法与行政诉讼法 [M]. 2 版. 北京：北京大学出版社，2005：121.

害的措施来取代该项措施；警察所采取的措施与其要达到的目的之间必须符合比例或相称。也就是说，警察在执法中，"即使采取了适合且最小侵害手段以试图达到其追求的目的，但如果该手段所侵害的人民利益与所保护的公共利益相比，受侵害的人民的利益显然大于警察机关所欲加保护的公共利益时，警察机关的这项措施就会因为反比例原则而构成违法"。❶

（四）法治原则下的警察权

法治原则是宪法秩序的根本，也是现代政治文明的重要标志。从亚里士多德的法治概念到近代各国宪法对法治原则的确立，法治的内涵发展经历了漫长的过程。19 世纪，被视为近代西方法治理论奠基人的英国法学家戴雪第一次比较全面系统地阐述了法治原则。他认为法治内涵包括三个方面：其一，人们都受到法律统治而不应受专制统治；其二，人们应平等地服从普通法律和法院的管辖，无人能凌驾于法律之上；其三，宪法是来源于裁定特定案件中的私人权利的司法判决，因此宪法是法治的体现或反映，或说个人权利是法律的来源而非法律的结果。❷ 其理论主要建立在英国普通法的传统与宪法发展路径之上，体现了英国立宪特色。而德国宪法理论在现代法治原则形成中赋予了其更多的内容。在奥托·迈耶看来，法治原则应包括形成法律规范的能力、法律优先及法律保留。❸ 具体来说，首先，法治原则的确立应使包含于宪法、法律之中的权力被严格依法执行并产生平等的拘束力；其次，法律优先强调以法律形式出现的国家意志依法优先于其他形式表达的国家意志，亦即法律能废止所有与之相冲突的意志表达，在权力行使上尤其如此；最后，法律保留要求在特定情况与特定条件下，国家权力（主要指行政权）只有受到正式法律的授权才能对公民权利采取行为，其主要适用于干涉性行政的全部领域，即国家机关只有得到正式法律的授权才可以干涉公民的权利。❹

---

❶　蔡宗珍. 公法上之比例原则初论——以德国法的发展为中心［J］. 政大法学评论，1999（62）：75 - 103.

❷　陈德顺. 在有限与有为之间：西方立宪政府的理论与现实［M］. 成都：四川大学出版社，2007：32.

❸　奥托·迈耶. 德国行政法［M］. 刘飞，译. 北京：商务印书馆，2002：67 - 75.

❹　刘琳璘. 宪法学视野下警察权问题研究［M］. 北京：法律出版社，2017：47.

法治原则对于警察权的要求在于警察行为必须依法，遵循"法无授权不可为"的基本原则。依法原则指警察机关拥有的警察权必须有法律的明确授权，并且在法律规定的范围内，以法律要求的方式和程序行使。出于维护社会秩序和保护公共利益的需要，设立警察机关并赋予其相应的公权力是必需的，但是基于权力的天性，其运行若是不受限制则必然走向滥用和腐败，因此必须对权力的运行进行合理的制约。在当今世界，各国一般都通过国家法律对警察权的配置和运行进行规制，将警察执法的主体、内容、方式、程序等用法律或法规等方式加以明确规定，从源头上防止和控制警察权的不当使用，力图将整个警察执法活动纳入法治轨道之中。

综上，宪法所蕴含和彰显的"人民主权""权力制约""人权保障"以及"法治"等一系列价值和原则，要求在宪法治下的国家中，任何权力的配置和运行都必须以保障这些价值的实现为必要。在宪制国家里，警察权的实现突出表现为警察执法要依宪法进行，其每一项行为的做出都必须有法律的明确授权。换言之，警察行为就是执行法律的行为，警察通过执行体现宪法原则的法律，在内涵上与宪法精神理念达到统一。从此意义上说，警察执法必须时刻体现宪法的价值追求，宪法的精神和原则应当贯穿于警察权的发生运行始终。

第三节　中国宪法中的警察权[*]

一、　现行宪法文本中的警察权考察

在我国 1982 年的《宪法》文本中，"警察"二字虽未出现，但"公安"

---

　　* 本部分内容来自笔者的一篇旧文《论宪法文本中的警察权——兼谈我国警察法修改中的宪法问题》（发表于《中国人民公安大学学报（社会科学版）》，2016 年第 5 期，与张军教授合作完成），为保持学术观点的延续性，除个别法条及文字外，本书未对其主体内容进行修改，特此说明。

二字在《宪法》的不同位置出现了 6 次。❶ 为直观呈现我国宪法对警察权的规定，现对相关的 6 条《宪法》规定作逐一解读。

其一，宪法第三十七条第二款："……任何公民，非经人民检察院批准或者决定或者人民法院决定，并由公安机关执行，不受逮捕。"

《宪法》第 37 条是对公民人身权的保护规定。在总结"文化大革命"的严重教训基础上，现行《宪法》增加了第 2 款的规定，原因是让公民人身权的宪法保护更具可操作性。上述第 2 款是对保护公民人身自由权的排他性规定，除了宪法设定的这个条件任何人均不受逮捕，且明确规定了逮捕的批准权或决定权属于人民检察院或法院，除此以外任何机关、团体或个人都没有这种权力。逮捕的执行权专属于公安机关，公安机关是宪法确认的唯一拥有逮捕执行权的部门。与前述部分国家将警察权放置在公民基本权利章节表述类似，我国《宪法》在第 37 条第 2 款的规定同样是通过明示公民具有某种基本权利，并且警察（公安）是这种基本权利保护的重要手段。该条款暗含的基本理念是：公安机关（警察权）无权决定事关限制公民人身自由的事项，这种权力属于司法机关（检察院或法院），❷ 警察权只是作为执行性的行政力量去实现司法机关的决定。同时为了实现国家权力间的平衡（制约），逮捕的决定权和执行权要实现分离，分别专属于不同机关，在事关逮捕的事项上，警察权专职于逮捕的执行。

---

❶ 在大陆法系国家，警察与警察机关是通行的称谓，如在法国，警察既指人员又指机关，警察一词可在人员与机关双重意义上使用。而在我国，警察主要指人员而非机关，机关称为公安机关（还包括安全机关等履行警察职能的部门），在相当长一个时期内，"警察"被视为旧法术语而被弃用并改称公安人员。直至 20 世纪 80 年代后，随着 1980 年《人民警察使用武器和警械的规定》以及 1995 年《中华人民共和国人民警察法》的颁布，"警察"一词才在我国法律上逐渐恢复。但作为机关，我国一直沿用"公安机关"而未使用"警察机关"这一称谓，而且习惯上也一直将警察称为"人民警察"。在实践中，"警察"与"公安"并非严格区分的概念，二者在一般语义上等同。而在学术上，"警察"是一个较"公安"指向范围更大的概念，它既包括公安机关及人员，也涵盖了安全机关、司法机关及其他行政机关中履行警察职能的人员。在本部分内容中，除特别指出外，并不对二者的概念作严格区分，并且将警察权理解为："宪法或法律规定的警察（公安）机关及警察人员为实现警察目的依法享有的创制警察法律规范、实施警察组织管理、执行警察公务的各种权力的总称。"

❷ 在学界，我国"司法机关"的界定一直存在争议，本书的讨论遵循传统观点，将检察院和法院列入司法机关范围。

其二，宪法第四十条："中华人民共和国公民的通信自由和通信秘密
受法律的保护。除因国家安全或者追查刑事犯罪的需要，由公安机关或
者检察机关依照法律规定的程序对通信进行检查外，任何组织或者个人
不得以任何理由侵犯公民的通信自由和通信秘密。"

《宪法》第 40 条是对公民通信自由权的保障规定，体现了宪法对公民个
人隐私权的保护。但权利并非绝对的，国家基于正当理由和法律程序，可以
对公民的通信自由加以限制。公安机关（警察权）此时因为宪法授权而拥有
了限制的权力，但必须满足宪法设置的条件：一是国家安全或者追查刑事犯
罪的需要；二是必须依据法定的程序进行。国家安全是一个含义高度概括和
模糊的概念，警察权是否拥有对其的解释权？从立宪精神看，警察权在限制
公民通信自由时，是需要被约束以防止被滥用的，因而无权对国家安全进行
任意解释，以免扩大介入事由而加大公民权利的负担。有权解释应当属于
"法律"，即全国人大及常委会通过立法进行解释，如《刑法》中关于"危害
国家安全罪"的认定。另外需要注意，"依照法定程序进行"是宪法对警察行
使检查权的限制，是宪法防止对警察权恣意的技术性措施。由此可见，我国
宪法仍然是将警察权作为人权保护的必要手段进行定位，并且对其运行提出
了基本的程序性要求。

其三，宪法第八十九条第三项："国务院行使下列职权：……（八）
领导和管理民政、公安、司法行政和监察等工作；"

《宪法》第 89 条是关于国务院职权的规定。国务院是国家的最高行政机
关，也是最高立法机关的执行机关，统领全国的行政事务，拥有最高的行政
权。由于行政事务的复杂性与专业性，国务院设置不同部委并委以不同的行
政管理权以达到高效管理行政事务的目的。公安机关是负责维护国家安全、
社会秩序以及打击刑事犯罪的部门，是行政机关体系内重要的行政执法力量。
我国《宪法》第 89 条第（3）项规定的意义在于，明确公安（警察）作为国
务院的下设部门的宪法地位，即警察权是国家重要的行政权，警察执法行为
是行政执法性质的行为。这与西方部分国家将警察列为国家组织机构的做法
一致，即警察是不同于法院（或检察院）等司法机关的行政机关，因而警察

权的运行要遵循宪法设置的行政权运行规则，接受权力机关或司法机关的监督，并且在刑事案件的个案中，与司法机关形成宪法或法律设定的协作或制约关系。

其四，宪法第一百零七条："县级以上地方各级人民政府依照法律规定的权限，管理本行政区域内的经济、教育、科学、文化、卫生、体育事业、城乡建设事业和财政、民政、公安、民族事务、司法行政、监察、计划生育等行政工作，发布决定和命令，任免、培训、考核和奖惩行政工作人员。"

《宪法》第107条是关于地方各级人民政府职权的规定。与联邦制国家不同，我国是单一制国家，警察权作为行政权属于国家集中统一行使，各地各级政府只能在遵循中央政府统一领导下管理本行政区域内的公安工作。实践中，由于财政上分税制的存在，目前我国各地的公安机关及人民警察的人财物等问题主要由地方负责，公安部作为国家级的警察部门的最高领导机构，主要在机构建制、部门规章以及业务指导等方面发挥宏观性领导作用。由此可见，我国宪法目前并未对公安机关的组织建制以及经费保障等基本制度问题作出规定，应当由法律作出相应规定。而1995年《人民警察法》对此问题也未作明确规定，遂导致实践中警察队伍的管理方面存在诸多问题。

其五，宪法第一百二十条："民族自治地方的自治机关依照国家的军事制度和当地的实际需要，经国务院批准，可以组织本地方维护社会治安的公安部队。"

该条是对民族自治地方可以建立地方公安武装力量的规定。我国的1954年《宪法》也曾经规定民族自治地方自治机关享有这一自治权，并且在50年代，内蒙古及新疆等自治地方曾相继组建了本地方的公安部队。后由于"左"的思想影响，民族自治地方的公安部队被取消。1982年《宪法》总结了1954年《宪法》的经验，作了更切合实际的修改，表现在：第一，是否建立公安部队要依照当地的实际需要；第二，公安部队建置可以按我国的军事制度组织；第三，能否建立公安部队要经国务院批准；第四，明确规定公安部队的任务是"维护社会治安"。从立宪原旨分析，我国宪法之所以允许少数民族组建公安部队，是因为解放前有的少数民族就有地方武装的传统。然而新中国成立后国家不允许保留地方武装，若少数民族确有必要建立武装，则只能将武装职能定位于维护社会治安，不能用于军事目的。❶ 在当前的宪法实践中，《宪法》第 120 条属于沉睡中的条款，因为国内各民族自治地方均未组建地方公安部队。但宪法的这一条款并非毫无意义，它一方面表明了国家对民族地区少数民族传统和自治权的尊重和重视，另一方面也为将来民族自治地方确因防暴反恐、边疆安全、民族团结等安全问题的需要而组建独具民族特色的公安部队留下了宪法空间，具有非常丰富的理论研究价值。

其六，宪法第一百四十条："人民法院、人民检察院和公安机关办理刑事案件，应当分工负责，互相配合，互相制约，以保证准确有效地执行法律。"

该条是对公安、检察院、法院在刑事诉讼中相互关系的原则规定。所谓"分工负责"，是指在刑事案件中，公安机关负责案件的侦查、拘留、执行逮捕及刑事强制措施等，以查证是否犯罪的证据；检察机关负责对公安机关侦查案件批准逮捕，对国家公职人员犯罪进行侦查、提起公诉；法院负责对公诉案件的审判。所谓"相互配合"，目前并无法律上的明确要求，主要是对公检法三家的一种工作上的要求，即互相配合，不能推诿或扯皮。所谓"相互制约"，体现在公安机关侦查的行使案件需要逮捕的，须经检察院批准；公安机关侦查终结的案件需移送起诉的，检察院有决定权；检察机关对审判中违反法定程序的，有权向法院提出纠正意见，对认为裁判有误的案件，可以向上一级法院抗诉；公安机关对检察院决定不起诉的案件，认为有错误的可以要求复议，当意见不被接受时，可以向上一级检察院提请复核。《宪法》通过第 140 条的规定，确定了我国刑事诉讼中公、检、法三家的工作关系、机制与目的，这与其他国家的刑事诉讼模式有本质区别。在宪法所确立的这种"分工、配合、制约"的关系模式中，权力分工是为了制约，并在制约的同时实现配合，整个诉讼程序以"准确执行法律，保障公民权利"为宗旨，从而

---

❶ 蔡定剑. 宪法精解 [M]. 北京：法律出版社，2004：396.

与宪法的价值追求达成一致。

综上所述，我国《宪法》文本并没有对警察权进行专门描述，且仅有的6次提及也被分散到第二章公民基本权利与义务、第三章国家机构的各个分节中，属于被"顺带"提及的内容。正是这种宪法中警察权规范的含糊不清，未能明确指引警察立法、警察执法等警察权运行的各个环节，造成了实践中的诸多困扰，现择其一二说明。

其一，宪法规范与部门法规范之间存在冲突。

法治社会中，警察权作为最重要的国家权力之一，其来源、性质和地位应当在宪法或宪法性法律中得以明确体现。例如，以宪法或组织法为警察机关设定国家权力层面的警察权，使之与其他国家部门划清权限，将警察权的范围予以明确规定。同时以相应的单行法律、法规、规章等法律文件规范每一个警察机关和警察所拥有或行使的警察权，划分出他们各自的职权范围，为具体警察权的获取和运行划定明确的条件、方式和程序，形成从宪法、法律、法规到规章等各种位阶的法律规范统一体，让警察权在任何情况下都有法律依据，从而实现全面的法律规制。然而在我国，由于警察权缺乏明确的宪法规范，且规定警察权力来源、性质和地位的法律规范的位阶不高、内容模糊，再加上实践中各种权威极高和级别极高的政策性文件"冲击"，导致人们对警察机关和警察在性质、地位、功能等认识上的混乱，把警察与其他行政机关的职能相混淆，严重干扰了警察权的运行和警察职能的发挥。又如，由于法律规范的缺失，在警察权的授予、委托和分配等具体问题上，往往无法可依或无健全的法律可依，以致在实践中出现不少地方政府或政府部门非法擅授、滥用警察权，许多社会组织甚至个人非法擅取、擅用警察权的现象。❶

其二，警察权的法律定位与社会定位存在冲突。

在我国，"警察"在国家和社会治理层面中所发挥的实际功能，远远超出了法律规范意义上的警察职能，其社会定位远非西方国家"行政执法力量"般存在。由于宪法和法律对警察的法律定位模糊，使得公安机关面临着成为可以履行任何国家职能的"万金油"部门的尴尬。实践中，我国的警察除了

---

❶　李元起. 警察权法律规制体系初探［J］. 河南公安高等专科学校学报，2010（2）：38.

要履行维护国家安全、社会稳定等传统职责外，还承载着"贯彻党委政府领导""为地方经济保驾护航"等政治或政策任务，同时还要"摆平"各种群体性事件和涉法涉诉事件，更要兼顾不计其数的诸如打狗、清摊、收粮、计生、家庭纷争等其他政府部门的"非警务"活动，警察承载了太多法律之外的职能与任务。如此"泛化"的警察权最终影响和伤害了警察职能的有效发挥和整体形象定位，加上各地警力配备严重不足，疲于奔命，执法效能降低，执法缩手缩脚，压力巨大，严重影响了警察执法的公信力，损害了警察权威。

概言之，我国宪法文本中警察权规范的缺失，不仅造成了部门法在警察权规范问题上的冲突和混乱，更严重影响警察机关和警察作为国家重要执法力量的法律定位和社会功能的发挥。"有所不为方能有所为"，要解决当下警力奇缺、任务繁重、执法效能低下等问题，构筑科学、理性和健康的警务发展道路，需要宪法和警察法对警察的法律功能与社会角色间长期存在的矛盾予以回应和明确，从"源头"正视和思考问题，从宪法和法律层面重新审视警察及警察权的功能定位，聚焦主业和主要职责才是破解我国警察权发生运作中各种难题的根本途径。

二、 我国警察权的宪法学反思： 以警察法修改为契机

《中华人民共和国人民警察法》（以下简称《人民警察法》）是规制我国警察制度和队伍管理的基本性法律，但时过境迁，现行的《人民警察法》已实施 20 余年，早已无法适应法治国家、法治政府和法治公安建设的需要，缺陷与不足日益凸显。目前，国家正在对《人民警察法》进行修法并多次召开座谈会听取专家、学者意见，本书结合我国的宪法和法治实践，对我国警察法修改中涉及警察权的宪法问题进行反思。

（一）警察法修改的立法理念应当与宪法精神保持一致❶

警察法的核心是赋予、界定和规范警察权力行使，同时要实现权利保障

---

❶ 由于篇幅所限，此处警察法修改理念主要讨论"权力制约"问题。需要说明的是，警察法的修改应当全面贯穿宪法的基本原则与精神，"人民主权、公平正义、正当程序、人权保障"等理念均应体现在此次修法中。例如，"国家尊重和保障人权"必须作为警察法的基本原则明列，与《刑事诉讼法》等保持一致。此外，警察权作为重要的行政权，应当接受行政法上"依法行政""比例原则""信赖保护"等基本原则的检验，警察法的修改应当将其作为基本原则予以固定。

的目的，故警察法立法须兼顾自由与秩序、权利与权力的平衡。一方面，警察具有暴力性，必须赋予足够的权力和权威，这是维护秩序、惩罚犯罪的必要，警察的权威代表着国家的权威，不容挑战；另一方面，又要防止警察权的滥用导致人权受到侵犯，必须给权力的运行划定边界和规定程序。在我国现阶段，反恐应急和处理突发事件及诸多风险隐患突出，权利和安全保护的更高需求，各种力量的交叠重合，致使警察权存在着扩权、限权与分权的理论争议。本书认为，警察权首先需要的是法律上的授权、限权和分权。从多国宪法文本的考察看，宪法对警察权在授权的同时进行限制、分权和监督是最普遍的立法通例，结合我国"行政强权"的现实，警察法修改中，立法理念应当定位于对警察权限制、规范和分权，对妨碍警察执法的措施和处罚也应当更有力度和可操作性。

具体来看，警察法对于警察权的"限权"，应当通过立法明确警察的职责、权限及责任来实现。例如日本 2004 年警察法的修改，就对 1947 年和 1954 年警察法中警察的职责、权限及相互关系进行大幅修改，使相关规定细致详尽，让公众和警务人员均能直观明了地认知警察权。❶ 关于警察权的"分权"，在我国一直是颇具争议的话题。长期以来，警察权的运行在我国存在着分工问题，即在公安、安全、检察、法院、司法行政、武警等部门之间分工，即部门（警种）上的分权。再加上《宪法》第 140 条的规定，多年来我国公安机关一直承担着刑事司法职能，因此很多学者呼吁我国采取刑事（司法）警察与行政（治安）警察分设的做法，让警察权在公安机关内部进行二次分权，或干脆让刑警从公安机关独立出来。从理论上看，两警分设体制主要存在于法、德等大陆法系国家，我国是否走向两警分设尚有待实践发展和持续观察，立法不宜过于超前，但这种"分权"的思路是具有价值的，也符合我国宪法"权力分工"的精神。需要提及的是，警察权的分权还涉及一个"纵向分权"的问题，即警察权如何在中央和地方分配的问题。由于我国是单一制国家，无须像联邦制那样分设联邦警察和州（邦）警察，但考虑到权力使用效率的原因，确实应考虑将纯粹地方性事务上的事权交由地方行使，例如

---

❶ 蒋熙辉. 关于《人民警察法》修改的几点思考 [J]. 江西警察学院学报，2015（6）：8.

各地呼声较高的交警编制核定权下放等问题。作为警察规范的基本性法律，对于警察权在中央与地方以及共享事权的划分等这样一直存在争议的问题，警察法修改应当正视并积极寻求解决方案，❶ 本书也将在后面尝试讨论。

当然，对警察权的限权和分权并非机械式的教条主义，而是立足国情，在一定阶段、一定情势下允许对警察权适度扩张。例如，在打击恐怖主义极端势力、构建打击犯罪新机制、完善国际警务合作、应对紧急事态等领域，囿于传统思路是难以有效控制犯罪、保障公共安全的，必须赋予警察更大的权力。但关键一点必须把握：警察权的扩张必须与宪法精神保持一致，权力的获得与行使必须具备正当性，即为了公共安全和人权保护，并且这种扩权必须具有明确的法律依据，❷ 必须由修改后的《人民警察法》明确其扩张的条件、内容和程序。

（二）警察权的功能与范围通过宪法明确规定

1. 警察权的功能由宪法明确规定

如前所述，由于当前我国宪法和法律对警察功能缺乏明确的界定，致使警察权运行中被"泛化"和"异化"，为此有必要从宪法高度明确警察权的功能。从宪治国家的发展历程与宪法文本分析，警察从诞生伊始的一般统治权发展至以维护国家安全和社会秩序为职责的特别统治权，再到以保障人权、服务社会的国家行政权，虽然经历了巨大跨越，但警察权的功能总体上保持着行政性特质，且越发呈现出专门化与职业化特征，其"阶级性、暴力性、工具性"功能逐渐被淡化。虽然我国《宪法》第 140 条规定了刑事诉讼中的警察职能，但并不能因其承担了部分刑事侦查职能就推定其具有司法权属性。为此，可考虑在《宪法》第 140 条中增设第 2 款，即"公安机关是维护国家安全、社会秩序和实现人权保障的治安性行政力量，其行为应接受司法机关

---

❶ 蒋熙辉. 关于《人民警察法》修改的几点思考［J］. 江西警察学院学报，2015（6）：8.

❷ 本书认为，此处的"法律依据"应当是狭义的"法律"，即全国人大及其常委会制定的法律。国务院或公安机关均不能以行政法规或规章的形式自我赋权，警察权的扩张应当属于严格的"法律保留"事项。

的监督"。❶ 一方面借此规范当前饱受诟病的警察刑事侦查权不受监督和容易滥用权力的现象；另一方面将警察权功能限定在"治安性行政力量"，以规避各种政治性、政策性任务及"非警务"活动的干扰，确保警察权的功能发挥按照宪法设计的方向运行。

2. 警察权限范围应当由宪法规定

通过宪法划定警察的权力范围，涉及两方面内容：一是明确警察权与其他行政权的职权界限，防范警察权扩张和滥用，同时规范和保障警察权力的行使，防止其他机关及其规范附加警察更多职责，突破其宪法上的功能设定。由于警察权的权限范围具有较强的时代性，其具体内容需跟随社会发展及时调整，并不适合在稳定性较强的宪法文本中列明，因而在立宪技术上可采用"警察的权限范围由法律规定"的法律保留条款和方法，随后在未来《人民警察法》的修改中，专设一条列明警察权的权力清单，让所有单项警察权力有法可查。由宪法划定警察权的范围，能有效提高警察权力来源的层级，并以宪法性法律（人民警察法）的形式加大法律修改的难度，能较好地赋予警察权正当性、稳定性和严肃性；与此同时，清晰的警察权范围能较好避免其他行政权的不当干涉，制度性地化解各种"非警务"行为压力，保障警察权依法履行其法定职能。二是划定警察权力行使的边界，防范其侵犯公民基本权利，并最终实现保障人权的价值追求。"一切有权力的人都容易滥用权力，这是万古不易的一条经验。有权力的人们使用权力一直到遇有界限的地方才休止。"❷ 警察权作为一种与公民关系最密切的国家权力，极易被滥用从而对公民的基本权利造成侵害。"要防止滥用权力，就必须以权力约束权力"，人民可以通过最高立法权对警察权进行监督和制约，其方法就是以宪法或宪法性法律明确划定警察权力行使的边界，让警察权始终在"法无明文规定不可为"的状态下运行。需要强调的是，在事关公民基本权利保护事项上，立法应沿袭《宪法》第37条第2款以及第40条的惯例，遵循严格的"宪法保留"或

---

❶ 为尊重习惯和保持宪法文本前后一致性，此处采用"公安机关"而非"警察"字样，但其含义可包括警察机关和警察个体。为避免"警察"含义的模糊，建议在《人民警察法》（宪法性法律）对"警察"含义作明确界定。

❷ 孟德斯鸠. 论法的精神 [M]. 张雁泽，译. 北京：商务印书馆，1961：154.

"法律保留"原则，凡是涉及重要公民基本权利限制（政治自由、言论自由等）的规定，都应当由宪法（至少是宪法性法律）予以规定，警察权不可任意地自我赋权从而对公民施加义务。总而言之，宪法直接对警察权的功能和范围加以规范，是将警察权"关入制度笼子里"最好的方式，便于警察和人民直观地认知警察的性质、功能和权力范围。退一步看，即便宪法暂时未能修改，在这个事关我国警察制度改革和未来警务发展的全局性、基础性问题上，作为宪法性法律的《人民警察法》不能再等待，必须在修法中明确予以界定。

（三）警察法律体系构建应在宪法框架下进行

警察权力大而全，涉及社会和个人生活的方方面面，注定了警察法体系的庞大。据不完全统计，目前以"人民警察"为关键词的在用法律规范有 324 部，其中宪法性法律 5 部、行政法规 7 部、部委规章 113 部、司法解释 11 部、地方性法规 34 部、军事法规 2 部、政府文件 199 项、政策纪律 19 项。❶ 如此庞大的法律文件构建起我国的警察法律体系。然而，在这个体系中，新法与旧法、不同层级之间、相同层级之间法律规范"打架"现象比较常见，给警察执法实践造成诸多困扰。例如，2012 年 3 月修改后的《刑事诉讼法》第 285 条规定，依法不负刑事责任的精神病人的"强制医疗，由人民法院决定"。"对实施暴力行为的精神病人，在人民法院决定强制医疗前，公安机关可以采取临时的保护性约束措施。"而现行《人民警察法》第 14 条关于公安机关对精神病人采取保护性约束措施，以及送往指定的单位、场所加以监护的规定与前者规定不一致。又如 2006 年实施的《公务员法》在第 12 条关于公务员的义务规定"执行上级依法做出的决定和命令"，在第 54 条规定"公务员执行明显违法的决定或者命令的，应当依法承担相应的责任"。❷ 而《人民警察法》第 32 条关于人民警察必须执行上级的决定和命令的规定与之不一致。此类现象不胜枚举，此不赘述，且相似的情况在其他部门法中亦反复出

---

❶ 数据来源于"中国法律法规数据库"，载 http://law.jschina.com.cn/law/home/begin1.cbs，最后访问日期：2016 年 7 月 29 日。

❷ 高新.修改《人民警察法》应当借鉴吸收相关立法的有益成果 [J].江西警察学院学报，2015（6）：17.

现。为此，我们尝试以宪法为出发点，反思警察法体系建构应注意的几个问题。

（1）所有警察法律规范的立法定位和价值追求须与宪法保持一致，从源头保持具有共同的行进方向。无论警察法规范的立法目的是"赋权""限权"还是"分权"，也不管由哪个权力机关或政府机关执笔，在部门利益考量之外，都必须始终坚持一个共同原则：宪法规范或宪法精神。当宪法有明确规定的时候，决不可设定与宪法规定冲突的规范；当宪法没有明确规定的时候，应当遵循宪法基本原则，创制与宪法精神一致的规范；相同层级的法律规范要前后保持一致，后制定的法律规范应当与之前的规范保持一致，避免前后矛盾；不同层级的规范间必须遵循"下位法服从上位法"的宪法原则，立法时注重自我抑制，切忌滥用立法权，在部门利益与公共利益、执法权力与私权保护间，以科学合理的方式、公平正义的态度维持两者的平衡。尤其是在当前我国"违宪审查"和"违法审查"机制运行效率不足的情况下，更应当注重立法机关的自谦自抑精神，始终清楚立法的价值追求是什么，以"客观公正、审慎科学"的态度完成警察法的修改。

（2）警察范围之争应尊重宪法文本解读。如前章所述，学界对"警察"的范围存在较大争议。现行《人民警察法》第2条规定，人民警察是指在公安机关、国家安全机关、监狱、劳动改造管理机关工作的人民警察和在人民法院、人民检察院工作的司法人民警察。但在实践中，许多法律规范却扩张了《人民警察法》确立的警察范围，如1992年《国务院批转公安部评定授予人民警察警衔实施办法的通知》的规定，评定授予警衔的范围为各级公安机关（包括公安机关设在铁道、民航、交通、林业部门的公安机构）、国家安全机关和劳动改造管理部门中，从事指挥、决策、监督、保障业务工作的人民警察，以及在各级人民法院、人民检察院工作的司法人民警察，在警察专业技术单位、报社、医院、院校中担任人民警察职务的人员。❶ 而2014年最高人民法院、最高人民检察院、公安部等部门联合公布的《人民警察抚恤优待

---

❶ 关于该《通知》的详细内容，可参见 http://law.fayi.com.cn/641685.html，最后访问日期：2016年7月25日。

办法》第 2 条更是明确界定了人民警察的范围，即"在公安机关（包括铁路、民航、交通、森林等公安机关和海关缉私部门）、国家安全机关、司法行政机关工作的人民警察，以及在人民法院、人民检察院工作的司法人民警察"。❶由于宪法文本中并未对警察的含义和范围作出具体规定，《警察法》对此规定又含糊不清，实践中各种层级的规范性文件对该问题的规定不一，遂导致警察范围的界定从规范到事实认定的混乱。

警察范围的界定涉及公安机关与其他国家机关的关系协调问题，《人民警察法》作为规范我国警察制度的基本性法律，应当对该问题作出明确规定。借此警察法修改之际，笔者认为有几个问题需要注意：第一，法律的制定要严格遵循"根据宪法，制定本法"的逻辑，忠实于宪法文本，不可随意突破宪法规定。从前述宪法文本的分析看出，我国宪法中对警察的六处规定均以"公安"或"公安机关"表述，表明宪法中的警察主要指行政机关中的公安机关，并不指向司法行政机关、安全机关、人民法院或人民检察院中的警察，而宪法文本解释意义上的警察应当仅指公安。第二，虽然实践中规范警察的法律规范不胜枚举，但作为基本性法律的《人民警察法》并不必然迁就这种事实性存在，让各种混乱且冲突的凸显部门利益的各层级规范性文件"牵着鼻子走"，破旧立新式的立法思路在"警察范围"这个问题上，未必不能突破。第三，从现有的征求意见稿来看，高层似乎倾向于将警察法定位于"大警察法"，有其合理性，即除了公安机关外，将国家安全机关、司法行政机关工作的人民警察，以及在人民法院、人民检察院工作的司法人民警察统统纳入警察法中。❷《人民警察法》应当在主要规定公安机关的人民警察的职责、权限、责任等内容的同时，明确其他国家机关人民警察的规范则由其他相关专门法规定。如国家安全机关人民警察由《国家安全法》《反间谍法》规定，监狱人民警察由《监狱法》规定等。这样做的最大益处在于，厘清不同国家机关之间的权力关系，以法治方式规范国家权力，让权力清晰、透明，更有

---

❶ 关于该《办法》的详细内容，可参见 https：//baike. baidu. com/item/% E4% BA% BA% E6% B0%91% E8. AD% A6% E5% AF%9F% E6%8A%9A% E6%81% A4% E4% BC%98% E5% BE%85% E5% 8A%9E% E6% B3%95/13861366? fr = aladdin，最后访问日期：2020 年 1 月 30 日。
❷ 邓国良.《人民警察法》修改应协调的几个关系之思考 [J]. 江西警察学院学报，2015 (6)：11.

利于对不同权力的监督与问责。

（3）从立法内容和立法技术看，要妥善处理好《人民警察法》与其他法律规范的衔接问题。任何一部法律的制定都不可能面面俱到，总是要有所取舍。在警察法修改中，对于那些并非必须规定、但又需要作出详细规定的内容，应当另行制定法律法规或实施细则。例如人民警察的教育训练、警务保障等问题，可以考虑由公安部另行制定规章，没有必要在《人民警察法》中详细规定。对于那些已经由法律法规作出规定的问题，修改时不应再作规定，否则会造成法律规范间的重复交叉。例如，关于人民警察使用武器的问题，在《人民警察使用警械和武器条例》中已有明确规定，因而在警察法修改时就没有必要再作具体规定，只需在技术上用"关于……依照《……》执行"对接相关法律法规即可。❶ 进一步说，即便立法者认为现有的法律规范不合理，与警察法内容相冲突需要完善，此时只需要修改相应的法律法规即可，避免在《人民警察法》中更正，从而保证法律规范之间逻辑关系清晰，内容层次清楚、条理分明。

---

❶ 朱炜. 修改《人民警察法》应注意的几个宏观问题 [J]. 江西警察学院学报，2015（6）：15.

第三章

警察权的法律规制原理

第一节　警察权规制的基本逻辑

一、　警察权为何需要规制❶

关于"权力"的概念，自古以来众说纷纭。事实上，想要从理论上给权力下一个定义几乎是不可能的，❷ 因为权力是一个多学科、多视角、多内涵、多向度的范畴，很难对其进行具象有形的描述。从法学的角度看，《布莱克法律词典》曾对权力的定义进行了三种描述：（1）权力（power）是做某事的权利、职权、能力或权能（faculty），权力是授权人自己合法作某行为的职权（authority）。（2）权力是在法律关系中一方以一定作为或不作为改变这种关系的能力。（3）狭义的权力指为了自己利益或他人利益处理动产、不动产或赋

---

❶ "规制"源于经济学上的规制理论，原指在市场经济体制下，为矫正和改善市场机制内在的问题，政府干预经济主体活动的行为。规制作为具体的制度安排，是"政府对经济行为的管理或制约"。在法制社会中，政府规制行为通常以法律制度以及以法律为基础的政策或行政活动实施某种干预、限制或约束。鉴于规制理论的有效性，近年来被法学等社会科学研究广泛借鉴。一般认为，"规制"与"控制""限制""管制"等概念不同，后者强调对权力监督的单向度、强制性和服从性，多以行政命令等方式实现；而前者强调以法律进行规则式的治理，注重权力监督的合法、理性与程序正义。因此本书在讨论法律对警察权的监督与保障问题时，采用"规制"一词，意指警察权应当接受法律的规范和制约，符合法治的精神和规则。

❷ 《辞海》中，权力指"掌权；当权；有职有权"，详情可参阅：辞海：中册［M］. 上海：上海辞书出版社，1979：2866.

予某人处理他人利益的自由或职权。❶ 公法原理认为，公权力是指国家和其他公共任务主体为行使国家权力而享有的立法、执行、司法等权限的总称。公权力指以维护公益为目的的公团体及其责任人在职务上的权利，它是基于社会公众意志而由国家机关具有和行使的强制力量，其本质是处于社会统治地位的公共意志的制度化和法律化。❷

权力具有极强的强制力、约束力和威慑力，而且权力的行使伴随着权威的树立和荣誉的彰显，因此权力往往带有巨大的诱惑力。英国哲学家罗素认为："爱好权力，犹如好色，是一种强烈的动机，对于大多数人的行为所发生的影响往往超过他们自己的想象。"❸ 警察权作为国家权力的一种，在追求权力设置和运行目的、维护公共利益的同时，其自身的强大、膨胀必然形成对个体利益的侵害或者威胁。孟德斯鸠在《论法的精神》中曾写道："一切有权力的人都容易滥用权力，这是万古不易的一条经验。有权力的人使用权力一直到遇有界线的地方才休止。"警察代表国家行使警察权，与执法相对人之间是不平等关系，国家为保障警察权的行使而赋予其种种特权，往往容易造成权力的膨胀和滥用。英国的约翰·阿克顿勋爵有句经典名言："权力导致腐败，绝对的权力导致绝对的腐败。"因而，需要对警察权加以某种制约，在保障其正常行使的同时，防止其膨胀和滥用，以保障民众的权益不因过于膨胀的权力违法或者不当行使而受到侵害。

二、 为何是法律规制

鉴于权力的天然膨胀性，历史上不同的国家类型有着不同国家权力的运行方式。在近代以前的国家形态中，国家权力主要依靠宗教、道德或残酷的吏治体系作为运行载体，整体上体现着权力拥有者和使用者的"人治"特征，权力运行主要是为了维护统治集团利益，并无近代意义上的公益或私权保护价值，因此往往缺乏或难以受到实质性的监督和控制。事实上，权力的抽象性需要依赖具体的个人才能实现，而人类作为有血有肉的自然界物种之一，趋利避害是

---

❶ 沃克. 牛津法律大辞典［M］. 邓正来，等译. 北京：光明日报出版社，1988：706.

❷ 熊文钊. 公法原理［M］. 北京：北京大学出版社，2009：29-30.

❸ 伯特兰·罗素. 权力论［M］. 吴友三，译. 北京：商务印书馆，1991：189.

其天然特性。历史表明，无论是宗教的教规教义、道德的三纲五常，抑或是民间的乡规民约，均无法从根本上有效约束人类的行为，因为这些规范均缺乏必要的国家强制力保障。而统治阶级的命令式管理虽然满足了强制性条件，但因缺乏民意或民主基础而缺乏普遍的认同和接受，使得其权力运行缺乏必要的正当性基础。在这样的背景下，法律（法治）成为近代国家治理的历史选择。

在法治国家中，法律是人民意志的体现，是国家权力正当性的源泉。法律也是所有国家权力合法性的基础，"法无授权不可为"是所有权力都应当遵循的基本原则。近代法律发展史表明，法律对权力的规制主要通过公、私法的划分来实现，并在不同国家演化出"立法主导型"和"司法主导型"的规制类型。前者以大陆法系国家为代表，主要通过立法的方式对权力实施监督制约和保障权利；后者以英美法系国家为代表，强调以司法判例的方式创制规范，从而实现对权力的约束和权利保障。从理论上看，近代法律之所以能够在不同国家以不同方式实现对权力的规制，其主要原因有三：（1）奉行权利本位立场。在公、私法划分模式下，权利具有优位价值，权利是第一位的、根本性的，而权力相对于权利和自由而言是从属性、辅助性和工具性的。在这种立场上，法律因权力和权利的属性、功能、地位的不同而加以区别对待，通过对权力的严格制约全面保障公民的人身权、财产权和其他权利。（2）假定权力性本恶。人性本善还是本恶是个经典命题，人们往往基于立场和经验的不同会得出不同结论和看法。但在法律人的逻辑看来，更愿意相信人性本恶，因为"如果人人都是天使，那就不需要法律了"。尤其在法治国家中，权力被法律假定为一种必要的恶，换言之，法律治下的权力是把"双刃剑"，集提供公共产品和服务的积极意义和侵犯公民合法权益的消极意义于一身，集增进公民自由和损害法治价值于一体。因此，法律以公民权利作为原点，设计出一种权利和权力若即若离的理想关系。这就需要从实体和程序两个方面对权力加以严格限制，防止其非理性膨胀地僭越权力边界，尽量让权力以一种正面形象来展现其保障公民权利的积极意义。（3）制度设计上的区别对待。权利相对于权力而言，总是处于一种"地位很高、实力不足"的尴尬境地，这就需要通过恰当的制度设计上的区别对待来缓解这种张力。申言之，法律主要从三个方面区别对待权力与权利：一是对权力和权利的来源和意义作出

不同的理解和规定；二是对权力和权利的行为指向和边界作出不同的界分；三是为权力行为和权利行为构建出不同的行为模式。❶

　　毫无疑问，警察权是众多国家权力中对公民权利最具强力和威胁的一种，因此法律对警察权的规制历来都是各国立法的重要内容。无论是大陆法系还是英美法系，虽然规制的方式不尽相同，但宗旨却殊途同归：约束和限制警察权、防止其恣意或滥用，从而保护公民权益不受权力的非法侵扰。对法律而言，既要保障警察权的权力功能得以实现，不能过分限制和影响其维护公共秩序和安全的权能，又要确保其不超越法律所划定的权利保护界限。换言之，法律所要构建的有限政府、法治政府和责任政府，实际上是在建设一道保障权利不受权力侵犯的防线，法律在为警察权铸造一支用以维护社会秩序的尖锐之"矛"的同时，也为公民提供了一个用以捍卫自由的坚实之"盾"。

三、 法律如何实现规制

　　由于警察权具有即时强制性、单向性、扩张性、易腐性等特性，极易膨胀和不当滥用，因此近现代各国的法律在对警察权权能实现进行必要保障的同时，更多的是从"控权"的立场对其进行规范和制约。从理论上看，警察权应当在法律范围内正当、合法有效地产生、分配和行使，法律对警察权的规制逻辑主要表现为以下五个方面。

（一）明确警察权的来源、宗旨及范围

　　从权力在人类社会中的发展来看，权力的取得和维持获得人们的普遍认同，这是权力存续所必要的正当性及合法性理由。在古代社会，权力（政权）的取得以"天子王权""君权神授"等为理由表现出其正统性与合法性，但在现代人看来，这种具有神秘主义色彩的权力观及其运行机制，是一种专制主义的非民主、非法治的权力运行模式。到了近现代，随着"天赋人权""人民主权"等思想观念深入人心，"人民主权原则"成为权力正当性的源泉，近代各国纷纷以此为基础实现了国家权力的民主化、法治化转变过程。在现代

---

❶　袁曙宏，宋功德. 统一公法学原论——公法学总论的一种模式（下卷）［M］. 北京：中国人民大学出版社，2005：110－111.

法治社会中，公权力的形式必须以保护私权为必要目的及限度，避免过分膨胀以危害社会公共利益或人民的利益。

我国《宪法》第2条规定："中华人民共和国的一切权力属于人民。人民行使国家权力的机关是全国人民代表大会和地方各级人民代表大会"；第3条规定："全国人民代表大会和地方各级人民代表大会由民主选举产生，对人民负责，受人民监督。国家行政机关、审判机关、检察机关都由人民代表大会产生，对它负责，受它监督。"宪法的如此规定，从根本法层面为公权力在我国的取得与行使提供了合法性基础。对警察权而言，《人民警察法》作为警察法律体系的基本法，为警察执法所需要的各项权力提供法律授权，是警察法合法性的主要来源。《人民警察法》第1条规定："为了维护国家安全和社会治安秩序，保护公民的合法权益，加强人民警察的队伍建设，从严治警，提高人民警察的素质，保障人民警察依法行使职权，保障改革开放和社会主义现代化建设的顺利进行，根据宪法，制定本法"；第3条规定："人民警察必须依靠人民的支持，保持同人民的密切联系，倾听人民的意见和建议，接受人民的监督，维护人民的利益，全心全意为人民服务"，表明了警察权运行的宗旨是"维护国家安全和社会治安秩序，保护公民合法权益"。同时，《人民警察法》第6条❶以及《治安管理处罚法》《交通安全法》等法律明确规定了警察权的范围，为警察权运行划定了边界，为警察权运行指明了方向，避免了"全能警察"的产生。

（二）确定警察权主体的产生、转移、交接及其程序

现代公法理论认为，公权力的来源应当正当，权力范围应当有明确法律依据，不仅如此，公权力主体的产生、转移、交接和取得的程序也应当合法、

---

❶ 《人民警察法》第6条规定："公安机关的人民警察按照职责分工，依法履行下列职责：（一）预防、制止和侦查违法犯罪活动；（二）维护社会治安秩序，制止危害社会治安秩序的行为；（三）维护交通安全和交通秩序，处理交通事故；（四）组织、实施消防工作，实行消防监督；（五）管理枪支弹药、管制刀具和易燃易爆、剧毒、放射性等危险物品；（六）对法律、法规规定的特种行业进行管理；（七）警卫国家规定的特定人员，守卫重要的场所和设施；（八）管理集会、游行、示威活动；（九）管理户政、国籍、入境出境事务和外国人在中国境内居留、旅行的有关事务；（十）维护国（边）境地区的治安秩序；（十一）对被判处拘役、剥夺政治权利的罪犯执行刑罚；（十二）监督管理计算机信息系统的安全保护工作；（十三）指导和监督国家机关、社会团体、企业事业组织和重点建设工程的治安保卫工作，指导治安保卫委员会等群众性组织的治安防范工作；（十四）法律、法规规定的其他职责。"

正当。权力主体是指权力的实质或形式上的拥有者。事实上，权力主体是一个抽象的集合性概念，权力主体其实可以分解为诸多主体形态，如权力归属其所有的归属主体，实际握有权力的占有主体，对权力负责实施的行使主体，等等。一般认为，现代社会的国家形态和政权组织形式中，国家权力通常分解为归属主体和行使主体。如一些资本主义国家在宪法条文中规定了"主权在民"的权力归属主体：人民，但同时也在宪法中设立了完整的国家机器，即权力行使主体：国家机构。在我国，《宪法》第 2 条规定了"中华人民共和国的一切权力属于人民。人民行使国家权力的机关是全国人民代表大会和地方各级人民代表大会"，该条非常典型地将权力归属主体（人民）和行使主体（人民代表大会）作了分解，并且在《宪法》第三章专章规定了国家机构。除规定了机构的设置原则、程序外，还规定了一系列行使权力的途径和手段。事实上，"权力归属主体不可能完全行使所有国家权力，或者完全行使自己所享有的一切权力，由行使主体完成权力的行使既是一种必然选择，同时也是出于权力运行的技术上的考虑。但需要注意的是，行使主体是不能离开归属主体而独立存在的，如果说两者呈主属关系的话，归属主体是主而行使主体为从，行使主体始终不能脱离归属主体而任意行动"。❶

根据上述原理，我国警察权的归属主体无疑可以进行多层级的理解，一方面，警察权作为国家权力属于人民，但人民作为抽象的概念无法具体行使该权力，因此将其授权给行政部门（主要指公安机关）行使，由此进行了第一次分解；另一方面，公安机关无法完全行使所有的警察权，需要按照警种、内设机构或行政协议等形式将其再次授权给警察个体或社会力量方能实现，由此构成了二次分解。可见，对于警察权的不同类型主体，法律对其产生、转移、交接及取得应当设置不同的要求和程序，并且权力行使产生的责任归属及救济也应当有明确的法律规定。例如，辅警作为当前各地存在的警察辅助执法力量，其在事实上行使着警察所享有的警察权，但因其不具有警察身份，因此法律对此类主体的行为必须从法律上进行规范和界定，明确辅警的产生条件、权限范围以及责任承担等内容，这都需要从权力分解理论的角度

---

❶ 关保英. 行政法的价值定位［M］. 北京：中国政法大学出版社，1997：8.

进行深入研究，为警察权的法律规制提供充分的理论支持。

（三）规范警察权行使的条件、基准、程序和方式

在各种国家公权力中，警察权与公民权利有着最广泛、深刻和直接的联系，可以毫不夸张地说，警察权滥用最容易给公民、法人和其他组织的合法权益造成损害。事实上，由于警察权牵涉的社会面广，尤其与各种违法犯罪利益容易发生勾连，因此是最容易被滥用、最容易产生腐败的一种权力。为此，我国在依法行政，建设法治政府、透明政府的时代要求下，法律应当在程序正当、公开原则的精神下，对警察权行使中的各种行为（如行政处罚、行政许可、刑事强制措施等）的条件、程序和方式作出明确规定。例如，基于人身自由权是公民最基本的核心权利，法律在限制人身自由的权力授权时采取了法律保留原则，即涉及限制公民人身自由的权力只能由法律规定，其他任何层级的立法均无权规定。为此，公安机关自身无权通过部门规章的方式自行赋权限制人身自由，这是法律防止警察权恣意侵犯人身自由所采取规制的典型方式。又如，为保障公民权利，警察权应当以符合正义的程序运行，《公安机关办理行政案件程序规定》《公安机关办理刑事案件程序规定》等一系列旨在通过程序规制警察执法行为的立法相继出台，程序法相对于实体法而言具有独立的价值，其能够让警察权以看得见的方式运行，为权力的理性、公正实施提供程序保障。

（四）协调警察权与其他公权力之间的关系

现代公法原理要求公权力主体与人民及国家之间的关系法律化，同时也要求公权力主体之间的关系法律化、制度化。在我国，公权力主体主要指国家机关，国家机关纵向包括中央国家机关和地方国家机关，横向包括立法机关、行政机关、监察机关、审判机关、检察机关、军事机关等。我国《宪法》在第三章国家机构中对国家机关的具体设置、职权划分及相互关系作了规定，使国家机关组成完整严密的有机整体，从而保证了公权力的实现。警察权作为行政权的分支，其在运行中难免与立法权、司法权、监察权等权力发生关联，表现在警察执法中需要与相关政府部门和司法机关进行分工、配合和制约。例如，公安机关在办理违法犯罪案件过程中，时常需要金融部门提供帮助，协查犯罪嫌疑人的银行账户及其交易流水；在侦办跨国犯罪案件中，时常需要与海关、民航、海事等部门协同执法或案件移交；在查办经济违法犯罪类案件中，经常与商务部门、税务部门、市场监管部门进行联合执法，这些均涉及警察权与其他公权力之间的关系，如管辖权归属、执法权限、案件移送、流转程序、行刑衔接、责任归属等诸多问题，法律需要对这些问题作出明确规定，否则警察权既可能因法律规范不明而"裸奔执法"，也可能因法律规制不足而"权无边界"。需要指出的是，公权主体在我国还包括执政党中国共产党，2018 年《宪法》修正案以宪法规范的方式对执政党的法律地位进行明确规定，❶ 为实现执政党与国家机关关系的制度化、法律化奠定了基础。为此，人民警察听从党的领导和指挥不再仅仅是政治要求，而是法律规定，各级法律对此应当及时作出细化性规定，将党的意志和要求以立法的方式写进法律，为"政治建警"提供充分的法理基础和立法依据。

（五）确立对警察权的监督、制约机制

历史证明，公权力是人类为应付外部世界的挑战和协调人类社会内部的关系、为维系自己的生存和发展所必需的。然而，公权力一旦产生又有膨胀、滥用、腐败的可能，从而对人类自身构成威胁。因此，人类在设计公权力的产生和运作机制的同时，还必须考虑到对权力这种"必要的恶"的监督、制约机制。我国通过宪法、监察法、行政诉讼法、行政复议法、行政强制法、审计法等法律规范建立其对各种公权力的监督制度，如行政诉讼制度、监察制度、审计制度等，这些制度对实现公权力的规范行使发挥了积极的作用。❷

毫无疑问，警察权同样应当接受法律的监督、制约。国家除了以一般的行政法律规范（如行政处罚法、行政许可法等）约束警察权外，还专门针对警察权的特性制定特别法，对警察权施以特别的监督与制约。如治安管理处罚法，该法是在行政处罚法之外，结合治安管理不同于普通行政管理的实践需要，对公安机关在实施治安管理处罚时，设置了不同于甚至高于普通行政

---

❶ 2018 年《宪法》修改将《宪法》第 1 条第 2 款修改为："社会主义制度是中华人民共和国的根本制度。中国共产党领导是中国特色社会主义最本质的特征。"

❷ 熊文钊. 公法原理［M］. 北京：北京大学出版社，2009：56 – 57.

处罚的标准、程序和要求，以最大限度地约束警察行政执法权。又如《人民警察使用警械和武器条例》针对警察使用警械和武器的条件、程序和后果设置了明确的要求，警察执法时必须严格按照法定条件和程序使用警械和武器，从而避免了武器使用权这一对公民人身安全威胁极大的权力的滥用。需要指出的是，法律对警察权的监督与制约应当以实现警察权的功能为前提，同样需要遵循一定的限度和边界，如果过分限制将导致其权能无法有效实现。如当前我国法律对警察使用武器（枪支）的条件极为苛刻，法律设置的责任极其严格，导致实践中警察在极其危险的情况下也不敢使用武器，极大阻碍了警察权正常功能的实现。因此，对警察权的内外部监督、制约同样需要依法、合理地进行。

第二节　警察权法律规制的域外考察

西方法治国家是近现代法治的发源地。在警察法治领域，英、美、法、德、日等国家对警察权的法律规制积累了丰富的经验，其中不少做法值得借鉴或参考。如前所述，西方国家警察权的法律规制大体因法系的差异而表现为"立法主导型"和"司法主导型"的规制类型。前者以法、德、日等大陆法系国家为代表，主要通过立法的方式对警察权实施监督、制约；后者以英、美等英美法系国家为代表，主要以司法裁判、判例法的方式创制规范，从而实现对警察权的监督、制约。

一、　立法主导型

近代德国警察法学对后世的最大贡献，莫过于 19 世纪诞生于行政法领域的比例原则，20 世纪 50 年代后，德国联邦宪法法院通过系列案件将比例原则作为审查国家公权力是否合宪的重要标准。❶ 通常认为，德国行政法上的比例

---

❶ 台湾学者陈新民认为，比例原则是拘束行政权最有效的原则，其在行政法中的角色如同"诚信原则"在民法中的角色，两者均可称为各自法律部门中的"帝王条款"。

原则主要包括适当性、必要性和均衡性原则，它们在警察权的法律规制中发挥着重要作用。适当性原则要求警察机关采取的措施要能够达到法定目的，若警察机关采取的措施达不到法定的目的，就不具有适当性。有学者在阐述该原则时举了一个形象的例子："警察要求凶猛的狗的主人在带狗外出时，要在狗身上挂警铃，就不是妥当的措施。要防止狗伤人，妥当的措施应是为狗戴上口罩。"❶可见，适当性原则是从目的导向上规范警察权行使的。必要性原则也称最小侵害原则，要求警察机关在所有能够达到立法或者执法目的的手段中，必须选择对公民权利侵害最小的那种手段。换言之，如果同时存在多个能够实现目的的手段，警察机关必须对这些手段可能侵害公民权益的程度进行比较，选择其中侵害最小的手段。必要性原则起源于德国19世纪著名的"十字架山案"，❷该判决正式确认对警察权限制的必要性原则，并为后世法律对警察权的规制奠定了理论基础。如1931年普鲁士邦制定的《警察行政法》第14条规定了"警察处分应当具有必要性"，并在该法第41条第（2）项将"必要性"界定为："如果有多种方法足以维护公共安全或秩序，或有效地防御对公共安全或秩序有危害的危险，则警察机关得选择其中一种。唯警察机关应尽可能地选择对关系人与一般大众造成损害最小的方法为之。"均衡性原则是指警察机关所采取的措施与其所要达到的目的之间必须合乎比例或者相称，要求警察机关在行使权力之前，应对其所采取的措施可能对公民权利的侵害及其所保护的公共利益进行权衡。相比于前两项原则，均衡性原则更侧重对警察行为所涉及的公私法益的平衡考量。1950年黑森邦《直接强制法》第4条以及1953年《联邦行政执行法》第9条第（2）项均为该原则在立法中的直接体现。❸

德国法律以比例原则规制警察权的做法为其他大陆法系国家和地区所借

❶ 转引自：周佑勇. 行政法基本原则研究［M］. 武汉：武汉大学出版社，2005：52.
❷ 在柏林市郊有一座"十字架山"，山上建有一个胜利纪念碑。柏林警方为使全市市民抬头即可看见此令人鼓舞的纪念碑，以警察有"促进社会福祉"的权利与职责，公布了一条"建筑命令"，对今后该山区附近居民建筑房屋的高度进行了限制，以不得阻碍柏林市民眺望纪念碑的视线。原告认为警方的做法侵犯其自由，且认为禁令所追求的"福祉"与侵害的权益之间既无必要也不合理，遂向普鲁士高等法院起诉。
❸ 文华. 我国警察权力的法律规制研究［D］. 武汉：武汉大学，2010：37-39.

鉴，如1954年《日本警察法》第2条第（2）款规定，"警察活动应严格限制在前款规定的职责范围内，在完成其职责时以不偏不倚公平公正为宗旨，不允许有任何滥用职权、干涉日本宪法所保护的个人权利与自由的行为。"《日本警察（官）职务执行法》第1条第（2）项规定："本法规定手段之行使，以执行前项之必要最小限度为限，不得滥用。"第7条还规定，"警察为逮捕人犯，防止逃逸，保护自己或他人，或压制妨害公务之抵抗，有相当理由，可认为必要时，得经合理判断，于必要限度内，因应情况使用武器"。我国台湾地区《警械使用条例》第5条规定，"警察人员使用警械应基于急迫需要为之，不得逾越必要程度，并应事先警告，但因情况紧急，不及事先警告者，不在此限"。所谓的"集会游行示威法"第26条规定："集会游行之不予许可，限制或命令解散，应公平合理考量人民集会游行权利与其他法益间之均衡维护，以适当之方法为之，不得逾越其所欲达成目的之必要限度。"❶

大陆法系国家的法律在对警察权进行规制时，注重借助不同权力之间的分工进行制约，设计出符合本国需求的规制方案。如《德国刑事诉讼法》规定，扣押信件、邮件、电报，对电讯往来监视、录制以及搜查等，只允许由法官作出决定。如果因延误而发生危险时，检察院也可以决定，但须在3天内提请法官确认。对有重大嫌疑、符合逮捕理由的被指控人允许命令待审羁押，待审羁押须由法官签发逮捕令。❷这种将扣押、搜查决定权从警察权剥离出的法律规定，意在通过不同机关间的分工制约警察权，这种以司法权监督警察权的做法在许多大陆法系国家中也存在。如《法国刑事诉讼法》规定，搜查由预审法官决定，搜查过程中是否扣押物品和文件，是否截留电讯，以及签发传唤通知书、拘传通知书、拘留证、逮捕证，也由预审法官决定。预审法官还决定对被审查的人进行司法管制，或者予以先行羁押与延长羁押，并决定是否停止羁押、释放。❸2001年《俄罗斯刑事诉讼法典》改变了过去由检察机关审批强制措施的做法，其第29条第2款规定，只有法院（包括在

❶ 姜昕. 比例原则研究——一个宪政的视角［M］. 北京：法律出版社，2008：92.

❷ 参见《德国刑事诉讼法》第98条、第99条、第100条、第100条之二、第105条、第112条、第114条、第117条、第125条。

❸ 参见《法国刑事诉讼法》第92条、第97条、第100条、第122条、第137条、第147条。

审前程序中）才有权决定羁押、对住宅进行强制勘验、在住宅里进行搜查和提取物品。❶ 荷兰的法律明确规定侦查权属于检察机关，检察机关对侦查程序运作结果负责。《荷兰刑事诉讼法》实施过程中，法律上的侦查权由检察机关行使，警察只是作为检察官的助手在检察官领导和指挥下实施具体侦查活动。然而在实践中，大多数案件的侦查活动实质上是由警察独立实施的，但检察机关有权随时指派检察官参与警察正在进行的任何侦查活动。如侦查过程中警察若需使用自动步枪等武器的，须获得检察官的事先授权，授权书由司法部长签署；警察需要逮捕、拘留犯罪嫌疑人的，也必须获得检察官的批准。根据《荷兰刑事诉讼法》第 148 条规定，若警察不执行检察官的指令将会导致纪律制裁。❷

二、 司法主导型

在英美法系国家，司法令状制度是警察权监督和制约的重要方式。令状制度起源于英国，发展于美国。一般情况下，合法有效的令状应当满足三方面要件：实体要件、形式要件和程序要件。实体要件是指警察机关在申请令状时所具备的实施强制措施行为的理由。美国法律规定，警察采取搜查、扣押或逮捕等措施要有"可能事由"，该"可能事由"指由一个理性的普通人根据常识所作出的判断。英国将令状的实体要件称为"有合理的根据怀疑"，1984 年《英国警察与刑事证据法》第 8 条规定了搜查的"合理的根据"。❸ 令状制度的形式要件要求所有的令状必须记明需要采取强制侦查的具体范围、对象、执行地点以及令状的有效期限。其目的在于禁止签发"一般令状"，以

---

❶ 参见《俄罗斯联邦刑事诉讼法典》第 10 条、第 12 条、第 13 条、第 29 条、第 125 条。

❷ 倪铁. 程序法治视野中的刑事侦查权制衡研究［M］. 北京：法律出版社，2016：146 – 147.

❸ 1984 年《英国警察与刑事证据法》第 8 条将搜查的"合理的根据"界定为：（a）一项严重可捕罪已经发生；（b）在申请书载明的场所存在着可能对查清该犯罪具有重大作用的材料（不论该材料单独还是与其他材料一起发生这种作用）；（c）该材料可能成为相关的证据；（d）它不属于本条第（3）款所规定的任何条件。而该法第（3）款是指：（a）与任何有权同意进入该地的人进行协商是不现实的；（b）尽管与有权同意进入该地的人进行协商是可能的，但是与有权同意接触证据的人进行协商却是不现实的；（c）除非令状得到发布，否则进入场所将不被许可；（d）除非到达该场所的警察立即进入搜查，否则搜查目的的实现可能遇到阻却或受到严重损害。根据法律规定，"有合理的根据怀疑"要件在英国对有证逮捕和无证逮捕都适用。

防止漫无边际的强制侦查，特别是搜查和逮捕。❶ 如 1984 年《英国警察与刑事证据法》第 15 条规定，警察在搜查令中必须详细说明想要进入并搜查的房屋，并且只要有可能，还要确认要查找的物品或人物。根据《美国联邦刑事诉讼规则》规定，逮捕令须由治安法官签发，根据联邦执法官员或检察官的请求，搜查令由联邦治安法官或者在联邦管辖区内的州记录法院签发。❷

为防止特殊情况下警察无令状执法或违法执行令状行为，英美国家通常设置了两种司法审查方式。一是申请人身保护令。人身保护令是一种法官要求警察说明拘禁公民的理由，从而对其拘禁是否合法进行审查的一种命令。按照英国法律，在侦查程序中，如犯罪嫌疑人认为警察对自己采取的羁押措施是非法的，其有权向高等法院申请人身保护令，高等法院接受申请后，将举行控辩双方同时参加的法庭审判，并对羁押是否合法作出裁决。二是申请非法证据排除。《美国联邦刑事诉讼规则》第 41 条规定，任何遭受非法搜查和扣押所侵犯的人都可以向地区法院提出动议，要求不得将下列情况下所取得的物品当作证据使用：（1）该物品是在没有搜查证的情况下非法扣押的；（2）搜查证不符合格式要件；（3）所扣押之物品不是搜查证上所指明的物品；（4）缺乏签发搜查证所必需的合理根据；（5）搜查证之执行不合法。法官应当判定该动议的证据是否合理，如果动议被批准，则扣押的物品不得在任何听审或审判中被采纳为证据。❸ 在美国，《美国权利法案》指引下的法律对非法证据排除做了较为详细的制度设计，其中较为典型的有：（1）米兰达规则。在"米兰达诉亚利桑那州案"中，❹ 警察由于强迫被告人招供而构成对《美国宪法》第五修正案的违反。联邦最高法院在对判决作出论证后，进一步规定了警察讯问的前置性程序，即著名的米兰达警告：a. 你有权保持沉默，你对任何一个警察所说的一切都将可能被作为法庭对你不利的证据；

---

❶ 孙长永. 侦查程序与人权——比较法考察 [M]. 北京：中国方正出版社，2000：29.

❷ 参见《美国联邦刑事诉讼规则》第 4 条、第 5 条、第 41 条。

❸ 高峰. 刑事侦查中的令状制度研究 [M]. 北京：中国法制出版社，2008：57.

❹ 关于该案件的详细信息，可查阅米兰达警告 [EB/OL]. [2020 - 04 - 01]. https：// baike. baidu. com/item/% E7% B1% B3% E5% 85% B0% E8% BE% BE% E8% AD% A6% E5% 91% 8A/ 1420967？ fromtitle = % E7% B1% B3% E5% 85% B0% E8% BE% BE% E8% A7% 84% E5% 88% 99&fromid = 1736451&fr = aladdin.

b. 你有权利在接受警察询问之前委托律师，他（她）可以陪伴你受讯问的全过程；c. 如果你付不起律师费，只要你愿意，在所有询问之前将免费为你提供一名律师；d. 如果决定在没有律师在场的情况下回答问题，你仍然有权利在任何时候停止回答，直到你和律师谈话；e. 了解和理解了向你解释的权利后，你是否愿意在没有律师在场的情况下回答我的问题。米兰达规则的意义在于为警察调查取证确立了行为准则，规范了警察调查取证行为，保护了犯罪嫌疑人权利。（2）证据禁止。证据禁止是指申请人通过在庭审前向庭上提出证据排除的动议，对证据的采信力进行审查。证据禁止通过对已侵犯人权的搜查行为的证据的可采性进行限制使用，进而对警察搜查、取证等行为进行规制。（3）毒树之果。毒树之果理论（Fruit of the poisonous tree）指刑事案件调查过程中，如果证据的来源（树）受到污染，那么任何从它处获得的证据（果实）也是被污染的，在诉讼审理的过程中将不能被采纳，即使该证据足以扭转裁判结果亦然。毒树之果是美国刑事司法制度对非法证据的一种形象概括，其作为非法证据排除的规则对遏制警察刑讯逼供，保护刑事被告人的基本权利有着进步作用。❶

虽然英美法系国家主要通过司法裁判所形成的案例体系构筑起警察权的法律规制制度，但随着两大法系的融合，英美等国家也开始重视制定法对警察权规制的价值。在英国，1829 年《大都市警察法》、1839 年《郡和地区警察法》、1856 年《郡和市警察法》和 1964 年《警察法》规定了不同类型的警察负责制，从警察权配置的角度进行规制。1984 年《警察和刑事证据法》将警察实践和普通法规则法定化，明确规定了警察的各项侦查权以及警察行使权力的正当程序。近年来，英国加大了制定法规制警察权的力度，如 2011 年《警察改革与社会责任法》和 2013 年《犯罪与治安法院法》等法律对英国警察管理体制进行了重大调整，进一步加强了中央事权统一管理力度，加大了对地方事权的下放力度。❷ 针对警察不法行为的监督与救济，1976 年《警察

❶ 李国华. 美国法上的警察权规制及其启示——以《权利法案》为中心 [J]. 净月学刊, 2017（3）: 77 - 78.

❷ 赵旭辉. 中外警务比较研究——公安改革思考 [M]. 北京: 中国人民公安大学出版社, 2016: 17.

法》、1984 年《警察和刑事证据法》以及 2002 年的《警察改革法》不断改革警察投诉机制，于 2004 年成立了英国投诉警察独立监察委员会，专司警察侦查活动的监督，以确保警察公正执法。在美国，为预防警察腐败、暴力和滥用职权，美国开始重视开展警察职业化教育，强调警察职业道德的约束，如 1957 年制定的《执法道德规范》，该规范在美国实施几十年，是成千上万警察的职业行为准则。

在警察执法监督方面，英美法系传统的国家和地区比较重视警察权运行中监督机制的构建。如我国的香港特别行政区，廉政公署以其独立、公正、清廉、高效而闻名，是对香港警务人员执法违法违纪、滥用职权、贪污腐败等行为监督的主要部门。在警队内部，香港警务处设置有"投诉及内部调查科"，它由"投诉警察课"及"内部调查课"组成。"投诉警察课"负责所有对警队成员、隶属警队的文职人员或交通督导员做出的行为不当投诉或刑事指控的调查，同时也保障警队人员免受恶意投诉。"内部调查课"主要负责对警务人员违反纪律事件实施调查追责，它也是警务处就影响警队的贪污调查事宜与廉政公署的联络点，同时负责调查警队人员提出的性骚扰投诉。其对警察权规制的特征在于：规章制度比较明确、具体，能够使警员容易理解和操作，明确自己在执法过程中应该遵守什么样的规定，即使是违反了规定，也能明确地知道自己应该接受何种处罚，在一定程度上避免了长官监督的随意性，同时也维护了依法执勤的严肃性，发挥了较强的惩戒和警示作用。香港警察的执法监督虽以预防为主，但对于违法违纪行为的惩处非常严厉。香港对警察执法活动进行监督的机构虽然不多，但由于廉政公署执法严明，有效地遏制了警察滥用职权，获得了公民的信任和支持。❶

需要注意的是，以法律规制警察权并非完美无缺的绝佳方案，其本身亦存在缺陷，即法律不可能做到完全的周全，即便有判例法为补充，这个问题也无法避免。反之，为减少法律盲点而不断立法的后果，很可能使警察堕入浩如烟海的法律丛林中而无所适从，大部分法律可能因为警察缺乏执法能力而处于无效状态。同时，现代社会错综复杂的社会关系和新型社会矛盾，需

---

❶ 文华. 我国警察权力的法律规制研究 [D]. 武汉：武汉大学，2010：47 – 50.

要警察具有高度的自由裁量权方能及时、灵活和有效应对，尤其是在反恐防暴、抢险救灾、突发公共事件等特殊情况下，警察需要在没有法律规定的情况下实施某些行为，这种裁量权随着警察职业化、专业化的发展而日益加剧，这对于警察如何适用法律产生巨大影响。在此背景下，法律对警察权作用的方式应当和正在发生改变。此时，法律的目的不应仅仅是"限权"，而是要充分考虑社会条件以及警察文化。"警察必须拥有足够的权力去履行其被期望履行的核心使命。如果他没有足够的权力，那么警察文化可能催生出对法律的摒弃，这将使权力的滥用成倍增加。"❶ 由此可见，法律对警察权的规制过程中，既要确保价值上法治精神的实现，又要保障现实中警察功能的达成，这需要从警察权的配置、运行和监督入手，让提升立法技术，完善法律规制体系，推进警察职业教育等诸多措施形成合力，才能确保法律对警察权作用的良性发挥。❷

第三节　警察权配置的法律规制原理

警察权的配置是指为实现警察权的功能，警察权在功能体系内部进行的结构设置。警察权的配置方式主要包括纵向配置和横向配置。警察权的纵向配置是指警察权在中央与地方事权的划分。根据我国宪法规定，公安事务属于各级人民政府管理权限，这一体制是符合我国国情的国家结构形式的组成部分，有其理论和实践经验上的正当性和合理性。警察权横向配置指警察权在同一行政层级中与其他公权机关在涉及警察事务、警察部门内部以及警察事务与社会事务界分时的横向分配。警察权的配置涉及公安机关与其他国家机构关系，是一个动态的分权、限权与扩权的过程，配置的原则是有利于权力制衡和提高警察行政效率。❸

---

❶ 罗伯特·雷纳. 警察与政治 [M]. 易继苍，朱俊瑞，译. 北京：知识产权出版社，2008：200.

❷ 夏菲. 论英国警察权的变迁 [D]. 上海：华东政法大学，2010：153 – 155.

❸ 刘贵峰. 我国警察权研究 [D]. 北京：中国政法大学，2006：67 – 68.

一、 警察权纵向配置的法律规制

我国是一个有着悠久中央集权传统的单一制国家。我国《宪法》对央地权力划分的规定是警察权纵向配置的宪法基础，我国现行《宪法》中虽未就警察权的纵向配置作出明确具体规定，但其第 3 条关于中央与地方权力划分的原则（中央和地方的国家机构职权的划分，遵循在中央的统一领导下，充分发挥地方的主动性、积极性的原则）、第 89 条关于国务院职权（领导和管理公安工作）和第 107 条关于地方各级人民政府职权（管理公安工作）等条文可以视为警察权纵向配置的宪法依据。在《宪法》框架下，我国采取的警察权配置方式可概括为"统一领导、分级负责、条块结合、以块为主"基本架构，这种权力的架构模式是建立在我国的政治体制、历史传统、公安工作实践等综合考虑的基础之上的，体现了集权与分权的有机结合，使警察权在纵向和横向两个维度同时得以实现分工、配合和制约。

（一）我国警察权纵向配置的内容

警察权的纵向配置是警察权在中央和地方之间展开的一个多层次、多角度、内涵丰富的过程，并非警察职权在央地之间的简单划分。虽然在我国各级立法中，警察权并非一个法律概念，并且立法惯例中，"权力配置"这样的法律词汇并不会出现在各级各类法律规范中。但包括警察权在内的国家权力在事实上得以在不同层级的法律规范中进行分配，这既是权限法定的合法性需要，也是权力实践中避免冲突和推诿的现实需求。由于警察权概念的抽象和宽泛，故此处的"警察权"应当作广义的理解，即包括警察立法权、警察行政权、警察刑事司法权、警察编制、警察组织体系等各方面权力。同时，权力配置通常涉及权能赋予和职责设定，即权责一致，因此法律在对警察权配置的同时，往往需要同时明确权力的边界。

一般认为，警察权在纵向配置上的内容主要包括：（1）警察权力内容在中央与地方之间的界定与划分，即警察权所包含的所有权力内容在中央与地方之间的分权。警察权力内容因所涉领域极其庞大，但从类型来看，主要包括警察立法权、警察行政权、警察刑事司法权等权力形态，这些权力事关中央和地方警察部门的运转，因此需要法律的明确划分。（2）警察机构、人事管理权在中央与地方之间的界定与划分。在我国的公安管理体制中，"条块结合、以块为主"的表述过于笼统和抽象，《人民警察法》对警察权央地划分问题同样简单、笼统，警察机构、人员体系等问题主要是由《公安机关组织管理条例》进行规定与区分。因此长期以来，对于如何理顺警察权在纵向配置过程中的中央与地方即"条"与"块"之间的关系，厘清二者相互间的职责和权限，一直欠缺实定法的支持与规范。❶（3）警察经费和物质保障事权等在中央与地方之间的界定与划分。《公安机关组织管理条例》规定的"以块为主"的经费和物质保障体系与当前我国正在进行的财税制度改革并不相符，容易导致地方警察过分依赖听命于地方政府，从而影响警察执法标准和效果的统一性和权威性。事实上，财权划分事关事权的核心内容，是警察权纵向配置的咽喉要道，也是关系警务保障和警察队伍整体建设和发展的关键。对此，学界与实务界一直在呼吁改革，公安部也正在进行《公安机关组织管理条例》的修改，力求警察权的纵向配置更为科学合理。

在警察权的纵向配置过程中，应当注意通过立法明确警察权在央地之间划分的界限：（1）中央警察权限。根据我国目前的划分格局，事关国家安全、政治稳定的事权一般归属于中央警察权，统一由公安部承担。此类权力主要包括规章制定与解释、出入境管理、反恐防暴、跨国犯罪、走私犯罪、国际警务合作、对党和国家领导人以及重要外宾的安全警卫等。❷（2）地方警察权限。根据宪法和政府组织法等法律规定，事关地方公共安全、社会稳定的治安管理、人口管理、交通管理、安全防范、危险物品管理、特种行业管理等为地方事权，由地方各级公安机关分级分区承担，并由相应的地方政府承担其事权支出。（3）中央与地方警察共有权限。警察行政所涉领域广泛且复杂，其中许多事项既涉及中央又关系地方，如打击涉恐涉暴违法犯罪，虽然

---

❶ 刘茂林. 全面深化公安改革背景下警察权配置问题思考［J］. 中国法律评论，2018（3）：64.

❷ 有学者认为，警察的司法协助权，即刑事执法权也应由中央负责，它体现的是对司法行为的协助，对犯罪行为的追查打击。当前，"以块为主"的警察体制使警察对跨区办案、全国性的犯罪行为出现"侦查难、逮捕难"问题，且刑事执法权隶属于地方警察后，可能导致政府滥用警察刑事执法权维护地方行政执法，为地方利益服务。详情可参见：尤小文. 刑事执法权是地方事权还是中央事权——警察体制改革需要突破的一个认识［J］. 人民公安，2001（19）：32.

是在国家安全层面行使的警察权，但也涉及地方安全与社会稳定，与地方安全防范体系紧密相关。又如紧急管制权，虽然其主要是在地方发生的突发、紧急事件，应由地方警察行使的现场管制权，但若发生范围跨越局部地区，构成区域性甚至危害全国的突发事件时，就需要启动中央警察紧急管制的权力。❶需要特别强调的是，共同事权意味着财政支出和责任的共同承担。当前我国公安系统存在任务和职权层层下移，但财政支出不随事转的现象，使得地方公安机关叫苦不迭。一方面，"双重管理体制"过于向地方倾斜导致公安机关过分依赖地方财政，严重受制于地方政府；另一方面，因为财政资金的支持力度不足，严重影响警察效能发挥。优化央地共同事权的关键是在共同事权内部科学界定央地职权、角色以及支出责任，国家应立法对其规则化和具体化。❷

（二）我国警察权纵向配置中的问题

1. 现有法律对警察权纵向配置规范不足

如前所述，我国现行宪法中虽未就警察权的纵向配置进行明确规定，但第 3 条、第 89 条和第 107 条等条文可以视为警察权纵向配置的宪法依据。但仅从这些条文中，根本无从判断和界别某种或某个具体的警察权究竟是归属中央还是地方，很显然，宪法的规定过于抽象和笼统。《人民警察法》中虽未明确对警察中央与地方的权力进行界定，但却规定了部分地方警察权，如第 15 条第 1 款的规定。❸同时也就地方和中央共同协商行使的某类警察权进行了规定，如第 17 条第 1 款的规定。❹2006 年的《公安机关组织管理条例》对此作了进一步的规范，第 3 条明确规定公安部在国务院领导下，主管全国的公安工作，是全国公安工作的领导、指挥机关；县级以上地方人民政府公安机关在本级人民政府领导下，负责本行政区域的公安工作，是本行政区域公

---

❶ 刘琳璘. 宪法学视野下警察权问题研究 [M]. 北京：法律出版社，2017：178.

❷ 谯冉. 我国警察事权划分问题研究 [D]. 北京：中国人民公安大学，2018：128.

❸ 《人民警察法》第 15 条第 1 款规定："县级以上人民政府公安机关，为预防和制止严重危害社会治安秩序的行为，可以在一定的区域和时间，限制人员、车辆的通行或者停留，必要时可以实行交通管制。"

❹ 《人民警察法》第 17 条第 1 款规定："县级以上人民政府公安机关，经上级公安机关和同级人民政府批准，对严重危害社会治安秩序的突发事件，可以根据情况实行现场管制。"

安工作的领导、指挥机关，并从警察的编制和经费、警察招录等方面对警察中央和地方的权力进行了规定。但总体而言，我国在警察权的央地划分问题上，宪法、法律和行政法规实行的是一种粗线条的规范路径，缺乏系统、规范、清晰的界定，导致现实中中央与地方在警察权行使上出现缺位、越位和错位等状态。❶

2. 中央与地方警察权的错位运行

中央集权体制下，权力均属于中央，地方的权力均来自中央的授权、放权与认可。"政策出台后，目标向下由各级政府逐级分解，由基层政府落实执行，形成了事权下移的局面"，中央与地方更像是"委托—代理"关系，或者说是一种行政外包制，这便构成了中央与地方的警察权力关系，以及运行的基本范式。从理论上说，中央集权作为一种威权体制，其权力运行逻辑在于统一的政策部署和高效的运行机制以及权威的政令体系。但有学者认为，"统辖的内容越多越实，或治理的范围越大，资源和决策权越向上集中，那么，治理的负荷就会越沉重"，"其政策制定过程就越可能与各地具体情况相去甚远"，"其有效治理的程度就会越低"。❷ 而这种理论上的缺陷表现在实践中，就是中央和上级公安机关对地方公安机关的干预过度，习惯于通过决议和文件事无巨细包揽或指挥地方事务，地方公安机关疲于应付。例如，针对执法规范化建设过程中的问题，中央警察部门越是积极采取运动式的集中整治，就越容易趋于治理目标的单一性、临时性，"一人生病、全家吃药"成为这种治理方式的形象写照。❸ 同理，从省到市，上级公安机关越是加强统一领导，过多地布置各项任务，下级公安机关越是疲于奔命。实践中，中央主导的统一专项行动层出不穷，各种各样的"考核排名"漫天飞舞，部考核省、省考核市、市考核县，基层公安机关在"考核式管理"中压力很大。更甚的是，考核评比标准本身不甚科学合理，形成一个为了考核而考核的怪圈，加剧了管理中的矛盾，既浪费了警力，又挫伤了民警工作的积极性。❹

❶ 刘琳璘. 宪法学视野下警察权问题研究［M］. 北京：法律出版社，2017：174.
❷ 周雪光. 权威体制与有效治理：当代中国国家治理的制度逻辑［J］. 开放时代，2011（10）：70.
❸ 余凌云. 警察权划分对条块体制的影响［J］. 中国法律评论，2018（3）：44.
❹ 王峰，赵梁任. 公安机关警务机制改革样本解析［J］. 人民论坛，2012（32）：213 – 215.

3. 警察人财物保障功能偏差

在目前的警察管理体制下，"以块为主"使得警察机关在机构编制、财务经费、人事任免等方面都过分依赖、受限于地方。现实中，公安机关的经费和装备保障主要取决于地方经济发展水平和财政状况，领导的重视程度也是影响甚至决定地方公安发展的关键因素，这就造成了各地公安人财物保障水平因为地区间的经济发展差异而差距巨大。事实上，"地方政府支出责任的上升"往往意味着"公安领导权和事权过度集中于地方政府"，❶ 这就容易形成地方保护主义下的执法壁垒，从而损害国家利益和法制统一。例如，我国行政处罚法规定的"收支两条线""禁止罚没款返还"等制度虽已出台多年，但在一些经济不发达地区，公安行政处罚中的"三乱""以罚代刑""以罚代处"等现象仍不时发生。概言之，由于当前警察人财物权配置上的功能偏差，地方警察在业务上亦过分依附于中央，地方自主性与积极性未能有效调动起来，"以块为主"的地方警察权并未得到良性发展，其在行使过程中极易受到地方突破法律界限的干涉与影响，在人、财、物、事等方面形成了对地方的全面依赖，逐渐沦为地方保护主义的附庸。

编制制度这一极具中国特色的行政管理制度，也是影响央地警察权配置功能发挥的重要原因。根据《公安机关组织管理条例》第19条、第21条规定，"公安机关人民警察使用的国家行政编制，实行专项管理"，由此确定了警察编制属于中央事权，由公安部统一管理。地方公安机关需要扩容必须由国务院机构编制管理机关"征求公安部意见后进行审核，按照规定的权限和程序审批"。然而，地方公安机关的警察规模实际上取决于当地治安状况、经济发展水平等因素，在某种程度上也属于地方事权，不宜完全由中央垄断。❷ 否则，在地方治安压力之下，为快速解决警务不足问题，各地只能在编制制度之外大量引入辅警，并从地方财政中解决其福利问题，这样不但容易产生辅警从事警察执法活动的合法性质疑，也容易造成地方财政的非制度性支出，形成一种事实上的资源浪费。

---

❶ 程小白，章剑：事权划分——公安改革的关键点 [J]．中国人民公安大学学报（社会科学版），2015（5）：69-74．

❷ 余凌云．警察权划分对条块体制的影响 [J]．中国法律评论，2018（3）：45．

（三）我国警察权纵向配置的法律规制

有学者认为，我国宪法、组织法等对中央和地方警察权的事权划分不甚科学合理，具体体现在：第一，定位偏差，导致无法满足现实需要，与政治结构以及其他法律制度存在张力和冲突；第二，中央和地方政府在公安工作上事权不清晰、职权表述存在同构性、趋同性，既不符合功能主义分权理念，也无法激发地方的积极性和责任意识。为摆脱上述问题，应采取的措施包括：其一，宪法与组织法上承认地方政府在公安工作方面的自主权，修改宪法与组织法的相关规定；其二，立法明确中央与地方在公安工作方面的具体事权，实现央地警察权分配的科学性与合理性；其三，承认地方公安事权之目的是强化地方政府的支出责任，强调地方政府的责任意识。❶

从法律层面看，制度化、规范化的警察权央地划分体制的建立必须有充分的法律保障，在国家治理体系与治理能力转型升级背景下，法治化是优化警察权央地划分问题必须遵循的基本原则。目前，我国警察权纵向配置面临的首要问题是现有法律规范对该问题规定得过于抽象笼统，导致中央和地方难以进行有效的配合，警察权在配置过程中部门林立、职能交叉、职责不清等问题突出。

笔者认为，宪法为警察权央地划分提供了合法性基础和宪法依据，而《人民警察法》作为我国宪法之下警察制度的根本性法律（宪法性法律），在此问题上依然抽象概括甚至缺位是非常不应该的。从立法规范的视角分析，警察权央地划分问题乃事关警察制度的根本性问题，其对于警察管理体制和警察法律体系而言意义重大，如果仅有《公安机关组织管理条例》这样的行政法规对其进行规范，其立法位阶层级显然过低，其正当性和权威性无法得到充分满足。为此，建议在本轮修改《人民警察法》时，将警察权央地划分问题在法律中进行明确，以保障这一制度的有效运行。例如，警察法应在基本原则部分对央地分权的基本原则进行明确。在此基础上，对人事制度、财政制度、队伍管理等体制性问题进行原则性规范，而权力清单、职责权限等具体问题可分别由行政法规、地方性法规、部门规章、地方规章等规范性文件进行规范，以警察法律体系方式对警察权配置进行系统的法律规制。需要

---

❶ 谯冉. 我国警察事权划分问题研究［D］. 北京：中国人民公安大学，2018：139.

注意的是，警察权央地划分法律规制过程中，必须严格遵循立法法有关立法权限的规定，防止出现立法冲突，从而影响法律规制的效果。

申言之，建议加快推进《公安机关组织管理条例》的修订步伐，明确公安部在警察管理体制中依法享有的权限，地方政府警察机关享有的权限以及双方共同享有的权限范围。同时，应对财权承担支付体系进行规范。首先，改变现行完全由地方政府承担的财政体系，明确公安部在其享有权限以及共有权限范围内承当相应的财政职能，并在必要时进行相应的转移支付。其次，应以国务院行政法规的形式规范中央与地方警察机关各自享有的权限以及双方共享权限，以权力清单的方式明确权限范围、共享方式以及财政权责等问题。再次，制定、修改地方性法规，明确地方政府对地方警察的组织、管理与经费保障等责任与权限，对地方警察的事权、财权进行清晰界定。最后，在地方出台一系列的行政规章，对各层级公安机关的权限、人员编制、装备保障等事项在上述立法基础上进行细化，避免各层级机构之间职权交叉，减少推诿扯皮，以此推动警察权纵向配置法律规制的规范化。❶

二、 警察权横向配置的法律规制

如果说警察权的纵向配置解决的是警察事权在中央和地方之间的分配问题，其权力分配的内容仍然是打包式的整体划分，此时警察权仍然是较为抽象的权力集合状态，其若是需要落实到具体的执法层面，就需要在横向上进行二次分配，❷ 将警察权按权力的性质或权能分解为细分权力，交由不同的警察部门或警察部门内不同的内设机构，或将其委托（分配）给社会力量完成，从而实现警察权的运行。

（一）我国警察权横向配置的内容

1. 警察权在国家权力层面的横向配置

虽然警察权的性质属于行政权范畴，但其内容往往包含司法协助权，即

---

❶ 刘琳璘. 宪法学视野下警察权问题研究 [M]. 北京：法律出版社，2017：179－180.
❷ 严格说来，警察权的纵向和横向配置并非先后进行，而是同时进行的。警察权根据法律在进行纵向配置时，就已经在不同层级的行政区划同时进行着横向配置。

协助司法机关进行刑事案件侦查、实施刑事强制措施、执行部分刑罚、维持司法秩序等。因此，司法机关往往因为需要警察权而依法获得警察权的配置（司法警察），同时通过警察权在不同公权力部门间的分配形成了对其他部门警察权的制衡。同时，由于国家安全保卫事项上的特殊意义与独特的政治属性，国家安全部门相较于普通的公安机关有着更为特殊的运行规律，因此往往独立于公安机关之外，国家将警察权中维护国家安全的重要权能单独配置给国安部门，使其成为警察权横向配置的重要部门之一。此外，警察权中的紧急状态处置权也被依法分割配置给不同部门，在我国主要是由武装警察部门行使，而一般警察机关在紧急状态下亦享有一定的紧急处置权，以此实现权力的分工与协作。❶

　　2. 警察权在政府部门之间的横向配置

　　警察权在行政权力层面的横向配置主要涉及权力的职能分工问题，从维护国家安全和社会治安的实际需要出发，一般会在交通、税务、林业、民航、海关等一些关系国计民生的重要部门配置相应的警察权。例如，英国除了专门的警察机关享有警察权外，还设置交通警察部门（英国铁路警察局）、反恐部门（英国皇家特别空勤队）等行使部分警察权。美国警察权的横向配置更为复杂，仅行政权力层面就有特工局、国税局、海关总署、缉毒局、移民局等多个部门分别享有部分警察权。❷ 我国同样因为不同行业行政管理的需要而设置了许多行业公安，如森林公安、铁路公安、海事警察、航空警察、海关缉私局等，根据法律获得了相应的警察权能，使得警察权在行政权力层面进行了横向划分。❸

---

　　❶ 国家监察机关属于新成立的国家机构，监察法中并未找到为其配备武装力量的条款，即根据目前法律，警察权尚未配置给监察机关。但该部门在运作中，许多环节需要使用武装力量，而目前仅仅是由公安机关或相关政府部门"协助"很难实现其职能。因此本书认为，法律在未来很可能会赋予监察机关适度的警察权，使其监察权能得以更好地实现。

　　❷ 张小兵. 美国联邦警察制度研究［M］. 北京：中国人民公安大学出版社，2011：287 - 291.

　　❸ 目前，国家正在进行的"大公安"改革中，出于提高警察管理的统一和效能、重塑警察权威的考虑，以解决行业公安在执法中的许多问题，国家正在将森林公安、铁路公安等传统的行业公安收回公安部统一管理，不再实行与行业部门共建共管的模式。本书认为，这种改变并不会影响警察权的横向配置本质，只不过是将警察权在不同行政部门间的配置改为在公安机关内部不同部门（警种）间的配置而已。事实上，在职业化和专业化警察发展规律下，旅游警察、环境警察、知识产权警察、监察警察等新警种的出现，不断催生并推动着警察权横向配置的进一步发展。

3. 警察权在警察部门内部的横向配置

公安机关作为警察权横向配置的主要部门从而享有绝大部分的警察权，但此时的警察权主要是作为整体意义上的抽象权力形态，其需要根据公安业务不同而进行细化分解，以满足不同社会领域对公安管理的需求。同时，警察权的内部分解也是为防止权力的过分占有与独断，内部的分割与配置能够起到自我监督的作用。一般来说，通常针对治安秩序管理、犯罪侦查、情报资料搜集、特种行业管控等需要，警察权在警察机关内部展开的配置。如英国中央警察管理机关即内政部设有刑事司法改革办公室、安全和反恐怖主义办公室、减少犯罪和社区安全组以及具体的工作机构包括边境和移民机构、身份和护照服务中心、刑事记录局等。❶ 我国则将警察权在内部划分为治安、刑侦、户籍、交通、国保、网安、督察、特警等部门，在业务上相对独立，分享着不同的警察权能，同时接受本级公安机关统一领导。

4. 警察权在社会层面的横向配置

现代社会治理理论认为，社会组织已经成长为重要的规制力量，在提供公共产品方面具有独特的优势。❷ 而多中心理论强调社会组织成为公共产品的有效供给者，在警察行政领域亦是如此。有学者认为，社会治理需要空间，需要公安机关从全能型警察向有限警察转变，逐渐退出社会和公民能够自治的领域。警察事务领域需要积极引入社会力量，以提高公共产品供给效率、降低公共产品的供给成本，使得警察可以集中精力于核心使命。例如，剥离非核心警务，将非核心警务职能委托社会组织承担。目前公安机关承担的职能中，部分属于专业性强，与警务核心使命关联度较弱的职能，可以交由社会组织完成，如社区矫正、社会救助、安全保卫、户籍管理、网络安全等。社会组织承担这些职能的优势在于其专业性，而且地位更加中立，运行成本较低。对部分公安事权进行横向剥离，既可提高公共产品供给效率，亦能减轻财政负担。❸

---

❶ 陈晓辉. 英国警察制度研究 [M]. 吉林：吉林大学出版社, 2012：310 - 328.

❷ 胡斌. 私人规制的行政法治逻辑：理念与路径 [J]. 法制与社会发展, 2017 (1)：157 - 178.

❸ 马里坚. 多中心治理下的政府间事权划分新论——兼论财力与事权相匹配的第二条（事权）路径 [J]. 经济社会体制比较, 2013 (6)：203 - 213.

（二）我国警察权横向配置中的问题

1. 警察权与其他行政权的交叉重叠

理想状态下，警察权与其他行政权之间，应当是一种事权边界清晰、各司其职的状态。但现实中，这只是一种理想而已，公安机关与许多政府部门之间存在着职能上的交叉重叠问题，严重影响了警察效能的发挥。这种职能上的交叉重叠主要表现为：其一，由于法律规范的模糊不清，相关管辖权不明，公安机关与相关部门遇事相互推诿；其二，出于部门利益或地方利益考虑，争相抢夺部分能够产生"经济效益"的案件管辖权；其三，警察权的职权边界被无限扩大。例如，在行业公安管理模式下，所属行业由于经济利益的考虑，往往对于发生在本行业的案件进行处置上的部门利益化，而警察由于财政等因素受制于主管行业，逐渐沦为某些行业的"管家""家丁"，如铁路公安对高铁霸座行为的"柔性处理"，不能不让人怀疑其是否在为铁路的经济效率保驾护航。又如，在经济快速发展过程中，部分公安机关利用刑事侦查权干预本应该由工商部门或法院处理的经济纠纷。在群体性事件处置中，相关职能部门与公安机关衔接不畅，经常无法承担主要责任，而公安机关经常由于刀把式的形象被地方政府推到矛盾第一线，实际上让警察行使了许多本该由相关政府部门行使的职权。在警察执法工作中，警察被视作万能钥匙，用于参与其他部门的各种联合行动，而这种做法有违警察权的本质和法定的政府职能分工。

2. 公安机关内部机构设置不科学

行政权具有天然的膨胀性，行政机构的设置往往涉及权力的监督与约束，一旦机构设置不当，极易造成机构臃肿、职能交叉或效能降低等问题。实践中，各级公安机关内设机构过于强调"上下对口"，各部门各警种之间职责交叉重叠，导致大量警力耗费在中间层级，基层一线警力不足的矛盾始终无法得到根本解决。正常情况下，公安机关警力分布应呈"正三角"状，警力应当主要分配于基层。而实践中，我国的警力分布却呈"倒三角"状，基层警力占比约为全部警力的1/3。换言之，机构臃肿不仅使队伍头重脚轻，机关人浮于事、忙闲不均，也使基层人员疲于奔命、效率低下。加之机关升迁机会

多、任务相对较轻，势必会吸引基层警力向机关流动。久而久之，基层单位就会因为警力缺乏而难以有效开展工作。❶

3. 警察权过分侵入社会自治领域

"国家—社会"理论以及"国家—市场"理论要求清晰界定警察权与社会和市场的边界。但现实中，我国警察权过分侵入社会、市场之中，这种越界主要表现为两种样态：一是提供了过多的所谓"公共服务"；二是在法律之外直接插手社会、经济事务。从服务型政府理念看，警察为社会提供公共服务已成为共识，但对于什么是"公共服务"却存在着认识上的严重混乱。实践中，很多事务实际上并不适合由公安机关提供相关服务，如车管、安保、户籍等业务，交由社会专业机构完成即可，公安机关应当更多地聚焦于打击和预防违法犯罪这一核心警务上来，否则将会"荒了自家地、肥了他人田"。事实上，警察权过分侵入社会和市场，实际上是"全能警察"观念在作祟，与"有限警察"理念相违背。一方面，过于强调警察的社会服务性，致使警察从事过多的非警务活动；另一方面，由于警察管理体制问题，警察行政协助机制始终不甚规范，导致警察行政协助处于随意和无序的状态。❷

（三）警察权横向配置的法律规制

警察任务是警察职权设定的主要依据，警察任务决定了警察的职责和权限。《人民警察法》第 2 条、第 6 条分别以概括和列举的方式对警察的任务和职责进行了规定，具体而言主要包括五项内容：维护国家安全；维护社会治安秩序；保护公民的人身安全、人身自由和合法财产；保护公共财产；预防、制止和惩治违法犯罪活动。换言之，警察权的配置应当围绕这五项任务展开，因而法律对警察权的规制也应当注重对这些任务的作用机制进行合理设计。例如，针对前述警察权与其他行政权交叉重叠问题，法律的规制逻辑应当是：一方面，公安机关不应成为其他行政机关的挡箭牌，法律应当赋予相关部门必要的执法权，使其能够在自己的事权范围内独立执法。另一方面，法律应

---

❶ 谯冉. 我国警察事权划分问题研究 [D]. 北京：中国人民公安大学，2018：62 - 65.
❷ 谯冉. 我国警察事权划分问题研究 [D]. 北京：中国人民公安大学，2018：66 - 68.

当对公安机关与其他行政机关之间的配合协作进行必要的限定。当前，公安机关与相关部门的联合执法成为一种地方政府相当青睐的"常态化执法机制"，事实上，"联合执法"并无严格意义上的法律依据，其主要依靠政府文件甚至领导个人意见展开，并且存在着执法成本过高、执法精准度不够等问题。为此，法律应当对联合执法进行规范和控制，尤其要对联合执法的领域和程序进行限制。

警察权内部分权的意义在于：其一，将警察权能从理论向实践转移，明确权力清单并落位于具体的职能部门；其二，确保职能的专业化、主体的专职化，保障权责一致原则的实现；其三，实现不同职权之间的监督与制衡。因此，法律应当在保障这些目标的前提下，对警察的内部划分进行规范，如进一步优化刑事执法权与行政执法权的分离；实现警察规则制定权、执行权、监督权的分离。例如，在整合同类事权的基础上，将内设机构进行整合，实现同类事权统一行使，以破解当前公安系统因横向机构众多、壁垒森严、互相扯皮推诿，协作成本较高的问题。将整合好的事权配置给更适合的主体，以更好地发挥该事权的效能。法律对警察权内部配置的规制，应当能够使其内部权力边界更加清晰、责任主体更加明确、制衡机制得以生效，通过内部法律规则的建构，实现警察内部分权的规则化、机制化和长效化。

在警察权社会治理问题上，法律应明确警察权与社会边界划分上的合法性原则：一方面，警察权的授予和行使应当符合法律规定，不得随意干预社会事务；另一方面，警察权与社会边界的划分应得到法律的确认和保障。具体而言，警察参与社会事务应当具备法律的明确授权，只有获得法律的认可，公安机关才能干预社会事务，警察行为必须满足"职权法定"的要求。同时，法律应当确认和保障社会必要的自治权，要为警察权划定边界，为社会力量参与社会治理留下制度空间。❶

---

❶ 谯冉. 我国警察事权划分问题研究［D］. 北京：中国人民公安大学，2018：140-153.

第四节　警察权运行的法律规制原理

如果说警察权配置的法律规制强调的是从权力构架的角度、从事前控制警察权的规制方法，如《人民警察法》《公安机关组织管理条例》等警察组织法。那么，警察程序法则注重从事中对警察权展开控制，即从警察权运行的角度对其展开法律规制。警察权运行是一个动态的过程，为保障权力运行方向的正确性，运行过程的规范性以及运行后果的有效性，警察权运行需要符合特定的原则，遵循特定的规则以及接受必要的监督。

一、警察权运行中应遵循的原则

法治国家中，任何公权力都必须接受法律的制约，警察权亦不例外。与警察权配置应符合的目的性、公共性、合法性等原则相比，警察权在运行中除了满足合法性条件（合法性原则）外，还强调运行的合理性（比例原则）、程序的正当性（正当程序原则）以及结果的可控性（权利救济原则）。

（一）合法原则

合法原则是所有公权力运行都要遵循的"帝王原则"。对警察权而言，其运行中的合法性要求意味着：（1）法律对于警察权的运行全过程具有拘束力，警察权不可逾越法律而行为。警察职权作为警察权的具体形式，其权力主体、运行程序、运行方式等一系列内容都必须具备法律的明文规定。（2）任何一项警察职权的实施必须有法律授权，否则该行为无效。该内容源自法律保留原则，之所以将授权与实施严格区分，目的在于防止警察权在无法律依据的情况下自我赋权、肆意行为。（3）当警察权行使的法律依据冲突时，应严格遵循立法优先适用规则。当下位法的原则、内容与上位法发生冲突时，公安机关应适用上位法。需要特别指出的是，事关警察权的行政法规和行政规章

只有符合宪法、法律时，才能作为执法依据。❶

（二）比例原则

对警察权而言，比例原则主要指警察执法时应兼顾执法目标的实现和保护相对人的权益，若执法行为可能对相对人权益造成某种不利影响时，应使这种不利影响限制在尽可能小的范围和限度，使二者处于适度的比例。比例原则的价值和功能前文已有论及，此不赘述。正因为警察执法涉及面广、事项复杂，因此法律需要为其保留一定的自由裁量空间，但这种裁量权极易被不当滥用，故比例原则是规制自由裁量权的最佳规则之一。

具体来看，警察权在运行中应充分考虑适当性、必要性和相称性。其一，若警察采取的执法手段能带来严重后果，如公民生命健康权与执法产生冲突时，应当考虑放弃或暂时中止执法行为。如在交通执法中，当载有孕妇、病人、参加高考学生等特殊人员的车辆违规时，应以"人性化执法"的方式先予放行、事后处理，此即为满足比例原则中的"相称性"要求。其二，当警察可以采取多种执法手段时，首先应考虑采取的手段是否能有效实现法定目的，再进一步综合判断当时的客观因素。实践中，这些客观因素通常包括：危险或危害存在的现实性；执法行为的可能后果；侵害权益的种类及轻重；相对人涉嫌违法的具体情节；防止危险或危害发生所获得的公共利益等。这些客观因素是警察权运行中执法行为性质和后果判断的基础，须依法定的比例原则而非警察机关或警察个体的主观判断。❷

（三）正当程序原则

正当程序原则来源于英国古老的自然正义理念。根据这一理念，任何人不能作为自己案件的法官；任何人在行使权利可能使他人受到不利影响时，必须听取对方意见；每个人都有为自己辩护和防卫的权利。长期以来，我国学界和实务界仅仅把"法律程序"局限于"诉讼程序"这一狭窄范畴，而对警察行政程序，尤其是行政执法、刑事执法程序认识不足、重视不够，这种欠缺表现在警察权运行过程中，就是公安机关长期存在"重实体、轻程序"

---

❶ 龚雪娇. 宪法视野下的警察权规制［D］. 福州：福建师范大学，2012：14－15.
❷ 向灏歆. 我国警察权的理性重构［D］. 杭州：浙江大学，2005：23－24.

的错误倾向。事实上,"程序"相对于"实体"而言具有其独立价值,尤其对于警察执法过程来说更是如此。

具体来说,警察权运行应遵循正当程序原则,这种要求主要表现为:❶(1)公平公正。警察在执法过程中,必须平等对待各方当事人,排除各种主观偏见,"考虑应当考虑的、不考虑不应当考虑的"主客观因素,不得将个人利益和喜好带入执法程序中,或利用职权谋取个人私益。(2)透明公开。法律应当为公安机关设置一定的程序要求,让相对人有资格参与办案程序,了解权力运行相关情况,除涉密案件外,办案程序应当透明、公开,如表明身份制度、说明理由制度、告知制度等。(3)程序参与。警察权行使过程中,法律应保证相对人或犯罪嫌疑人享有发表意见或辩解的权利。例如,在采取对当事人权益有重大影响的强制措施或处罚决定前,应充分听取当事人意见,并赋予当事人聘请律师、获得法律帮助的权利。

(四)权责一致原则

公法上的法律责任是国家对公权力违法行为纠偏的一种机制。警察权因其强制性和暴力性强,对公民权利而言具有很大的危险性。从某种程度上说,警察权的违法或不当行使对法律秩序的破坏较普通违法犯罪行为更严重。因此,国家确立警察责任制度,明确公安机关违反法定义务、滥用警察权应承担的法律责任,能够防止、遏制权力运行异化行为,从而实现对警察权的控制。❷

实践中,权责一致要求警察权的运行必须做到:(1)警察权的运行始终处于责任状态。法律应根据警察职权的性质、种类设置相应的法律责任,所有警察个体都必须对其职权行为负责。(2)对职权行为造成的侵害予以救济。"没有救济就没有权利。"法律通过警察行政复议、行政诉讼、国家赔偿、监

---

❶ 关于正当程序原则在警察权运行中的要求,美国法官弗雷德里曾有过这样的描述:警察必须是没有偏私的执法机构;警察机关必须保证相对人能够获取影响其利益的相关决定和理由说明;警察必须给相对人出示证据;相对人有知晓另一方反证其违法的相关内容;警察提供相对人与目击者之间相互询问的权利;警察机关的决定必须建立在所能够为相对人提供所有与其有关的证据基础之上;警察机关必须为相对人提供获取法律帮助的机会;警察机关必须向相对人提供相关证据记录;警察机关必须向相对人提供作出裁决的事实及理由的书面文本。缪文升. 关于警察权运行法治化的思考 [J]. 江西警察学院学报,2016(5):49.
❷ 文华. 我国警察权力的法律规制研究 [D]. 武汉:武汉大学,2010:65.

察监督与调查、信访等制度，构筑警察执法相对人权利救济制度。（3）有责必究。为了维护法制权威、保证法律正确实施，法律可以通过内部和外部不同维度、不同层级设置警察权运行责任追究制度，对那些因故意或重大过失造成的违法履职行为进行追责，发挥责任制度督促警察依法履职的警示和惩戒作用。需强调的是，对于依法履职造成损害的，应当纳入国家赔偿或补偿制度范围，切忌让民警个人承担责任，维护警察执法权益和执法权威，以确保警察权功能的实现。

二、 警察权运行的外部规制

（一） 立法权对警察权的制约

在我国，国家权力存在横向层面分工，即立法、行政、监察、审判、检察等权力分别依法赋予不同机构行使。警察部门作为行政机构，其宪法定位是法律的执行部门，因此接受立法机关的监督和制约是其运行应有之义。警察权的立法（广义法律）制约，是从权力设立阶段对警察权的正当性、合法性以及合理性进行的"规则性控制"。立法控制强调事前控制，主要通过完善的立法监控机制对警察权进行规制，这种规制从权力的产生开始，即从警察权授着手，立法明确授权的目的，对警察权进行合理、适度的制度设计，明确警察权的程序要求及相应的责任制度。

一方面，法律规范为警察权的运行划定边界。合法性原则是现代警察权行使的基本原则，是宪法上法治原则在警察权领域的彰显，是人民主权、议行合一原则的要求。"依法行政"的本质是保障公民合法权益，它要求一切警察行为应具有法律依据且符合法律规定。因此，警察权必须由法律创制，即通过立法对警察权的配置和运行进行规范，防止警察权异化。据不完全统计，我国目前法律体系中，涉及警察权的法律规范就超过238部，❶ 这些法律规范

---

❶ 这是笔者以"公安""警察"为关键词，在"中国法律法规数据库"检索后得到的结果。显然，这种方法并不科学，不能完全反映当前我国涉及警察权法律规范的确切数量。如《身份证法》《治安管理处罚法》《交通安全法》等典型的警察法律规范并不在列。并且，在大量法律规范中，个别条款涉及警察权的更是不胜枚举，因而我国目前的警察权法律规制体系可谓庞大复杂，需要学界进行一次精细化梳理。

对警察权控制发挥着重要作用。如刑诉法中"严禁刑讯逼供和以其他非法方法收集证据，不得强迫任何人证实自己有罪"，"辩护律师会见犯罪嫌疑人、被告人时不被监听"等规定，对侦查权行使进行了控制。

另一方面，法律规范明确警察权运行的程序。警察权的运行过程主要表现为警察个体执法过程，警察执法是一种连续性的执法行为，需要遵循特定的方法和程序。法治社会下，警察办案程序不能任由警察"自由发挥"，必须遵循法定规则和流程。法律设定执法办案程序的本质在于控制权力运行，让权力始终在符合法定意旨的轨道内规范运行。实践中，《公安机关办理行政案件程序规定》《公安机关办理刑事案件程序规定》等一批法律规范为警察执法设定了严格的程序，压缩乃至杜绝了警察个体滥用职权侵害公民权益的空间。同时，规范清晰的程序也能够明确办案规则，提升办案质量，从整体上提升公安机关的办案质效。

（二）司法权对警察权的制约

在我国，司法权的定义与西方国家有所不同，除了传统的法院外，检察院也被视为司法机关（宪法上的法律监督机关），因此司法权在我国包括审判权和检察权，分属法院和检察院所有。在我国警察制度构造中，法院如果说能否起到规范警察权行使的作用，主要是通过对侦查活动的司法审查和警察权的可诉性展开。实践中，公安机关办理刑事案件经检察院审查起诉后，法院对案件的证据进行判断的过程，实质上是对侦查程序的审查过程，构成了对侦查权的监督。在以公安机关为被告的行政诉讼中，法院对警察行政行为合法性审查，并以否定判决的形式对警察权进行实质性的制约。

检察作为法定的监督机关，其对警察权运行的监督主要通过监督公安机关侦查行为的方式实现。在刑事案件办理中，除了逮捕决定权外，监察机关有权监督公安机关侦查程序全过程，并且在以"审判为中心的"诉讼体制改革背景下，监察机关有着提前介入侦查程序的倾向。实践中，公安机关有时会在行政案件中运用刑事司法权，以躲避法律对行政执法的监督。为防止这种情况发生，除了应当健全行刑衔接程序外，还应当探索健全检察机关监督机制，进一步发挥检察权的监督功能。

在司法程序中，除了法院和检察院之外，律师对于警察权运行的监督也能起到一定作用。根据《刑事诉讼法》第 96 条规定，犯罪嫌疑人自被侦查机关第一次讯问后或采取强制措施之日起，可聘请律师为其提供咨询、代理申诉、控告、申请取保候审，受托律师有权了解所涉嫌的罪名，会见在押的犯罪嫌疑人，向其了解有关案情。现实中，虽然侦查机关对律师介入案件办理设置了很多门槛，超期羁押、刑讯逼供现象仍然存在，但从整体而言，随着警察法治意识的提高，律师在侦查阶段的工作已经被警察群体接受，大部分公安机关及民警都能够配合律师依法履职，而律师作为司法程序的重要组成部分，对个案中警察权的行使也确实能够起到监督制约作用。

（三）监察权对警察权的制约

监察权作为我国新设立的权力类型，与司法权在性质上有所不同，其在运行机制上也不相同。法院、检察院对公安机关的监督是一种案件监督，即通过办理刑事案件、行政案件或诉讼案件的过程，对警察权的运行进行监督，防止权力滥用，因而是一种对"事"的监督。而监察机关对公安机关的监督则是通过监督作为"履行公务的公职人员"的民警个体，主要监督他们是否廉洁勤政、依法履职，是一种对"人"的监督。换言之，监察权并不监督作为整体的警察权，而是监督警察个体是否存在徇私枉法、贪污腐败等职务违法犯罪行为。本质上，警察权的运行需要通过警察个体实现，如果每一个警察个体都能够依法履职，那么警察权的功能目标自然得以实现。从此意义上说，监察权对警察权具有监督制约功能，其主要依据监察法律体系而非诉讼法律体系展开，具有独特的程序和作用机制。但需注意的是，由于监察体制改革仍在进行中，监察制度在实践中的运行效果如何仍有待检验，其中问题复杂而有趣，本书将在后面进一步展开分析。

（四）公民权利对警察权的制约

从本质上说，权力存在的正当性在于保护权利，因此警察权运行的终极目的并非预防和打击违法犯罪，而是要保护公民的合法权益不受违法犯罪行为侵害。在警察机关面前，公民的力量无疑是薄弱的，而且有时会成为警察权滥用的对象。但是，公民并非对警察权毫无作用，为保障权利并监督权力，法律应当通过程序设计，为公民抗衡警察权滥用提供制度保障。在警察行政执法中，若警察滥用行政许可、行政强制或行政处罚等权力时，相对人既可以要求行政复议，也可以提起行政诉讼维权，通过启动权利救济机制的方式对警察权运行实施制约。在警察刑事执法中，犯罪嫌疑人根据法律现有知情权、辩护权、申请回避权、聘请律师权等诉讼权利，警察权的运行必须保障这些权利的实现。除了警察执法相对人，社会中的公民也能够直接或间接地对警察权运行进行制约。例如，人民群众可以批评、申诉、检举揭发警察执法中的违法现象；公民有权根据法律向全国人大常委会提请审查公安部规章是否违宪的建议。此外，媒体作为"第四种权力"，是一种公民力量的特殊表现形式，其能够以媒体力量代表社会公众对警察权进行监督。事实证明，"以权利制约权力"是警察权运行规制的有效途径，并在未来会越发显示出其巨大优越性。

三、 警察权运行的内部规制

（一）内部执法规范的规制

公安机关作为各级人民政府的组成部分，是法律的执行机关，执行法律、行政法规是其当然使命。但很多情况下，法律和行政法规由于立法技术需要，往往抽象概括，可操作性不强，这就需要政府各部门根据本部门（行业）的实际情况，制定部门规章对上位法进行操作层面的细化，公安部规章即属此类规范。事实上，对公安系统而言，从数量上看，公安部规章是日常执法层面所依据的最主要的规范来源。公安部规章属于适用于公安系统内部的法律规范，其除了具有指明执法办案功能外，还具有统一、规范、监督执法行为的作用。例如，《公安机关内部执法工作规定》明确了公安机关执法内部监督的意义、作用和方法，是公安执法规范化监督管理的主要依据，具有类似作用的内部规章还包括《公安机关执法质量考评办法》《公安机关人民警察执法过错责任追究规定》等。在执法办案监督方面，《公安机关办理刑事案件程序规定》《公安机关办理行政案件程序规定》对相关案件办理的程序进行集中规定，明确了相关权力行使的条件、标准、方式、流程、后果等内容。事实上，警察内部执法规范相对于立法规制而言，具有符合行业特殊需求的优势，但由于是部门立法，难免存在正当性质疑。为此，公安内部执法规范应当在国家治理体系转型升级与合宪性审查全面推进大背景下，进行大规模的整合与梳理，形成科学、系统的警察内部执法规范体系，以合法性、系统性、可操作性为原则，将警察执法的主体、范围、方式、实施、处理以及监督责任追究等内容以条文的形式加以固定和细化，以增加警察权运行内部规制的法制性、权威性和可操作性。❶

（二）内部监督机制的规制

根据《人民警察法》《公安机关督察条例》《公安机关内部执法监督工作规定》等法律规定，目前我国的公安内部监督机制是以各级公安机关行政首长、各业务部门负责人作为主要责任人，各级公安机关法制部门作为内部执法监督工作主管部门，政工、纪检、督察、审计、信访等职能部门分享不同监督职能的多元主体的监督体制。具体来看，公安内部监督机制主要包括：（1）政工部门。公安政工部门主要是依据公务员法等法律负责公安机关人民警察的考核、任免、奖惩、辞退等队伍管理和人事训练工作，同时承担一定的执法执纪监督职责，是非专职的公安内部执法监督机构。（2）纪检监察部门。根据《中国共产党党员纪律处分条例》《中国共产党党内监督条例》《中国共产党问责条例》等党内法规，纪检部门对公安机关内的党组织和党员进行监督，享有检查、立案、调查、建议、处分等权限。（3）警务督察部门。警务督察部门负责对公安民警依法履职等事项进行现场督察的专门机构，依据《公安机关督察条例》享有派出督察人员和下达督察指令、当场处置、参与警务活动、责令执行、督促、停止执行职务、实施紧闭、移送司法、撤销或变更错误决定、命令、受理检举和控告、建议等权限。（4）法制部门。法制部门是负责组织、实施、协调和指导执法监督工作的专门机构，依据《公安机关内部执法监督工作规定》《公安机关人民警察执法过错责任追究规定》《公安机关执法质量考核评议规定》《公安机关法制部门工作规范》等规定，负责案件审核、组织执法检查评议、检查和认定执法过错案件、组织执法听

---

❶ 李晴晴. 警察执法权运行的监督制约机制研究［D］. 重庆：西南政法大学，2015：21.

证、行政复议、应诉等工作，享有审核权、检察权、建议权、调查权、纠错权等。（5）审计部门。审计部门是公安机关内部专门对本系统、部门和单位财经法纪执行情况进行监督的机构，依据《中华人民共和国审计法》《公安内部审计工作规定》享有检查、调查、经济管理建议、作出临时措施和决定等权限。（6）信访部门。信访部门负责接待受理群众意见、建议、申诉、控告，受理投诉请求或来信来访，依据《信访条例》《公安机关信访工作规定》进行处理并将信息及时向有关部门反馈。❶

上述六种内部监督机制从不同角度对警察权编制了一张权力运行监督网。然而，这些方法却存在着形式化、分散化、监督乏力等不足，远未形成监督合力。并且，当前的监督机制侧重于警察权运行的后果监督，即所谓的事后监督，而对于执法决策形成和执法过程中的事前、事中监督关注不足。为更大发挥内部监督机制功效，必须强化事前和事中监督，如加强执法决策形成环节监督，推行"重大决策集体决议制度"，规范领导的决策权；实施"调查、审核、审批"分离制度、执法情况记录报告等事中执法制度；落实执法过错责任追究，真正将监督落实到位，最终形成事前、事中、事后全方位、全过程、无缝隙的警察权内部监督制度。

---

❶ 张立刚. 公安内部执法监督机构的产生、发展与改革［J］. 辽宁警察学院学报，2020（1）：1－2.

第四章
中国警察权的法律规制实践

第一节　警察权的合宪性控制

在我国，警察权法律规制的途径主要表现为：建立严密的法律规范体系，尤其是行政法规和部门规章层面立法，强化立法控制；通过规范公安机关内部工作程序加强警察权的内部规制；法院、检察院对警察权的司法制约；公民、媒体等社会力量对警察权运行的外部监督。针对当前我国警察法治化进程中存在的诸多问题，有学者主张，"必须转换从部门法角度寻找解决本领域法律问题的思维，要看到宪法在调控整个法律体系中的地位与功能。合宪性控制即是一种从宪法视角调控整个法律体系的思维和方法。在运用宪法控制部门法秩序的过程中，宪法既是部门法的高级法规范，也是部门法的价值基础"❶。为此，有必要在警察权调控中引入合宪性控制方法，充分发挥宪法在警察权法律规制中的作用。

一、　警察权合宪性控制的中国进路❷

（一）执政党对警察权的政治领导

中国共产党作为执政党，在我国的政治和法律生活中扮演着至关重要的

---

❶　刘茂林. 警察权的合宪性控制［J］. 法学，2017（3）：71.

❷　警察权的合宪性控制属于法律规制的有机组成部分，它主要从宪法文本出发，通过宪法制度设计，侧重"权力对权力"的制约实现权力的规制。为此，本部分暂不涉及社会权力、公民权利对警察权的监督问题。同时，由于监察权作为国家权力，主要通过对"行使公权力的公职人员"个人的职务违法犯罪情况进行监督，不涉及对作为整体的警察权监督问题，因此也不纳入讨论范围，特此说明。

角色。从我国宪法的发展史来看，1954 年《宪法》的起草便是在中共中央主导下、由毛泽东主席亲自挂帅完成的，而且之后的历次《宪法》修改均沿袭了"中共中央先提出建议，后启动修宪程序"的做法，且该做法已成为我国的宪法惯例。从宪法的贯彻实施看，宪法的有效实施需要一个能够整合各方利益的代表发挥作用，而中国共产党作为最广大人民根本利益的代表，理所当然且责无旁贷地肩负着保障《宪法》实施和监督的重任。

有学者以西方立宪史为参照，认为不应把政党组织纳入宪法体系中，因为政党组织并非近代宪法所规定的国家机构，宪法并未授予其任何国家权力。因此认为，把执政党对警察权等国家权力的监督列入宪法维度中考察，似乎缺乏宪法依据。本书认为，这种观点不仅教条，而且狭隘。一方面，我国的宪法发展道路不同于西方语境下的宪法政治，虽然我们在立宪理念和技术上借鉴了西方经验，但在制度设计上走出了一条不同于西方且极具中国特色的社会主义道路。实际上，从来没有任何国家或势力可以限定中国的法治（宪法）发展模式，这其中最突出的就是党领导下的法治国家建设，而且近年来的国际政治实践表明，我国的法治发展模式更具活力和优势，是一种更先进文明的法治模式，那种抱守"西方至上"的法治观显然是迂腐陈旧的，早已无法解释和指导中国的法治实践。另一方面，"宪法的视阈并不局限于国家权力，而是放眼于更广阔的宪法权力，这种宪法权力是统摄国家权力、政党权力和社会权力在内的公共权力"。❶ 2018 年《宪法修正案》中，"中国共产党领导是中国特色社会主义最本质的特征"被列入《宪法》第 1 条，这是除《宪法》序言外，《宪法》正文中首次明确执政党领导权的宪法地位，它向世界彰显了执政党依据宪法领导中国各项事业的决心，也是推进中国特色社会主义法治国家建设的重大举措。

事实上，我国《宪法》所确立的执政党的领导权主要表现为政治上的领导，即主要通过各级党组织对党政国家机关和企事业单位中的党员行使组织上的领导权和民主监督权。具言之，党对警察权的政治领导可主要表现为：（1）通过"政治建警"原则组织建设公安队伍，牢牢把握警察队伍的政治方

---

❶ 吴延溢. 宪法维度下的警察权制约 [J]. 南通大学学报（社会科学版），2008 (5)：41.

向，以"党委领导下的局长负责制""党委集体领导制度""民主生活会制度""纪检监察制度"等制度组建各级公安机关，通过党的组织机制建设实现党对警察权的领导和监督。（2）通过警察领导干部遴选实现领导和监督。"党管干部"历来是我国政治实践中的一项重要原则，执政党通过法律或党规所确立的选举制度、选拔任用制度、任期制度等，遴选出政治正确、德才兼备的优秀干部，并通过他们代表国家和法律行使警察队伍领导权。（3）在警察任职过程中实施监督。"对党忠诚、服务人民、执法公正、纪律严明"是警察履职所必须始终遵循的原则。警察任职中的回避、问责、引咎辞职、家庭财产申报、重大事项报告和离任审计等制度，是党"从严治警"精神的制度体现。尤其是2018年国家监察委员会成立以及《监察法》出台背景下，监察权作为一种新型重器能够对行使警察权的"公职人员"进行监督、调查和处置，进一步扩展了党对警察权的领导和监督方式。

（二）立法权对警察权的约束

根据《宪法》规定，全国各级人民代表大会是权力机关，行政机关是权力机关派生的执行机关，要对同级人大负责并报告工作，接受人大的监督。各级人民代表大会（无立法权除外），尤其是有立法权的人大及其常委会主要以行使立法权的方式实现权力机关之功能，从此意义上说，人大立法权对警察权的监督在整个警察权规制体系中处于最根本的核心地位。

在我国，警察事权属于中央和地方共享的一种权力，但在警察立法领域，通常属于中央事权，地方立法权一般不予染指。立法权对警察权的约束具有两个特征：其一，立法不针对警察执法具体个案，它具有普遍性。除了专门性的警察立法外（如《人民警察法》《治安管理处罚法》等），立法权对警察权的规制还体现在大量其他事关警察行政权和刑事侦查权的立法（如《国家安全法》《道路交通安全法》等）之中。其二，立法权对警察权的约束是一个整体性概念，它通过立法的创制权、修改权、解释权、废除权和审查权等一系列外延形态得以展开，即通过"立、改、废"等立法活动对警察权的主体条件、权限范围和运作程序等进行严格规制，同时按照合宪性、合法性、适当性等标准对涉及警察事务的法律、法规进行审查，对于不符合标准要求

的，有权予以撤销或改变。❶

需要注意的是，"立法权"在我国显然是一个外延比较宽泛的概念，它并不局限于立法机关（人大及其常委会）的立法权，行政机关也拥有广义上的"立法权"，行政法规、部委规章以及地方政府规章等，都从不同层级和程度规范着警察权的运行。并且，由于人大立法的概括性、抽象性和滞后性，行政法规和部门规章已成为当前我国警察法律体系的主体部分，事实上发挥着规范警察权的重要作用。部门规章虽然属于公安机关内部制定的规范性文件，层级不如法律高，但其立法目的主要是规范执法程序（如《公安机关办理行政案件程序规定》《公安机关办理刑事案件程序规定》等），以程序约束的方式避免权力滥用，因而具备立法的正当性基础。但同时需要注意，由于其立法位阶较低，且属于部门主导立法，为避免"好心办坏事"或"部门立法"等情形出现，其合宪性与合法性需要认真检视和谨慎对待。申言之，在新时代全面依法治国要求下，警察权的拥有和取得必须有法律依据，各级各类有权机关制定的规范性文件应当形成和谐统一的警察法律规范体系：首先，全国人大应当通过宪法和组织法设定警察权，赋予警察机关和警察拥有与取得警察权的普遍的资格和能力；其次，各级各类立法机关要通过相关法律、法规和规章为具体警察权的授予、委托或分配的条件、方式和程序进行明确且具有可操作性的规定。只有形成从宪法、法律、法规到规章等各种位阶的法律规范统一体，才能够使警察权的配置和运行在任何情况下都有法律依据，以实现全面的法律规制。❷

（三）检察权对警察权的制约

我国《宪法》第134条规定："中华人民共和国人民检察院是国家的法律监督机关。"根据宪法授权，人民检察院对法律的实施进行监督。警察执法作为法律实施和警察权运行的重要表现形式，无疑在检察监督的范围之内。在我国，检察权对警察权的制约（检察监督）主要包括：（1）对警察刑事侦查权实施侦查监督，如警察办理刑事案件中的审查批捕、审查起诉、侦查活动

❶ 吴延溢. 宪法维度下的警察权制约［J］. 南通大学学报（社会科学版），2008（5）：42.
❷ 李元起. 警察权法律规制体系初探［J］. 河南公安高等专科学校学报，2010（1）：39.

监督等。（2）对警察职务违法犯罪行为实施监督。对警察在执法活动中实施的刑讯逼供、非法搜查、非法拘禁、玩忽职守、徇私枉法等犯罪行为案件行使侦查权并代表国家提起公诉。❶（3）对警察行政执法活动实施监督。检察院根据《行政诉讼法》有关规定，有权（抗诉权）对行政诉讼过程实行法律监督，即通过监督诉讼过程的方式间接实现对警察行政执法活动的监督。（4）对监狱、看守所的监管活动实施监督。如对看守所收押、在押和释放犯罪嫌疑人的活动是否符合法律规定、手续是否完备等进行监督；对监狱适用减刑、假释、监外执行的决定是否合法等进行监督。❷

需要强调的是，检察权之所以能够对警察权实现其制约之功能，除了作为普遍意义上的法律监督机关外，我国《宪法》第140条所规定的"人民法院、人民检察院和公安机关办理刑事案件，应当分工负责，互相配合，互相制约，以保证准确有效地执行法律"则是其制约功能的直接法源。出于对警察权的尊重，检察权应恪守"分工负责"原则，并不过多介入刑事案件侦查活动，但为了实现"互相制约"之职能，其更多的是通过司法解释的方式对警察权中的刑事犯罪侦查权进行规制。换言之，要客观全面认识我国检察权对警察权的制约问题，就必须了解"司法解释"在我国法律实施过程中的独特作用和机制价值。例如，在刑事案件办理方面，最高人民检察院或单独或联合其他部门发布了多个"指导意见"，如2019年最高法、最高检、公安部联合印发《关于办理侵犯知识产权刑事案件适用法律若干问题的意见》；2020年"两高一部"（最高法、最高检、公安部）联合印发《关于依法适用正当防卫制度的指导意见》《关于依法办理"碰瓷"违法犯罪案件的指导意见》；2020年"两高三部"（最高法、最高检、公安部、安全部、司法部）联合发布《关于规范量刑程序若干问题的意见》；等等。检察权通过"司法解释"的方式对警察权办理刑事案件提出要求，从某种程度上说是一种"事前监督"的监督模式，这较之于职务犯罪侦查而言更具实（时）效性，也是符合我国

---

❶ 监察体制改革后，检察机关的职务犯罪侦查权整体移交给监察委员会，由其通过职务违法犯罪调查权对警察职务犯罪行为实施监督。因本书此处不深入讨论监察监督问题，但其对警察权进行权力制约的本质与检察监督一致，故此处仍沿用旧时规定，并不影响该问题的讨论。

❷ 张强. 法治视野下的警察权［D］. 长春：吉林大学，2005：170－171.

司法实践和法治模式的做法，并非其他国家法治模型可供参照和比对的特色之举。但同时需要注意的是，检察权提前介入侦查程序的做法是否会干涉警察权的正常运行？"相互制约"原则下警察权如何通过制度设计反向且有效监督检察权？"以审判为中心"的诉讼体制改革是否以及如何影响检警关系？这些问题都需要我们进一步展开研究。

（四）审判权对警察权的监督

根据我国宪法精神所确立的诉讼制度，人民法院可通过行使审判权的方式对警察权实施监督。目前，审判权对警察权的监督主要通过行政诉讼案件审理的方式实现，即人民法院审查、判断警察机关的行政行为是否合法，对经审判确认违法的警察行政行为进行法律否定性裁判，使其行为失去法律效力，从而实现对警察机关及其警务人员行政执法行为的监督功能。就监督的范围看，目前我国的警察行政权已通过行政诉讼纳入审判权监督范围，公民可以通过诉讼途径对警察机关违法行使行政权力导致的损害进行救济。有学者认为，"基于公检法三机关互相制约、互相配合这样一种司法流水线式的刑事司法体制，对刑事警察权的司法审查并不存在"，认为刑事司法领域警察所享有的刑事拘留、监视居住、取保候审、搜查、扣押、技术侦查、限制居住等权力在实施过程中不受法院的司法监控，从而认为警察刑事侦查权并不受审判权的监督。● 本书认为，该观点有失偏颇。

事实上，"司法权"在不同法域原本就有不同内涵和外延，英美法系国家中的司法机关主要指法院。而在我国司法体制下，司法权通常可包括审判权和检察权，即人民法院和人民检察院分享着司法权之权能。法院依据法律定分止争，检察院监督法律运行过程，它们有着保障法律正确实施的共同目标。在刑事诉讼过程中，公安机关享有刑事侦查权，但该权力因极其强大而容易侵犯公民人身、财产等诸多权利，因此宪法专门进行了公检法三机关办理刑事案件"分工负责，互相配合，互相制约"的制度设计，刑事诉讼制度也在此宪法原则下进行了程序上的细化规定。但是，我国宪法和法律从未要求刑事侦查权在刑事诉讼过程中直接受到审判权约束，而是采取了由检察权监督

● 吴延溢. 宪法维度下的警察权制约 [J]. 南通大学学报（社会科学版），2008（5）：43.

的方式（逮捕决定权、公诉权等侦查监督权），这种不同于西方国家"三权分立"模式的制度设计，不能仅因为存在"差异"就受到质疑。在"法治"的西学东渐背景下，西方话语体系下的司法体制未必就适合我国，我国的刑诉制度设计应根植于本国政治与法律实践。更为重要的是，审判权在我国也并非不对警察权具有监督功能，它是以制衡公诉人的诉求来实现对侦查过程的监督。公诉的败诉看起来是审判权对检察（公诉）权的否定，但实质上体现了对侦查阶段刑事侦查权在事实认定、程序、法律适用等环节的否定，这恰恰是审判权以裁判的方式间接制约了警察权。因此，我国的审判权对警察权无疑具有制约功能，只不过这种制约具有间接性而已。

本书认为，国内部分学者习惯以西方法治进路和模式对标评价我国的司法体制，或简单或机械地提出应移植或借鉴西方司法制度或经验做法，有意无意或选择性地忽视本土文化、政治体制和司法实践。对于那种主张我国应当将警察权直接置于审判权之下、公安机关办理刑事案件过程应直接接受法院司法审查的观点，本书认为只是脱离实际的一种"从理论到理论"的"一厢情愿"。"权力制约"原则是宪法所确立的根本原则，警察权也不例外，但制约的方式不一而论。中国警察权的监督制约方式应遵循宪法所确立的权力分工安排，在既有宪法规范下寻求监督体系和机制的渐进式完善，在无充分理论或实证支持的情况下，不应突破宪法强行"植入"一些可能造成法律体系冲突的制度设计，包括合宪性审查在内的警察权规制机制的创设和运行都应当在宪法框架下进行。

二、 我国警察权合宪性审查制度建构设想

"全面依法治国"是党领导人民建设中国特色社会主义的必然要求。宪法是治国理政的总章程，维护宪法权威是全面依法治国战略的重要保障，一切违反宪法的行为都必须予以追究和纠正。党的十九大报告明确提出要"加强宪法监督与实施，推进合宪性审查工作，维护宪法权威"。党的十九届二中全会再次强调："宪法的生命在于实施，宪法的权威在于实施。维护宪法权威，就是维护党和人民共同意志的权威；捍卫宪法尊严，就是捍卫党和人民共同意志的尊严，保障宪法实施，就是保证人民根本利益的实现。"在宪法理论

上，合宪性审查是保障宪法实施、维护宪法权威的重要制度机制，它通过合宪性审查机构对国家权力的配置和运行过程进行监督，以宪法裁判、宪法解释等方式对宪法行为进行审查，并作出是否符合宪法精神和规范的判断。合宪性审查对包括警察权在内的国家权力具有最高法权意义上的制约功能，其权威性能够确保警察权始终保持在宪法和法治轨道内运行，其影响力能够扩散至每一个警察执法单元，从而实现警察权宪法层面上的法律规制。

（一）警察权合宪性审查机制

1. 合宪性审查机构

在我国，围绕着合宪性审查机构的设置，多年来有许多学者从不同视角提出了许多方案，如设置宪法法院、由人民法院审查、由专设的宪法机构审查等，随着 2012 年 5 月全国人大常委会法工委成立"法规审查备案室"，关于审查机构的讨论方才告一段落。从规范和实践层面看，国家倾向于遵循宪法规定和我国的政治法律传统，还原全国人大常委会"宪法实施监督机构"的宪法定位，规定由其设置专门机构行使合宪性审查权。[1] 本书认为，鉴于我国的司法实践，在法院系统内增设宪法法院的设想虽有其理论上的便利和优势，但并不符合我国的国家权力配置体系和司法传统；人民法院作为审判机构，是在人民代表大会制下的机构设置，审判权能否以及多大程度上对其他国家权力实现宪法层面上的监督制约，以及如何将这种监督落实到位，以人民法院目前的法律地位和实际影响，显然难以担其重任。根据我国宪法，全国人大及其常委会享有最高国家权力机关和最高立法机关的双重属性，由宪法最高制定机关解释和监督宪法实施显然具有正当性和便利性。为此，我国采取立宪机关审查制具有理论基础和实践考量。换言之，无论将来我国合宪性审查机构如何命名，其应当由全国人大决议设置，[2] 赋予其较高的宪法地

---

[1] 法规审查备案室的职责是对合宪性审查要求与审查建议进行先期研究，确认是否进入启动程序，然后交由全国人大各专门委员会进行审查。有学者认为，法规审查备案机构的设立，使违宪审查进入可操作化阶段，意味着真正意义上的违宪审查成为一种可能。但也有观点认为，法规审查备案室只是设在全国人大常委会的一个工作机构，缺乏独立性和权威性，并没有实际撤销违宪法律法规的权力，仅仅是我国建立违宪审查机制的前期试验。

[2] 鉴于合宪性审查的权威性，其机构设置应属重大宪法事项，故本书认为应由全国人大决议，而不应属于全国人大常委会事权范围，即目前的法规审查备案室仍有较大改革空间。

位，可考虑在全国人大之下设置一个"宪法审查委员会"，与人大常委会平级，专职法律、法规、规章等规范性文件及违宪任职等行为的合宪性审查，通过修宪明确其权限范围、组织机构、任职条件、任职期限等内容，健全相关法律规范和保障机制，确保其能够依宪依法展开审查工作。

2. 合宪性审查程序

2003 年 5 月 14 日，俞江、滕彪、许志永 3 名法学博士向全国人大常委会递交审查《城市流浪乞讨人员收容遣送办法》建议书，认为该办法中限制公民人身自由的规定与宪法和有关法律相抵触，应予撤销。随后，一些著名法学家以"中国公民"的名义上书全国人大常委会，就孙志某案及收容遣送制度实施状况提请启动特别调查程序。但就在全国人大常委会启动相关审查（调查）程序之前，2003 年 6 月 22 日，国务院在很快的时间内通过《城市生活无着的流浪乞讨人员救助管理办法》（2003 年 8 月 1 日施行），《城市流浪乞讨人员收容遣送办法》（1982 年 5 月 12 日由国务院发布）同时废止。● 至此，公安机关所拥有的"未经法律授权限制人身自由"的警察权被部分终止。"孙志某"事件的重大意义在于，该案将公众视野聚焦于"合宪性审查"，并在当时的制度框架下以寻求"公民建议"的方式启动合宪性审查程序。

在合宪性审查程序中，启动程序尤为重要，涉及谁有权提出合宪性审查议案问题，其中最为核心的议题在于公民是否有权启动审查程序。很显然，根据目前的法律规定，审查程序启动权属于相关国家机构，公民个人享有的只是"审查建议权"，并无法律上强制启动程序的权利。本书认为，立法否定公民个人享有合宪性审查启动权的规定具有合理性，同时也是对相关国家立法例的借鉴。这样能适度避免"审查权滥诉"情况的发生，也较为符合我国当下政治体制和法治现状的实际，是较为务实的制度选择。但需注意的是，在目前模式下，如何督促享有程序启动权的机关积极履行职权，使其正确面对公民的"审查建议"，常态化、主动地发起审查启动程序，这是目前制度下最为关键的环节。未来，建议以立法形式明确可操作性强的启动程序，尤其

● "孙志刚事件"［EB/OL］.［2020 - 04 - 10］. https：//baike. baidu. com/item/% E5% AD% 99% E5% BF% 97% E5% 88% 9A% E4% BA% 8B% E4% BB% B6/4430559？fr = aladdin.

要强化启动主体的主体责任，避免警察权合宪性审查因启动门槛过高或过于繁复而沦为"文本中的权利"。

（二）警察权合宪性审查方法

我国警察权所涉内容繁杂，警察立法数量庞大，形成了包括法律、法规、规章、规范性文件以及司法解释等不同层级的警察法律体系。针对复杂且分散的警察权力体系，合宪性审查应当具备一套审查基准或原则，围绕其对警察权的设定和运行进行审查和解读，从而实现警察权的合宪性控制。

1. 合宪性审查原则

（1）宪法基本原则。

"人民主权原则""权力制约原则""人权保障原则""法治原则""平等原则"等当代宪法原理所公认的原则，也是为我国宪法文本所确认的宪法基本原则。在涉及警察权配置和运行的合宪性审查事项中，审查机构应当以宪法基本原则为基准，对权力配置或运行是否违反上述原则做实质性审查。例如，2000 年 7 月，四川省威远县交管所的 4 名交警以查"黑车"为由，阻止一辆载有即将分娩孕妇的面包车通行，延误了抢救时机，最终导致孕妇身亡。该案中，涉案民警执法理念和手段僵化，片面追求运管秩序，虽然并未违反形式意义上的法律规定，但忽视了宪法上的人权保障原则，间接导致孕妇身亡的后果，该行为应当受到合宪性审查的否定评价。❶ 又如，在彭树某诉厦门市公安局湖里分局收容教育案中，湖里公安分局对于存在同样嫖宿行为的两个当事人，一个处以行政拘留 15 日和罚款的处罚，另一个却处以行政拘留 15 日和收容教育的处罚。该案中，公安机关如无正当理由予以说明，则构成"区别对待"，有违宪法所确立的平等原则。"在存在宪法诉讼的国家，当事人可提起宪法平等权诉讼，抵御警察权的肆意行为"❷，在我国当下，目前只能将宪法的平等精神贯彻到警察法对于警察权的规制手段之中❸。

---

❶ 阻止分娩孕妇通行是秉公执法吗？[EB/OL].[2020 – 04 – 10].http：//news. sina. com. cn/china/2000 – 09 – 05/123983. html.

❷ 刘茂林. 警察权的合宪性控制 [J]. 法学，2017（3）：75.

❸ "彭树某诉厦门市公安局湖里分局收容教育案" [EB/OL].[2020 – 04 – 10]. http：//pku-law. cn/case_es/payz_1970324837210274. html? match = Exact.

（2）法律保留原则。

宪法意义上的法律保留原则是指国家的某些重要事项必须由立法机关以法律形式规定，"限制或剥夺公民基本权利的行为必须有明确的法律依据"是最为典型的法律保留原则。对警察权而言，公民人身自由、财产权利和政治权利的法律保留构成了警察权配置的基本界限，如要设定某种限制，必须经过全国人大及其常委会立法。以法律保留原则作为合宪性审查基准检视现行警察法制，可以对警察权合宪性进行控制。例如，长期饱受争议且已经废止的收容遣送制度、劳动教养制度、收容审查制度、收容教育制度等，皆因涉嫌违反宪法上法律保留原则下的"限制人身自由需由法律规定"而与宪法相抵触。换言之，这些由国务院不同时期颁布的行政法规虽然形式合法，但本质上与宪法精神和原则相抵触，当国家发展到一定阶段且具备某些条件时，可启动合宪性审查程序予以纠偏，适时废止相关制度以保护宪法所确认的公民基本权利。

有学者认为，法律保留原则还能够衍生出法律明确性原则，并可以作为审查警察权的合宪性基准。法律明确性原则要求所有构成对公民权利和自由限制的措施必须要有明确法律依据，而不能仅为宽泛的职权条款。该原则对警察权规制的意义在于，不能从警察法体系中大量的职权性条款推导出警察可在职权范围内自由处置公民权利和自由的结论。例如，警察不能仅依据《人民警察法》对警察权范围的概括性规定就对任意公民权利进行限制，而仅能在明确的授权条款下执法，"法无授权不可为"的法律明确性原则提高了法律保留原则的审查标准，有利于强化警察权的合宪性控制。❶

（3）比例原则。

《中华人民共和国居民身份证法》（2011年修订）第3条第3款规定："公民申请领取、换取、补领居民身份证，应当登记指纹信息。"依据该规定，公安机关享有提取公民指纹信息的权力。立法机关认为，"在居民身份证中加入指纹信息，国家机关以及金融、电信、交通、教育、医疗等单位可以通过机读快速、准确地进行人证同一性认定，有助于维护国家安全和社会稳定，

---

❶ 刘茂林. 警察权的合宪性控制［J］. 法学，2017（3）：73.

有利于提高工作效率，有效防范冒用他人居民身份证以及伪造、变造居民身份证等违法犯罪行为的发生，并在金融机构清理问题账户、落实存款实名制等方面发挥重要作用"❶。对此立法目的，有学者提出异议，认为当法律要求每个人都应当强制按捺指纹建档以利警方办案时，无异于将每个人假定为潜在的犯罪嫌疑人，而这种做法很可能侵犯的公民权利包括：对公民隐私权的部分限制；被法律假定为犯罪嫌疑人伤害个人自尊；一旦指纹数据泄露，极易被犯罪分子利用而成为栽赃工具，因此认为强制指纹录入的立法可能涉嫌违反宪法❷。比例原则要求在目的和手段之间达致某种最佳平衡，当身份证法所要达成的目的（提高工作效率）和手段（所有公民强制录入指纹）之间可能比例失衡时（全民录入指纹是否是提高工作效率的唯一且必须选择），需要从宪法权利保护的视角，衡量从价值层面上看哪个利益更具有优先保护的价值，即当警察行政工作效率和公民基本权利冲突时，根据宪法精神和原则，应当优先保护基本权利，从此意义上看，身份证法的有关规定涉嫌对警察机关过度赋权，应当接受合宪性审查检验。

（4）正当程序原则。

正当程序原则源于英国法上的自然正义原则，正当程序原则的根本目的在于保障人权，我国宪法文本虽未规定正当程序原则，但从"国家尊重和保障人权"的宪法精神中可以推演出作为宪法原则的正当程序，并以此来审查行政权运行过程的合宪性。例如，在"田某诉北京科技大学拒绝颁发毕业证、学位证行政诉讼案"中，北京市海淀区法院在没有法律、法规、规章规定的情况下，以"正当程序"作为退学处理决定的审查基准，判定北京科技大学对田某的退学处理决定违法。在判决理由中，法院明确指出："退学处理决定涉及原告的受教育权利，为充分保障当事人权益，从正当程序原则出发，被告应将此决定向当事人送达、宣布，允许当事人提出申辩意见。❸"刘茂林教

❶ 杨焕宁.关于《中华人民共和国居民身份证法修正案（草案）》的说明［EB/OL］.［2020－04－10］. http：//www.npc.gov.cn/wxzl/gongbao/2011－12/30/content_1686385.htm.

❷ 转引自：刘茂林.警察权的合宪性控制［J］.法学，2017（3）：74.

❸ 田某诉北京科技大学拒绝颁发毕业证、学位证行政诉讼案［EB/OL］.［2020－04－10］. https：//www.chinacourt.org/article/detail/2002/11/id/18054.shtml.

授认为，"这一原则同样可以作为警察权的合宪性控制方法，对警察执法过程进行检视，以此防范警察权的恣意滥用，从而实现警察权维护公共秩序、保障公民权利的目标定位"。❶

2. 合宪性解释方法

合宪性解释方法是指在合宪性审查过程中，若涉嫌违宪的立法存在数种解释的可能性，审查机关应采取合乎宪法的解释，从而避免作出违宪的判断。合宪性解释不仅是一种宪法解释方法，同时也是法律解释方法，即在尚未建立宪法审查机制的国家，在部门法的制定、修改以及整理过程中，通过对法律进行合宪性解释，使法律规范与宪法的精神和规范保持一致，从而保障国家宪法秩序和法律体系的协调和稳定。例如，《人民警察法》第 2 条规定了人民警察的 5 项任务，即维护国家安全；维护社会治安秩序；保护公民人身安全、自由和合法财产；保护社会公共财产；预防、制止、惩罚违法犯罪活动。而国务院颁布的《公安机关组织管理条例》第 2 条所规定的警察职责却与作为上位法的规定存在差异❷，即用"服务经济社会发展"取代了"保护社会公共财产"，将消极意义上的对公共财产的维护替换为对经济社会发展的积极促进，这在很大程度上扩充了警察权的目的。按此逻辑，地方政府可以借助警察权促进经济社会发展，警察权事权范围将扩展至警察法授权之外的非警务领域。若要保障《公安机关组织管理条例》第 2 条的合宪性，则应根据合宪性解释方法，对"服务经济社会发展"条款进行合宪性限缩解释，要求警察权服务经济社会发展必须以保障公民基本权利为限。

---

❶ 刘茂林. 警察权的合宪性控制 [J]. 法学，2017（3）：76.
❷ 《公安机关组织管理条例》第 2 条规定："公安机关是人民民主专政的重要工具，人民警察是武装性质的国家治安行政力量和刑事司法力量，承担依法预防、制止和惩治违法犯罪活动，保护人民，服务经济社会发展，维护国家安全，维护社会治安秩序的职责。"

第二节　警察刑事侦查权的法律规制

《刑事诉讼法》第 19 条第 1 款规定："刑事案件的侦查由公安机关进行，法律另有规定的除外。"❶ 为了调查犯罪，公安机关依法有权采取专门调查方式和有关强制措施。专门调查方式主要包括讯问、询问、勘验、检查、鉴定、辨认、侦查实验等。有关强制措施包括拘传、取保候审、监视居住、拘留、通缉、执行逮捕等限制公民人身自由的强制措施，以及搜查、查封、扣押、查询、冻结等限制人身或财产权利的强制措施。依据法律规定，经过严格审批，侦查机关还有权行使定位、监听等技术侦查措施。

上述刑事侦查权是我国刑事诉讼制度的立法分类，而在刑事侦查实践中，根据侦查业务和工作流程，警察刑事侦查权的内容主要可以类归为"刑事立案权""刑事调查权""强制措施权""刑事结案权"四个方面。刑事立案权事关刑事案件是否成立以及侦查程序的启动，看似程序性权力，实则暗含着侦查机关对受理案件性质的实质性判断，对受害人、犯罪嫌疑人等相关权利人实体权利影响极大，决定着是否开启刑事诉讼程序，因此无论从理论还是从实践层面看，刑事立案权是兼具实体和程序权能的警察权。刑事调查权范围广泛，严格来说，刑事强制措施权是为确保侦查调查的顺利开展而实施的临时性限制措施，从此意义上说，刑诉法及相关警察法律所规定的讯问、询问、勘验、检查、鉴定、搜查、查封、扣押、通缉、传唤、拘留等侦查手段皆可归为刑事调查权。但由于拘留、搜查、扣押等"调查权"对公民人身和财产权利影响巨大，在我国目前的刑事司法语境下，此类刑事强制措施权力极大且无须经过司法机关审批，如何对其进行有效规制是一个长期备受关注

---

❶ 除公安机关外，国家安全机关、检察机关、监狱、军队保卫部门等国家机关，依据相关法律授权享有某类刑事案件的侦查权。因研究需要，本书仅限于探讨公安机关的刑事侦查权。

的议题。❶ 刑事结案权主要指撤案权、提出意见权、结案权和移送起诉权等，该权力涉及对案件的定性和决定是否进入下一个诉讼程序，尤其是撤案权和结案权将直接影响涉案当事人的实体权利，但目前此类侦查权力的运行程序缺乏有效的监督机制，难以受到外部力量的实质性监督，严重影响了警察刑事侦查权的规范运行。

在"侦查中心主义"向"审判中心主义"转型背景下，警察刑事侦查权的行使，不仅意味着侦查机关及侦查人员根据上级指令开展调查取证工作及采取相关强制措施，更重要的是，其必须成为整个刑事诉讼程序中的一个有机组成部分。❷ 为便于集中探讨警察刑事侦查权法律规制的特点和难点，本书选取其中较有代表性的几类侦查权，既包括已被学界所关注的讯问权、技术侦查权，也包括尚未被充分研究的立案权和结案权。事实上，这些权力虽然都有来自不同层级的警察法律规范的授权，但在实践中却又不同程度地游离于法律规制之外的"灰色地带"。为此，探讨警察刑事侦查权法律规制的现状、问题及方法，对全面贯彻依法治国战略、践行"以人民为中心"司法理念、推进"以审判为中心"司法制度改革以及保障人民群众诉讼权益的实现，均有理论和实践研究价值。

一、 刑事立案权

刑事立案是开启整个刑事诉讼的初始环节，刑事立案决定了能够进入刑事诉讼程序的案件范围、类型以及数量。侦查程序中，侦查机关的侦查活动在一定程度上"决定"了案件的定性和罪名，如果案件在侦查初始阶段的立案环节中存在不作为、滥作为，无疑将直接影响整个刑事诉讼的进程和质量，为此，侦查权的法律规制应从源头上对侦查程序的启动进行控制。

我国《刑事诉讼法》对立案的规定比较笼统，其文本只是将"立案"表

---

❶ 在警察权中，警察刑事强制措施（拘留、搜查等）是一种对公民权利影响极大的侦查权，故其一直是学界首要研究对象，研究成果数量也最多。为避免重复研究，本书暂不将其列入讨论范围，但绝非因其不重要，恰恰相反，正因为相关领域问题复杂，适宜留待日后进行专题研究，同时由于篇幅限制，故只能做战略上的选择而暂时搁置。

❷ 王芳. 审判中心主义趋向中的刑事侦查权重构［J］. 社会科学战线，2019（6）：222.

述为"对于报案、控告、举报和自首的材料，应当按照管辖范围，迅速进行审查，认为有犯罪事实需要追究刑事责任的时候，应当立案"，并不涉及侦查实践中广泛存在的案件受理、案件初查等调查行为的调整。事实上，现有法律规范以及学术研究对"立案"的规定和理解均过于简单化，基本上仅将其视为"作出立案决定"的单一行为，并未准确、完整地反映出实践中立案权运行的复杂状态。以公安机关为例，其刑事立案权是通过若干个环环相扣的程序性工作集合实现的，依次包括：（1）"接处警"，即对来自报案的各类警情信息进行及时、妥当处置，其中既包括刑事案件警情，也包括治安违法警情以及一般救助警情等。（2）在对各类警情进行甄别后，将可能涉及刑事案件的警情按照公安机关内部办案权属划分，移交至相关刑事案件办理部门，由该办案部门对案件信息进行登记和受理，即"刑事受案"（案件受理）。（3）进行"初查"，即根据受理案件的现有证据，在不限制涉案人和物的人身权、财产权情况下，通过调查走访、书面审查等方式，审查核实案件材料和相关证据，初步确定案件事实。（4）对受案材料和调查情况进行综合研判，确定现有证据是否能够初步确认存在犯罪事实，并需要追究刑事责任，最终作出是否"立案"的决定。

由于侦查活动具有"封闭性"特征，叠加上述对"立案"的狭隘理解，导致立案环节中侦查权的失范运行较为隐蔽和不易察觉。2015 年，公安部在全国公安机关开展"立案突出问题专项治理"工作，对刑事立案中存在的突出问题进行研究。同年 11 月 6 日，《公安部关于改革完善受案立案制度的意见》（公通字〔2015〕32 号）印发，指出要重点解决人民群众反映强烈的"报案不接、接案后不受案不立案、违法受案立案"等问题。有学者曾研究，公安刑事立案权运行中存在如下问题：大量无效警情对刑事立案产生挤出效应；对群众报警置之不理，不及时受理案件；对盗窃等涉及民生的"小案件"未依法立案；履行侦查职责懈怠，"立而不侦、侦而不力"；以初查代替侦查，立案阶段案件降格处理；滥用刑事立案权力侵犯群众合法权益。❶ 对于这些问题，虽然《公安机关办理刑事案件程序规定》第七章第二节"立案"部分有

---

❶ 雷鑫洪. 公安刑事立案权的程序性控制研究［D］. 北京：中国人民公安大学：2014：6－7.

所规范，但在侦查机关当前的行政化管理模式以及有效监督缺位情况下，"选择性立案""压案不查""养案""不破不立"等现象始终难以根除。

　　造成上述问题的原因很多，但主要有三：其一，立案标准不明确。《刑事诉讼法》中的"立案条件"主要有二：一是"认为有犯罪事实"，二是"需要追究刑事责任"。但事实上，在案件受理初期，案件事实、证据尚未查证的情况下，上述看似简单的条件实则要求极高。❶侦查实践中，为了满足立案条件，侦查机关需要进行大量"立案前"的调查工作，这就容易产生"侦查前置"办案现象。事实上，目前法律所设置的刑事立案标准既概括又抽象，缺乏明确具体的界定，容易产生两种混乱：一方面，在治安违法和刑事犯罪之间，缺少清晰的界限标准；另一方面，容易引发立案标准和追诉标准的理解和适用争议。换言之，立案标准上的不明确导致公安机关在刑事立案中享有极大且难以控制的自由裁量权。例如，为了规避刑事立案的高标准，侦查机关摸索出了案件初查制度，即以"初查取代侦查"，然而，"初查权"并无明确立法授权，其可以采取的方式、内容，取得证据的合法性都不同程度地存在争议，大量经初查的"案件"由于不能发现足够证据而无法立案，进而导致了侦查行为的法外运行。其二，严苛的绩效考核制度。当前，公安机关内部的办案绩效考核制度对立案数、破案率、撤案率、无罪判决率均有要求，且立案错误将会被追责，这种极其严苛的内部控权管理模式使得侦查程序的启动（立案）成为一件需要特别谨慎对待的事情。为避免承担所谓的"追责"，许多侦查人员对于那些事实不够清晰、法律适用不够确定的案件不敢轻易立案。作为印证，我国刑事案件撤案率、无罪判决率极低的事实，尽管从一定程度上反映出刑事案件办理质量的高水平，但却可能是以"牺牲大量疑似刑事案件"为代价的"选择性结果"。其三，侦查监督的缺位。根据法律规定，公安机关应当立案而不立案，检察机关有权通知其立案，公安机关应当立案。但实践中，在警力有限和工作压力的迫使下，公安机关有时会以立案后不予侦查甚至撤案的方法消极应对，此时检察机关因没有侦查行为实施权，

------

❶　虽然最高人民检察院、公安部分别于2008年、2010年和2012年制定（修订）了《最高人民检察院、公安部关于公安机关管辖的刑事案件立案追诉标准的规定》，但该标准在实施中也存在着诸如各地执行标准不一，与上位法不一致，受理、立案、追诉标准模糊和错位等问题。

对于公安机关的消极侦查仅有违法纠正建议权。而事实上，享有立案监督权的检察机关也常常由于自身业务繁忙而无暇顾及此项权力，致使立案监督权长期处于"纸面权力"的状态，无法对立案权实施有效监督。❶

综上所述，刑事立案权是侦查权运行的标志性开端，也是对被侦查对象权利影响极大的侦查程序，一旦大量本应构成刑事案件、却因立案权失范运行而不能进入司法程序，无疑将消解刑法的社会防卫功能。为此，应当适时修改并降低刑事案件立案标准，明确受理、立案和追诉的区别和条件，构建"立案后证据不足、案件事实不清"案件的分流制度，防止"侦查前程序"的法外运行。同时，应当强化检察机关的立案监督权。对于不立案决定，无论是否有被害人提出异议，侦查机关均应主动将不立案决定提交侦查监督部门备案。检察机关依职权通知立案但公安机关仍不立案或消极侦查的，应当授权检察机关自行立案侦查，并依法对相关责任人员追究法律责任。❷

二、 侦查讯问权

犯罪嫌疑人供述是刑事诉讼法规定的法定证据种类之一。侦查人员通过审讯犯罪嫌疑人，所获得的供述对收集、核查犯罪证据，查清案件事实具有重要意义。侦查讯问，是指侦查人员依照法定程序，以言词方式向犯罪嫌疑人查问案件事实的一种侦查措施。❸ 讯问的目的在于获取"口供"，而"口供"通常被视为证明犯罪事实的最有力的证据形式，又被称为"证据之王"。在传统刑事侦查"由供到证"的侦查模式下，获取犯罪嫌疑人"口供"对破案尤为关键。在各种压力下，个别侦查员急于侦破案件，不惜以刑讯逼供等非法手段对犯罪嫌疑人进行讯问。近年来官方公布的一系列冤假错案表明，几乎每一起冤假错案的背后都存在着刑讯逼供等非法讯问的痕迹。沉痛的教训一再警示我们，刑事讯问权必须受到制约，尤其要受到法律的审查和规制。❹

---

❶ 孙琴. 论刑事立案监督 [D]. 长春：吉林大学，2013：19 - 21.
❷ 于立强. 论我国侦查裁量权的规制 [J]. 法学论坛，2014 (6)：77 - 83.
❸ 何家弘. 人性本恶亦本善 [J]. 人民检察，2010 (1)：34 - 37.
❹ 章荣. 我国刑事侦查讯问制度研究 [D]. 合肥：安徽大学，2019：2 - 3.

在我国当前的侦查讯问实践中，公安机关侦查讯问中的违法情形大致可以归纳为以下几个方面。❶

其一，讯问主体不合法。根据《刑事诉讼法》和《公安机关办理刑事案件程序规定》，"讯问的时候，侦查人员不得少于二人"。但在侦查实践中，在办案压力迫使下，侦查机关总会突破法律规定，存在着各种讯问主体不合法的情形：仅由 1 名侦查人员讯问；1 名侦查人员加 1 名辅警讯问；辅警讯问后，侦查人员补充讯问；完全由辅警进行讯问，再由未参与讯问的侦查人员签名。可以说，在我国当前的侦查讯问实践中，讯问主体不合法是最为普遍的一种违法形态。❷

其二，规避法定讯问场所规定。2010 年《公安机关执法办案场所设置规范》发布后，公安机关办案场所规范化建设取得了显著成效，侦查人员大多会在办案区、办案中心或看守所讯问犯罪嫌疑人。但实践中，在办案场所讯问犯罪嫌疑人有着诸多法定程序要求，为规避"法律限制"，部分侦查人员会在办案区的正式讯问以外实施"非正式讯问"。例如，在犯罪嫌疑人被送到办案区之前，侦查人员可能已经在犯罪现场、派出所或其他地方实施了"预先讯问"，而办案区讯问只是预先讯问的延续。在此情况下，预先讯问过程若存在违法情形，其效应将传导到正式讯问，进而导致执法办案场所的法律功能被架空。更有甚者，当犯罪嫌疑人被羁押后，个别侦查人员仍然会将犯罪嫌疑人带出看守所实施讯问。❸

其三，突破法定讯问时间规定。根据《刑事诉讼法》第 119 条规定，"传唤、拘传持续的时间不得超过十二小时；案情特别重大、复杂，需要采取拘留、逮捕措施的，传唤、拘传持续的时间不得超过二十四小时。不得以连续传唤、拘传的形式变相拘禁犯罪嫌疑人。传唤、拘传犯罪嫌疑人，应当保证犯罪嫌疑人的饮食和必要的休息时间"。侦查实践中，惮于法律的禁止性规定，绝大多数案件的讯问时间不会超过 24 小时。然而，除非案件特别简单，

---

❶ 孟凡骞. 侦查讯问程序违法的法律规制［J］. 甘肃政法学院学报，2019（5）：103 – 106.

❷ 孙秀兰，陈列. 基层公安机关侦查讯问的规范性研究——以 Y 派出所为例［J］. 政法学刊，2015（6）：115 – 118.

❸ 刘文强. 侦查讯问运行状况与应对策略的实证研究［J］. 中国刑事警察，2019（2）：24 – 30.

出于侦查策略或侦查便利考虑，许多侦查人员会"选择性忽视"传唤、拘传12 小时的限制性规定，充分利用"案情特别重大、复杂"的解释裁量权，人为拔高"案情特别重大、复杂"条件，"充分用足"法定的 24 小时讯问上限。

其四，讯问笔录制作不规范。有学者研究发现，当前常见的讯问笔录不规范情形多达 20 余项，涉及讯问笔录的简单复制、先抄后审、笔录内容雷同、修改涂抹却未经犯罪嫌疑人确认、写错犯罪嫌疑人姓名、笔录不能准确反映讯问过程等情况，甚至存在个别侦查人员将预先打印好的笔录交给犯罪嫌疑人签字的现象。❶ 此外，在笔录制作过程中，未出示相关证件、未进行笔录说明、口头传唤未在笔录中注明、讯问过程中随意接打电话或聊天、讯问时衣着不规范等现象也不同程度地存在，已严重影响了侦查讯问的办案质量。

其五，违反同步录音录像规定。根据刑事诉讼法规定，对可能判处无期徒刑、死刑或者其他重大案件的讯问，应当全程录音录像。公安部《公安机关讯问犯罪嫌疑人录音录像工作规定》进一步规定了应当全程录音录像的案件范围。但实践中，部分地方的同步录音录像工作仍然存在诸多问题：侦查人员未对每一次讯问进行录像；同步录音录像没有全程无间断地进行；录音录像中的音像不同步；同步录像制作说明缺失制作时间、案件名称、案件编号；同步录像内容与讯问笔录内容存在出入❷；讯问过程中出示证据和犯罪嫌疑人辨认证据、核对笔录、签字捺印的过程没有反映在画面中；录音录像存在补录或重新录制的情况；对应当录音录像的案件选择性录制；录音录像存在先审后录或提前彩排的情况❸。

其六，缺失告知犯罪嫌疑人权利程序。根据法律规定，"侦查人员在讯问犯罪嫌疑人的时候，应当告知犯罪嫌疑人享有的诉讼权利"。若犯罪嫌疑人在讯问中没有被告知相关诉讼权利，则属于诉讼程序中较为严重的程序违法，

---

❶ 毛建军. "以审判为中心"背景下侦查讯问工作的实践考察与完善［J］江苏警官学院学报，2017（5）：65－69.

❷ 刘文强. 侦查讯问运行状况与应对策略的实证研究［J］. 中国刑事警察，2019（2）：24－30.

❸ 胡志风. 侦查讯问录音录像制度的社会评估：技术、过程与问题导向［J］. 中国刑警学院学报，2017（2）：34－42.

完全有可能导致讯问笔录被认定为非法证据而被排除。❶ 但司法实践中，部分侦查人员第一次讯问犯罪嫌疑人时，并未告知其法律规定的相关权利。在讯问未成年人、聋哑人等特殊类型犯罪嫌疑人时，侦查人员也没有通知相关监护人或辅助人员到场。讯问结束后，一些侦查人员未能按规定让犯罪嫌疑人阅读、核对讯问笔录以及逐页签名捺印。

综上，侦查实践中，侦查讯问权违法运行的数量众多且形态各异，由于侦查讯问工作的空间性和裁量性，讯问的合法性规制只能更多地依靠程序性控制展开。为了防范侦查阶段的非法取证行为，2016 年 7 月最高人民法院等五部门联合发布了《关于推进以审判为中心的刑事诉讼制度改革的意见》，其中第 5 条第 2 款明确提出，要探索建立重大案件侦查终结前对讯问合法性进行核查制度。本书认为，刑讯逼供等实体违法讯问行为已不是当前侦查讯问法律规制的主要内容，讯问的合法性审查应重点关注讯问主体不合法、违反讯问时空规定、不严格执行录音录像规定、不告知犯罪嫌疑人诉权等程序违法行为，尽管这些所谓的程序性违法行为大多不会直接造成冤假错案，但在现代法治理念看来，程序亦有其独立价值，讯问行为的程序违法已严重削弱了刑事讯问的正当性与合法性，其所衍生的消极后果对构建法治社会、保障犯罪嫌疑人合法权益的负面影响是不可忽视的，必须接受来自法律全面、持续和明确的规制。

三、 技术侦查权

与常规侦查相比，技术侦查具有主动性、隐蔽性、高效性和策略性等特点❷，有助于侦查模式由"重口供"等主观证据模式转变为"重物证、书证"

---

❶ 最高人民法院关于适用《〈中华人民共和国刑事诉讼法〉的解释》第 81 条规定："被告人供述具有下列情形之一的，不得作为定案的根据：（一）讯问笔录没有经被告人核对确认的；（二）讯问聋、哑人，应当提供通晓聋、哑手势的人员而未提供的；（三）讯问不通晓当地通用语言、文字的被告人，应当提供翻译人员而未提供的。"

❷ 根据《刑事诉讼法》规定，技术侦查包括利用科学技术手段实施的侦查、乔装侦查（秘密侦查）和控制下交付等侦查手段。限于篇幅，本书主要探讨"狭义的技术侦查"，即在办理刑事案件中，侦查机关依法运用特定科技手段，以秘密方式收集证据、查明案情的主动性侦查措施。其主要形式包括：根据监控对象的不同，分为记录监控、行踪监控、通讯监控和场所监控；根据监控形式不同，分为电子侦听、电话监听、电子监视（控）、秘拍秘录、秘搜秘取、邮件检查等技术性较强的侦查形式。

等客观证据模式❶。但技术侦查同样存在着违背公权职责、侵犯公民隐私、破坏社会互信等潜在风险，如美国"棱镜计划"和重庆公安局原局长王立某滥用技术侦查等事件，引发了公众对技术侦查滥用的担忧。为此，技术侦查权的利弊权衡与规范运行应当成为警察权法律规制的重要内容。综观我国目前的技术侦查制度，其在运行中存在如下问题。

（一）法律规定过于粗线条

刑事诉讼法对技术侦查适用的案件范围、适用条件、适用对象、审批程序等进行了规定，但这些规定均比较笼统，实操性不强，给技术侦查的滥用留下了操作空间。例如，《刑事诉讼法》第150条采用列举犯罪类型模式❷，《公安机关办理刑事案件程序规定》（以下简称《程序规定》）第263条采用"列举类罪 + 规定刑期"模式来规定技术侦查措施的适用范围❸，虽然《程序规定》进一步明确了技术侦查措施适用的犯罪种类，增强了可操作性，但"严重危害""重大犯罪""其他严重危害社会"等词语显然内涵不清，在司法适用上弹性很大。一方面，当前立法并未明确不同犯罪种类可以适用的技术侦查措施类型，这就有可能导致对隐私权干预较大的通信监控、住宅窃听等措施适用的犯罪种类过多，造成技术侦查措施的使用泛化，不适当地加大对公民隐私权等权利的侵犯危险。另一方面，"其他严重危害社会的犯罪案件"条款在实践中很可能沦为任何案件都能够塞入其中的"兜底条款"，赋予侦查机关过大的自由裁量权，在监督规则和监督机制缺位的情况下，技术侦查权极易被滥用。

---

❶ 甄贞，张慧明. 技术侦查立法与职务犯罪侦查模式转变［J］. 人民检察，2013（9）：12 – 15.

❷ 《刑事诉讼法》第150条第1款规定："公安机关在立案后，对于危害国家安全犯罪、恐怖活动犯罪、黑社会性质的组织犯罪、重大毒品犯罪或者其他严重危害社会的犯罪案件，根据侦查犯罪的需要，经过严格的批准手续，可以采取技术侦查措施"。

❸ 《公安机关办理刑事案件程序规定》第263条规定："公安机关在立案后，根据侦查犯罪的需要，可以对下列严重危害社会的犯罪案件采取技术侦查措施：（一）危害国家安全犯罪、恐怖活动犯罪、黑社会性质的组织犯罪、重大毒品犯罪案件；（二）故意杀人、故意伤害致人重伤或者死亡、强奸、抢劫、绑架、放火、爆炸、投放危险物质等严重暴力犯罪案件；（三）集团性、系列性、跨区域性重大犯罪案件；（四）利用电信、计算机网络、寄递渠道等实施的重大犯罪案件，以及针对计算机网络实施的重大犯罪案件；（五）其他严重危害社会的犯罪案件，依法可能判处七年以上有期徒刑的。公安机关追捕被通缉或者批准、决定逮捕的在逃的犯罪嫌疑人、被告人，可以采取追捕所必需的技术侦查措施。"

《刑事诉讼法》第 151 条和《程序规定》第 266 条均规定，技术侦查措施的首次适用期限为 3 个月，根据案件侦查的需要经审批可以延长，每次不超过 3 个月，但并无适用次数的限制。换言之，技术侦查措施可"根据侦查需要"实现无限期地适用。需要注意的是，虽然技术侦查措施的适用有助于提升侦查效能和司法效率，但在追求这些目标的同时，犯罪嫌疑人的私权同样值得尊重和保护，毕竟犯罪嫌疑人只是"嫌疑人"，久拖不决的长期持续监控，对其权益的限制显然过度且失当，并不利于私权保护和社会关系的及时恢复。为此，应当按照影响权利的不同类型，对技术侦查措施设置不同的最长适用期限，如对住宅内实施的监控措施设定最高为 6 个月的期限，其他技术侦查措施的最高适用期限可设置为 1 年。由于危害国家安全犯罪的罪行的严重性以及侦查难度，可作为例外而不设最长期限限制。

（二）适用程序缺乏必要监督

在审批程序上，根据《刑事诉讼法》第 150 条规定，适用技术侦查需要"经过严格的批准手续"，但并未对何谓"严格"作出详细规定。《程序规定》第 265 条规定，技术侦查措施需经过"设区的市一级以上公安机关负责人批准"。也就是说，公安机关目前所拥有的技术侦查措施适用决定权，是以部门规章形式授权的，是一种内部自我赋权的审批模式。在上位法缺位的情况下，《程序规定》创设了审批权限和程序，且将权限赋予地级市以上公安机关负责人，显示出对技术侦查措施适用的慎重，在一定程度上设置了一道监督阀门。但是，完全封闭于内部的审批程序，从权力制约的视角看，始终难以真正有效防范和控制技术侦查措施的不当使用，亟须进一步完善。技术侦查审批程序的法律规制，应当重点考虑以下因素：一是技术侦查措施具有隐秘性和风险性特点，其审批模式与常规侦查措施相比应当更为严格；二是审批机制的设计应当符合"分工负责，互相配合，互相制约"原则下公安机关负责侦查、检察机关负责监督的职能定位；三是针对不同的监控措施适用不同的审批模式，构建起"轻重"和"缓急"相结合的审批模式❶。

在运行过程中，刑事诉讼法并未对技术侦查所获取材料的封存和保管作

---

❶　王东. 技术侦查的法律规制［J］. 中国法学，2014（5）：278.

出规定，《程序规定》虽有规定但语焉不详，只是在第 269 条规定公安机关应当"严格依照有关规定存放"，而"有关规定"却难觅踪影。实践中，技术侦查所获材料一般由公安技侦部门单独管理。技术侦查数据涉及相关人员私密或敏感信息，部分内容极具价值，若管理不善，极易被非法用于"对犯罪的侦查、起诉和审判"的法定用途之外，为此，应当加强技术侦查的过程管控。如规定由监控执行人将监控情况制成监控记录，定期制作技术侦查执行情况报告并报送审批机关或备案机关，相关机关应当及时审核。当技术侦查结束后，应将封存的材料送交审批和备案单位保管，对于可能需要作为证据使用的部分，可复制留用并登记在册。

（三）缺乏有效的司法救济途径

技术侦查的隐蔽性和审批程序的封闭性，导致其长期难以进入司法机关的监督视野，监督制度的缺失给技术侦查权的滥用留下了真空地带。例如，在外部监督程序上，目前我国法律并未赋予被监控人提起民事诉讼、司法复议和国家赔偿诉讼的权利，相关法律的长期缺位，使得技术侦查相对人极易处于"权利裸奔"的危险境地，一旦发生违法侵权事件，其维权之路必定举步维艰，显然与法治国家建设目标不符。本书认为，虽然在我国目前的诉讼制度下，公民无法通过民事诉讼和行政诉讼方式针对刑事侦查行为提起诉讼，但应当构建或完善相关制度，使其对发生在该领域的刑事侵权行为具有监督的能力。例如，应当进一步细化《人民检察院刑事诉讼规则》，明确检察机关有权监督纠正非法采取技术侦查措施的侦查行为。同时，应立法赋予被监控人申请国家赔偿的权利，应适时修改《中华人民共和国国家赔偿法》，将侦查机关因违法采取技术侦查措施而侵犯公民合法权益的行为纳入国家赔偿范围。

诉讼中的知情权是打赢官司的重要条件，但在技术侦查措施的告知程序上，我国《刑事诉讼法》和《程序规定》并无明文规定。但根据《程序规定》第 268 条第 2 款规定，"采取技术侦查措施收集的材料作为证据使用的，采取技术侦查措施决定书应当附卷"，由此可知，辩护律师可以通过"依法查阅、摘抄、复制"的方式知晓技术侦查措施相关信息。也就是说，犯罪嫌疑人或被告人只有在审查起诉阶段通过辩护律师阅卷的方式，才能得知其被采取技术侦查措施的事实。与一般告知方式相比,"阅卷告知方式"缺点明显:一方面,由于法律并未规定侦查时限,案件侦查终结时间难以确定,因而被监控人的知情权在时间上难以保障;另一方面,阅卷告知的前提是技术侦查所获材料能够作为证据使用,但如果未能作为证据(与案件无关或仅作为线索),则被监控人可能永远无法得知被监控的事实。"阳光是最好的消毒剂",以告知程序为保障的知情权是对技术侦查最有效的制约途径,为此,有必要构建符合我国国情的技术侦查告知制度。❶

在证据采信方面,刑事诉讼法及司法解释并未明确规定以技术侦查措施收集证据的非法证据排除规则。事实上,技术侦查在某种程度上是以侵害公民隐私的方式收集证据,而隐私权是重要的人格权,在各项法益中应当具有优位的保护价值,因此对技术侦查应当适用更为严格的非法证据排除规则。一方面,应根据技术侦查的违法程度区别对待:对一般程序违法,如果能够补正或作出合理解释的,可以作为证据使用;对于严重违法,如主体不适格、非法授权、不符启动条件等,应当排除相关证据。另一方面,可借鉴英美法系国家"毒树之果"排除规则,建立有明确例外的毒树之果排除规则,将通过严重违法技术侦查获取证据的衍生证据一并予以排除。否则,在现代信息社会中,基于技术侦查超强的发现线索和证据衍生能力,技术侦查的各项规制措施将变得形同虚设。❷

四、 刑事结案权

刑事结案权并非严格意义上的法律概念,它是指经过侦查后,侦查机关对办理的刑事案件进行事实认定和法律判断,依法作出处理意见的权力。根据现行刑事诉讼法规定,刑事结案权主要由撤案权和侦查终结权构成。撤案权也可称为终止侦查权,是指侦查机关经过侦查,发现没有犯罪事实,或情

---

❶　有学者认为,应当建立附期限和附条件相结合的技术侦查告知机制。如侦查机关应在监控措施结束后至迟90日内将技术侦查决定书、监控的所有内容告知被监控人,如有碍侦查,可延长90日告知。同时应当明确规定:一旦撤销刑事案件,技术侦查所获取的所有材料应自撤案之日起30日内销毁;未作为证据使用的其他材料,应当在案件终审后30日内销毁,以防止不当利用的可能。

❷　王东. 技术侦查的法律规制 [J]. 中国法学,2014 (5):282 –283.

节显著轻微、危害不大，不认为是犯罪，或犯罪已过追诉时效期限，或经特赦令免除刑罚，或犯罪嫌疑人死亡，或存在其他依法不追究刑事责任的情形时，依法予以撤销案件的权力。侦查终结权是指侦查机关经过侦查，根据已经查明的事实、证据和有关法律规定，认为案件事实清楚，证据确实、充分，犯罪性质和罪名认定正确，法律手续完备，应当追究刑事责任时，决定结束侦查，依法制作结案报告和起诉意见书并移送人民检察院审查起诉的权力。

（一）撤案权

刑事撤案是侦查机关对所办理的刑事案件在经过事实和法律的综合判断后，对是否构成犯罪或是否需要追究刑事责任的否定性评价。一般情况下，撤销或终止刑事案件，对涉案犯罪嫌疑人而言是"利好消息"，其可以立即解除刑事强制措施或立即释放。然而，由于撤案权是公安机关内部决定的事权，其经县级以上公安机关负责人批准就可以实施❶，如此一来，就可能出现原本不符合撤案条件的刑事案件，在经过一系列人为干预或违规操作庇护下，最终得以撤案处理，从而逃避应有的刑事责任，从此意义上说，刑事撤案权容易成为侦查实践中极其隐蔽的"权力寻租场"。通常情况下，公众所关注的视角大多聚焦于侦查终结移送审查起诉的案件，但从刑事案件数量整体占比看，大量的刑事案件并非都需要走到移送起诉这一步，更多的刑事案件其实是以撤案处理的。在数量众多的以撤案形式结案的刑事案件中，典型的违法结案事例多发于经济犯罪侦查领域。众所周知，经济犯罪案件涉案标的金额通常较大，"利益诱惑"下的人性极易扭曲，其影响同样容易波及办理案件的侦查人员。虽然我国多年来一直严令禁止公安机关越权插手经济（合同）纠纷，但在其立案侦查的经济犯罪案件中，仍然不乏越权或滥权的违法案例。例如，在部分经侦案件中，因此类犯罪嫌疑人往往"经济实力雄厚"，个别侦查人员在犯罪嫌疑人或其代理人强大的"金元攻势"下，或消极办案，不主动追查有罪证据；或帮助隐匿或销毁有罪证据；或协助通风报信造成重要犯罪嫌疑人潜逃，最终造成因主要证据缺失或嫌疑人在逃而难以定案。还有的案例中，

---

❶ 《公安机关办理刑事案件程序规定》第187条规定："需要撤销案件或者对犯罪嫌疑人终止侦查的，办案部门应当制作撤销案件或者终止侦查报告书，报县级以上公安机关负责人批准。"

部分侦查人员在已经查获大量有罪证据的情况下，充分"利用"事实认定或法律适用上的"自由裁量权"，将原本需要追究刑事责任的犯罪行为降格处理，降格定性为违反《治安管理处罚法》的治安违法行为，从而帮助犯罪嫌疑人逃避刑法制裁。

概言之，撤案是刑事案件结案的重要方式之一，作为大量"疑似"刑事案件的主要结案方式，刑事撤案权极易成为侦查权不当滥用的灰色地带，而当前该领域的学术关注不足，法律规制也严重滞后，亟须从立法和制度层面完善撤案权的权力配置和运行机制，构建权力运行的内外部监督机制，使其在法治轨道内规范运行。

（二）侦查终结权

关于侦查终结，学界不乏相关研究。有学者考察了域外侦查终结制度后认为：英美法系通常没有独立的侦查终结程序，警察将侦查所获得的全部案件材料移交检察官或预审法官，检察官可以随时指挥警察收集证据，并有权要求警察到法庭上质证。大陆法系国家通常有较为完备的侦查终结制度，主要通过检察官、预审法官监督控制侦查终结程序。与西方国家侦查终结决定权一般由检察官、预审法官或侦查法官决定不同，我国的侦查终结权归属侦查机关。❶虽然在部分国家（如美国、日本等），警察对少部分轻微犯罪案件有权自行处理（类似于我国的治安管理处罚案件），但就整个刑事诉讼制度看，警察的自行处理不具有普遍性，且其自行处理还要受到检察官的定期审查。西方国家之所以将侦查终结权交由检察官、法官等主体行使，主要出于对警察刑事侦查权监督制约、防止侦查权滥用的考虑。

在我国，刑事诉讼法关于案件侦查终结后移送人民检察院审查起诉的制度设计，无疑暗含了检察权对警察权（侦查权）监督的价值意涵，但这种主打"阅卷式"的"事后监督"模式历经多年的司法实践，其不甚理想的效果已被媒体多次曝光的冤假错案所证明，现有制度并未能有效去除"侦查中心主义"下侦查权监督乏力的诸多弊端。例如，从侦查终结程序的设计构造看，

---

❶ 《公安机关办理刑事案件程序规定》第286条规定："侦查终结案件的处理，由县级以上公安机关负责人批准；重大、复杂、疑难的案件应当经过集体讨论。"

西方国家普遍重视侦查终结制度中侦查权的控制，通常以"控、辩、裁"三角构造模式，将侦查终结纳入诉讼程序，以司法程序制约国家追诉权的行使，如美国、德国、意大利设置了预审法官、侦查法官制度，法国在预审法官制度下设置了二级预审程序等。❶ 而我国在刑事案件巨大的办案压力下，为了提高侦办效率而选择了"侦办一体"的侦查体制，取消了原本具备内部监督功能的预审制度，而在不堪重负的法制部门"统一审核案件"机制下，同样遭遇到侦查终结权始终运转于侦查机关内部的正当性质疑（"自己做自己案件的法官"），从某种程度上说，侦查终结权在现有的制度设计下已然陷入了某种缺乏有效监督的"闭环"。

犯罪事实认定是刑事诉讼的基础，本质上说，侦查是一种事后还原案件真相的活动，在唯物主义看来，它不可能百分之百还原案件事实，也不可能获得所有的犯罪线索及证据，换言之，侦查终结本身包含着甄别和裁量，从此意义上说，侦查终结权应当赋予法定的裁量机关。具体而言，刑事案件的立案、侦查等侦查行为的展开由侦查机关负责，但在充分收集所有证据后，在侦查终结事实的认定上，应当由检察机关裁量，而不应由侦查机关决定。结合我国目前的诉讼结构，可以在保持现有整体制度构架下，将检察机关作用前移，侦查机关应将侦查所取得的全部案卷材料移送检察机关，由检察机关取代侦查机关行使对事实认定的裁量权，这也比较符合当前我国"检警一体化"理念的发展要求。

综合本节所述，在"分工负责，互相配合，互相制约"的刑事诉讼权力配置模式下，警察刑事侦查权制约的主要途径为公安机关内部的"事前监督"和检察机关的"事后监督"，但这样一种"看起来很美"的制度却难以在侦查实践中对侦查权实现有效监督。司法权介入侦查权，防止其封闭运行，是现代刑事诉讼立法的共识。西方国家大多以法院作为监督侦查权运行的主体，但这种制度设计并不符合我国国情。依据我国《宪法》规定，检察机关是宪法所确立的法律监督机关，其理应成为对侦查权进行监督和制约的主体。按此逻辑，警察刑事侦查权的法律规制需要从调整"侦检关系"入手，即调整

---

❶ 张崇波. 侦查权的法律控制研究 ［D］. 上海：复旦大学，2014：108－110.

刑事案件侦查过程中检察权的介入程度以及侦查权、检察权的职权配置关系。为此，应当适时对《刑事诉讼法》进行修改，一方面，修法应实现检察机关对侦查的实质性监督，包括对侦查活动的合法性、合理性，事实认定与法律适用的监督；另一方面，具体的制度设计要能够实现对立案前、立案、侦查、撤案、结案等侦查各环节的全过程监督，以全方位地防止侦查权滥用。

与此同时，未来《刑事诉讼法》的修改还应当拓展侦查权的外部监督途径，尽快确立侦查程序中犯罪嫌疑人及其辩护人的权利救济程序。目前，针对侦查行为的合法性判断，除在法庭审判环节通过非法证据排除程序进行有限审查外，尚无其他手段进行规制。鉴于侦查行为所表现出的行政行为特性，其应当与公安行政行为一样受到"行政复议程序"的制约，此类复议机关可以由上级检察机关担任。例如，对犯罪嫌疑人及其辩护人在侦查阶段提出的申诉和控告，接受部门应当在法定时限内作出书面答复并明确说明理由，对于书面答复有异议的，犯罪嫌疑人及其辩护人有权在法定期限内提出复议，复议检察机关应当及时审查。对于违法的侦查行为，检察机关应依法作出处理，对处理结果不服的，法律应赋予当事人诉权并纳入行政诉讼程序（如构建特别行政诉讼制度，专门审理此类案件），以追究相关人员法律责任，造成损害的，应当予以国家赔偿。对于违法侦查行为获取的证据，应当根据非法证据排除规则予以排除。❶

第三节　警察行政权的法律规制

通说认为，公安机关是兼具行政权和司法权的国家机构，但作为国家权力配置意义上的"法律执行机关"，行政机关是法律对其法律性质的整体

---

❶　于立强. 论我国侦查裁量权的规制［J］. 法学论坛，2014（6）：77–83.

界定❶，同时由于社会治安秩序和公共安全的维护是公安工作的主体和基础，故警察行政权主要表现为公安机关在治安管理过程中的各种行政行为。从权力运行样态看，警察行政权可表现为行政立法权、治安管理权、行政许可权、行政处罚权、行政强制权、行政处置权、行政调解权等。其中，警察行政处罚权和行政强制权最为常见，对公民权利影响最大，但也因此最容易出现问题。因此，本书选取这两类最为典型的权力类型，分析其运行过程，揭示其存在问题，思考其应对策略。

一、 警察行政处罚权

警察行政处罚权是指"警察机关及其人民警察依据国家警察法律、法规和规章，对违反警察行政管理的行为人，即不履行警察法律、法规、规章规定的义务或危及社会秩序和公共安全而不够刑事处罚的行为人给予行政制裁的权力"❷。警察行政处罚权与其他警察行政权相比，其对违法行为人权利的限制和剥夺之特征尤为显著，是一种对行为人治安违法行为的法律制裁。

（一）警察行政处罚的法定种类

根据《行政处罚法》《治安管理处罚法》等法律规定，警察行政处罚主要包括警告、罚款、没收违法所得、没收非法财物、吊销许可证、行政拘留等❸。另外，根据《出入境管理法》规定，对违反治安管理的外国人，可以附加适用限期出境或驱逐出境。

---

❶ 我国学界对"警察行政权概念"的理解并未统一。陈兴良教授认为，"警察行政权是指国家依法赋予警察机关及警务人员在进行警察行政管理过程中，为履行警察职责行使的权力"参见陈兴良. 限制与分权：刑事法治视野中的替察权〔J〕. 法律科学，2002（1）：56. 高文英教授认为其是"公安机关在进行公安行政管理过程中所运用的权力"，参见高文英. 警察行政法探究〔M〕. 北京：群众出版社，2004：9. 还有学者将其定义为"指在履行行政管理职能中行使的命令权、裁决权、处罚权、强制权等，是国家赋予警察机关等部门在进行行政管理中所运用的权力"，参见萧伯符，张建良，等. 法治之下警察行政权的合理构建〔M〕. 北京：中国人民公安大学出版社，2008：22.

❷ 陈晋胜. 警察法学概论〔M〕. 北京：高等教育出版社，2005：88.

❸ 关于公安机关的法定处罚种类，《行政处罚法》与《治安管理处罚法》的规定并不完全一致，如后者并未规定"没收违法所得、没收非法财物""责令停产停业"，但基于"特别法优于普通法"的原则，公安机关可适用前者的所有处罚。

1. 警告

行政处罚意义上的"警告"是指公安机关对违反治安管理的行为人,以书面形式作出的谴责或告诫,其适用于违反治安管理情节轻微或未构成实际损害的违法行为。警告决定主体通常为县级以上公安机关,也可以由派出所作出,其适用对象包括个人、法人或其他组织,可以单处,也可以并处。警告是一种须以书面形式作出的要式行为,以此区别于"口头警告"。需要注意的是,实践中偶尔出现的"训诫"并非一种法定处罚方式,其效果与口头警告相似,但并无法律依据,即使是以书面形式作出的"训诫告知书"也并非合法的行政处罚形式。

2. 罚款

罚款是指对违反治安管理的行为人苛以一定金钱义务的强制性处罚,除法律特别授权外(如500元以下的罚款可由公安派出所自行决定),罚款一般由县级以上公安机关决定。罚款既可以单处,也可以并处。执法实践中,罚款决定可根据行为人主观过错、违法行为性质、危害及损害程度等因素,在法律设定的不同罚款额度内裁量作出。因适用性强且便于执行,罚款是最为常见的一种行政处罚,且随着"罚执分离制度""告知制度"的普及,罚款的规范化程度日益提高。

3. 没收违法所得、没收非法财物

"违法所得"是指行为人通过非法手段获取的具有经济价值的财物(有形或无形物),即赃款或赃物。违法所得是通过非法手段获取的,合法手段或途径获取的财产属于个人财产,不构成违法所得。个人财产是行为人合法所有的财产,可以作为罚款、罚金、没收个人财产等制裁措施的客体;而违法所得即使事实上被行为人所占有,也不能获得法律所承认的所有权,这也是对违法所得进行没收或退赔处理的理论基础。"没收非法财物"是指公安机关将违法行为人非法占有的违禁品和其他财物无偿收缴的处罚形式。"非法财物"的主要类型包括:(1)违禁品。违禁品是国家法律明文禁止生产、加工、保管、运输、销售的物品,或在某些场所禁止携带的物品,如易燃易爆物品、黄色淫秽物品、毒品、反动或违法的宣传品等。(2)"其他财物"虽属当事人所有,但因其被用于非法活动而性质具有违法性而应予没收,如行为人购买的用于作案的工具、车辆以及赌资等。

4. 吊销公安机关发放的许可证

当前，我国由公安机关发放的许可证的行业主要包括典当业；旅馆业；易制毒化学品、剧毒化学品运输业；公章刻制业；印刷业特种行业；爆破作业单位许可；易制毒化学品购买许可（一类非药品类）等。吊销许可证后，行为人将丧失继续从事该项行政许可事项的资格，在现代社会分工日益精细的时代，丧失从事某种工作或进入某行业的资格，意味着被限制或剥夺了以专业能力谋生的机会，从此意义上说，吊销许可证是一种较为严厉的资格罚，因此我国法律将该处罚种类的设定权限于行政法规以上，且根据《治安管理处罚法》第91条规定，吊销许可证的处罚只能由县级以上公安机关决定。

5. 行政拘留

行政拘留是指公安机关依法对违反治安管理规范的行为人，在短期内限制其人身自由的一种行政处罚。行政拘留通常适用于严重违反治安管理但不构成犯罪，且警告、罚款等处罚不足以惩戒的情况。拘留因限制人身自由而被认为是最严厉的一种行政处罚，因此法律对其设定和实施均有严格规定。行政拘留决定权归属县级以上公安机关，期限通常为1日—15日，多个拘留合并执行的，最长不超过20日。与其他行政处罚不同的是，行政拘留决定宣告后，在行政复议和行政诉讼期间，被处罚人及其亲属能够提供保证人或按规定交纳保证金的，可申请暂缓执行行政拘留。行政拘留不同于行政扣留，扣留是行政机关采取的临时限制涉案财物的行政强制措施，性质上与拘留有根本区别。行政拘留也不同于刑事拘留，前者是依照行政法律规范对违反治安管理法规的人采取的惩戒（制裁）措施；后者是依照刑事诉讼法规范采取的临时限制犯罪嫌疑人的人身自由的刑事强制措施。

（二）警察行政处罚权运行中的问题

1. 警察行政处罚法律体系有待完善

（1）警察行政处罚法律规范之间存在冲突。

一是上下位阶法律规范间的冲突。如《计算机信息网络国际联网安全保护管理办法》第20条与《治安管理处罚法》第29条第（3）项对非法改变计算机信息系统和数据应用程序规定相抵触，前者规定给予警告和罚款的处罚，后者规定给予最高 10 日以下的拘留处罚。二是同位阶法律规范间的冲突。如《中华人民共和国劳动法》（以下简称《劳动法》）第 69 条第（2）项与《治安管理处罚法》第 40 条第（3）项对用人单位"非法限制人身自由"拘禁劳动者的，前者规定对责任人员处 15 日以下拘留、罚款或警告，而后者则规定最高处 15 日以下拘留并处 1000 元以下罚款，两者的处罚种类和幅度均不同❶。事实上，警察行政处罚法律体系内存在的冲突很多，公安部曾在 2020 年 9 月修订的《违反公安行政管理行为的名称及其适用意见》中列举多项此类冲突，如《中华人民共和国境外非政府组织境内活动管理法》第 45 条第 2 款与《治安管理处罚法》第 52 条第（1）项冲突；《劳动法》第 96 条第（1）项与《治安管理处罚法》第 40 条第（2）项冲突；《烟花爆竹安全管理条例》第 36 条第 2 款与《治安管理处罚法》第 30 条冲突；《剧毒化学品购买和公路运输许可证件管理办法》第 20 条与《治安管理处罚法》第 30 条冲突；《放射性物品运输安全管理条例》第 62 条第（1）项与《治安管理处罚法》第 30 条冲突；《保安服务管理条例》第 45 条第 1 款第（1）项与《治安管理处罚法》第 40 条第（3）项冲突等❷，若此类冲突不能及时明确适用规则，无疑将影响警察行政处罚权的合法实施。

（2）《治安管理处罚法》本身存在不足。

其一，少数条文规定不明确或缺少可操作性。例如，《治安管理处罚法》第 75 条规定，"饲养动物，干扰他人正常生活的，处警告；警告后不改正的，或者放任动物恐吓他人的，处二百元以上五百元以下罚款"。该条中，"干扰他人正常生活"属于主观性很强的价值判断，实践中很难有各方公认的界定标准，执法难度较大。此外，此类矛盾属民间纠纷性质，应首选民事法律予以调整，即便治安管理处罚后，民事矛盾本身并未消除，仍然需要依据民事法律解决相关矛盾，因此公权力介入应当慎重或有所限制。又如，《治安管理

---

❶　谢华新. 公安行政法律规范冲突及其适用规则研究——以公安行政处罚为例［D］. 南昌：南昌大学，2014：17 - 18.

❷　详情可参阅：网络违法犯罪举报网站，http：//cyberpolice. mps. gov. cn/wfjb/html/flfg/20200901/4739. shtml.

处罚法》规定了大量的治安违法行为，但个别规定内容上的含糊导致实施存在困难。例如，《治安管理处罚法》第24条第2款规定，"因扰乱体育比赛秩序被处以拘留处罚的，可以同时责令其十二个月内不得进入体育场馆观看同类比赛；违反规定进入体育场馆的，强行带离现场"。在处罚时"同时责令"行为人某时间段内不得进入体育场所，此时的"责令"是何性质行为？依目前法律看，显然不是行政处罚，若是行政强制措施，则做出时间显然"超前"，不符合强制措施适用特征。从执法层面看，以何种方式把责令的内容加以固定并使之具有约束力和执行力非常困难，一旦行为人真的违反规定进入体育场馆，警察能否预先得知或大海捞针般地对其身份识别和确认，都是执法层面很难落实的事情。

其二，法条之间内容规定不协调。例如，《治安管理处罚法》第49条规定的诈骗行为与第51条规定的招摇撞骗行为，二者互有包含关系，但在处罚轻重设定上不协调。从本质上讲，诈骗行为与招摇撞骗行为是一般与特殊的关系，即招摇撞骗行为是属于诈骗行为中的一种。冒充国家机关工作人员或者其他虚假身份虽然本质上同样属于虚构事实、隐瞒真相，但将其单独列为一个特殊行为，是因为这种"诈骗"同时侵犯了国家机关权威或者其他行业的信誉，因而需要单独予以惩罚。同时，诈骗行为与招摇撞骗行为在侵犯对象上具有交叉关系，即诈骗行为的构成仅限于骗取物质利益（财物），而招摇撞骗对象包括财物在内的物质利益和非物质利益。从此意义上说，招摇撞骗行为的社会危害性较之诈骗本身更大，其处罚程度应当比诈骗要重，但第49条和第51条的处罚轻重设定倒置，未能准确发挥立法的导向和惩戒作用。❶

其三，未规定正当防卫制度。正当防卫作为刑法上的经典原理，是对抗不法侵害的重要手段，也是国家机关公力救济的必要补充，法治发达国家均有比较成熟的正当防卫制度，我国刑事司法制度中也有相关规定。但是，《治安管理处罚法》中却没有明确设立正当防卫制度，导致治安执法实践中，对那些对抗不法侵害的行为是否可构成正当防卫存在较大争议。在此背景下，2007年公安部在《公安机关执行〈中华人民共和国治安管理处罚法〉有关问

题的解释（二）》（以下简称《解释（二）》）第 1 条对正当防卫认定作了规定：“为了免受正在进行的违反治安管理行为的侵害而采取的制止违法侵害行为，不属于违反治安管理行为。但对事先挑拨、故意挑逗他人对自己进行侵害，然后以制止违法侵害为名对他人加以侵害的行为，以及互相斗殴的行为，应当予以治安管理处罚。”❶ 实际上，该解释是将正当防卫引入治安管理处罚中，但是由于其属于部门规章，在上位法尚未明确相关制度的情况下，扩张了相关问题的决定权，事实上扩大了警察权的事权范围，可能引发相关执法行为的合法性质疑后果。为此，从合法性和规范性角度看，应当由《治安管理处罚法》对相关问题进行明确，从社会实际和执法实践出发，适时引入“正当防卫制度”有关规定。

（3）《治安管理处罚法》与《刑法》的衔接冲突。

按照我国的立法惯例，其“法律责任”部分往往规定行为人应当承担的法律责任和执法者拥有的处罚权限，其中许多法律规范涉及公安机关，如《居民身份证法》《道路交通安全法》《网络安全法》《反恐怖主义法》《禁毒法》等法都有公安机关处罚权的规定。然而，法律规范本身的不明确或规范之间的冲突，造成了警察行政处罚权的适用困境，现以《治安管理处罚法》与《刑法》间存在的规范竞合现象为例说明。按照二元结构设计的刑罚体系，《治安管理处罚法》与《刑法》的许多条款都指向了相同的社会关系，但由于执法者的执法素养和认知角度不同，很可能对同一行为产生行政处罚或刑事处罚两种不同性质的判断，也给“刑”“行”互换等不规范执法留下可操作空间。例如，《治安管理处罚法》第 23 条第（1）项规定，“扰乱机关、团体、企业、事业单位秩序，致使工作、生产、营业、医疗、教学、科研不能正常进行，尚未造成严重损失的”行为，处警告或者 200 元以下罚款；情节较重的，处 5 日以上 10 日以下拘留，可以并处 500 元以下罚款。同时根据《刑法》第 290 条之规定，如果“情节严重、造成严重损失的”，就构成犯罪。但如何界定“损失”和“严重损失”；“情节较重”和“情节严重”却没有明确的司法解释，实践中则完全按办案人员个人的理解认定。又如，《治安管理

---

❶ 详情可参阅：法律图书馆：http://www.law-lib.com/law/law_view.asp? id=187558.

处罚法》第 26 条"结伙斗殴"与《刑法》第 292 条"聚众斗殴"就很难精准界别"结伙"与"聚众",且刑罚只惩罚"首要分子和积极参加者",但行政处罚则涉及每一个参加者,如何从主客观方面判定是否"首要"或"积极参加"事关行为人重大法益,但因两部法律的含混而变得极为困难。类似的情况还发生在违法犯罪的主观认定方面,如《治安管理处罚法》第 30 条规定,"违反国家规定,制造、买卖、储存、运输、邮寄、携带、使用、提供、处置爆炸性、毒害性、放射性、腐蚀性物质或者传染病病原体等危险物质"行为,与《刑法》第 125 条规定的行为基本相同,但后者只要达到"危害公共安全"标准即可入罪。实践中,判断是否"危害公共安全"完全属于主观判断范畴,客观上很难给出明确的指标或衡量参数,事实上,治安、刑侦、公诉部门办案人员主观判断不一致的情况时有发生,可见立法的模糊和概括名义上看是为执法部门预留自由裁量权,但也可能造成事实层面的"人为断案"。

2. 警察行政处罚自由裁量权过大

"行政自由裁量权是法律、法规赋予行政机关在行政管理中依据立法目的和公正合理的原则,自行判断行为条件,自行选择行为方式和自由作出行政决定的权力。"❶ 滥用自由裁量权既包括超越法定权限或法定幅度的滥用,也包括在法定权限或法定幅度内的滥用,前者构成行政违法,后者构成自由裁量权是否公平、公正和适度的问题。也就是说,滥用自由裁量权即使不构成行政违法,也会因为执法显失公平而影响执法的威信,减弱执法的效力。❷ 实践中,警察行政处罚自由裁量权失范的主要表现包括以下三个方面。

(1)违反比例原则,过罚不相当。比例原则是行政过程中约束自由裁量权的重要标准,在治安处罚裁量过程中,比例原则体现为处罚决定要与违法行为的情节、危害程度等因素相适应。但行政处罚违反比例原则的情况并不鲜见,如公安机关对某类突出治安问题实施"严打""百日会战"等专项整治"运动战"时,出于社会治安治理效果考虑,大多倾向从重、从严处理和顶格处罚,往往没有按照比例原则对违法行为进行裁量。虽然该做法在短期

---

❶ 姜明安. 行政法与行政诉讼法 [M]. 北京:北京大学出版社,2002:296.
❷ 肖金明. 法治行政的逻辑 [M]. 北京:中国政法大学出版社,2004:243-244.

内对扭转治安形势有"立竿见影"的作用，但对受处罚的违法者而言，"过罚不相当"问题却是一种实实在在侵犯其合法权益的事实。

（2）"同责不同罚"，裁量缺乏公正性。治安处罚实践中，受人情、偏见、利益等各种因素影响，少数办案人员在处罚裁量时并未遵循应有的公平、公正、合理原则，"考虑不该考虑的因素"或"不考虑应该考虑的因素"，在处罚中对相同责任的行为人施以不同处罚，导致处罚结果明显不合理，缺乏公正性。例如，在二人以上共同违法的案件中，对行为人责任基本相当的情况下，有的给予顶格处罚，有的却按最低限处理，"选择性处罚"现象极易导致当事人及其家属质疑法律的严肃性。

（3）自由裁量把握失当，处罚不合理。公安机关在行使治安处罚自由裁量权时，应当综合考虑各相关因素才能作出最终决定。但在执法实践中，部分办案人员因惧怕行政诉讼而过于注重处罚是否符合法定要件的"合法性"考量，而往往忽视对"合理性"的考虑，叠加当前"合理性"并不在执法责任的评价范围内，因此裁量权在某种程度上的失控便处于一种事实默认的状态。此外，由于"功利主义"的办案思维和考核评价机制，许多办案人员习惯于在处罚中关注和考虑行为人是否存在违法或加重处罚情节，往往忽视从轻、减轻或免于处罚的情节，这种思维导向下的裁量带有极大的任意性，看似程序上的"自由裁量"，实际上已超越合理性范畴而构成了法律适用上的违法状态。

3. 行政处罚听证制度存在缺陷

其一，拘留未纳入听证范围。根据我国《行政处罚法》和《治安管理处罚法》的规定，行政处罚听证程序仅限于"责令停产停业、吊销许可证或者执照、较大数额罚款"领域❶，而行政拘留这一对当事人的人身权的极大限制的处罚却一直没有列入听证范围。从公民权利谱系看，人身自由权作为公民各项权利的基础，从通常意义上说，应当比财产权更有优先保护价值，因此

---

❶　《行政处罚法》第42条规定："行政机关作出责令停产停业、吊销许可证或者执照、较大数额罚款等行政处罚决定之前，应当告知当事人有要求举行听证的权利……"《治安管理处罚法》第98条规定："公安机关作出吊销许可证以及处二千元以上罚款的治安管理处罚决定前，应当告知违反治安管理行为人有权要求举行听证……"

需要公权力予以更大的尊重并采取措施进行更大力度的保护。因此，"人身自由罚"被排除在听证程序适用范围之外是目前我国行政处罚体系的一大缺陷，如果说在《治安管理处罚法》立法之初的治安形势和法治语境下，暂时排除拘留听证有其合理性，但在构建"以人民为中心"的法治社会时代，将行政拘留纳入行政处罚听证程序不应继续长期缺位。其二，未确立案卷排他制度。案卷排他制度是指"行政机关的裁决只能以案卷中的文件和记录作为根据，不能在案卷之外，以当事人所未知悉的和未论证的事实和材料作为根据"❶。有学者指出，"案卷排他原则是正式听证的核心，如果行政机关的裁决不以案卷为根据，则听证程序只是一种欺骗行为，毫无实际意义"❷。我国《行政处罚法》《治安管理处罚法》《公安机关办理行政案件程序规定》中，都没有在听证程序中确立案卷排他性制度，其不利后果在于：若听证程序中获得的证据材料无法进入处罚裁判考虑因素，那么听证将很大程度上沦为行政处罚正当性的"装饰"，将导致听证程序的制度功能流于形式。其三，听证主持人缺乏中立性。《行政处罚法》第42条规定"听证由行政机关指定的非本案调查人员主持"，并规定"当事人认为主持人与本案有直接利害关系的，有权申请回避"。虽然听证与处罚职能分离的制度设计在一定程度上体现了听证制度的公正价值，但实际上，"非本案调查人员"仍然由行政机关在其内部指定，其行政机关工作人员的身份以及与案件调查人员的同事关系，仍然有较大可能影响判断的中立性，在这样的情况下，听证结果的公正性并不容易被行政相对人、利害关系人及社会公众所信服和接受。❸

（三）警察行政处罚权法律规制的完善

1. 确立行政处罚主观构成要件

当前，治安管理违法行为认定与犯罪行为构成要件在主体、客体、客观三个方面基本相似，但"主观过错"并未成为治安管理违法行为的法定构成要件，即只要行为人实施了违法行为，就视为构成违法和具备处罚条件。例

---

❶ 王名扬. 美国行政法（上）[M]. 北京：中国法制出版社，1995：493.

❷ 室井力. 日本现代行政法 [M]. 吴微，译. 北京：中国政法大学出版社，1995：1.

❸ 石化东. 我国警察行政处罚权规制研究 [D]. 大连：大连海事大学，2017：71–83.

如，闯红灯行为一旦发生就构成违法，交警无须考虑其主观状态就可处罚。事实上，行为人主观状态在行政处罚领域并非毫无意义。公安机关在决定是否予以处罚或从轻从重处罚时，应当在结合"主观过错"的情况下才能作出合理的处罚。换言之，主观状态可作为处罚合理性的参照指标，若公安机关对故意和过失的违法行为都给予相同处罚，则不符合"过罚相当"原则和自然公正原理。事实上，《治安管理处罚法》中某些条款已规定了部分违法行为的主观要件，如第 29 条"故意制作、传播计算机病毒等破坏性程序，影响计算机信息系统正常运行的"，第 60 条"明知是赃物而窝藏、转移或者代为销售的"，此处"故意""明知"实际上就是法律对主观要件的规定，若行为人不具备这一要件，就不能对其实施处罚。概言之，行政处罚决定作出前，纳入主观要件的考量对公正合理适用处罚有正面意义，未来的《治安管理处罚法》修改应考量确立行政处罚主观构成要件。

2. 构建治安管理正当防卫制度

无论是刑事还是民事法律，均规定对超出必要限度的防卫行为应承担法律责任，行政法也应当构建起正当防卫制度。如前文所述，当前《治安管理处罚法》并未明确正当防卫制度，不利于发挥法律的导向和激励作用。为此，《治安管理处罚法》根据正当防卫行为程度类别，可以分成尚未超过必要限度、超过必要限度但未达到犯罪程度、已经达到犯罪程度三种。对于第一种情形，因为其制止不法侵害行为尚未超过必要限度，应认定没有违法事实，可根据《治安管理处罚法》第 59 条第（2）项规定，作出不予处罚决定。对于第二种情形，因防卫行为已经超出必要限度，具有一定社会危害性，可依据《治安管理处罚法》相关规定给予相应处罚。但在认定过程中，应充分运用《治安管理处罚法》第 19 条相关规定，积极收集防卫行为可以从轻或减轻处罚的证据，正面解读相关法律条文和证据材料，在合法合规条件下尽量避免认定防卫过当而进行处罚，为营造正能量的社会氛围助力❶。

3. 完善治安管理处罚种类

一是优化警告处罚的执行方式。要发挥警告在治安处罚体系中的应有作

---

❶ 陈晓燕. 治安行政处罚研究［D］. 上海：复旦大学，2012：49.

用，应当优化警告处罚的执行方式。例如，可适当扩展警告处罚的告知范围，适度对其所在单位或近亲属予以告知，以督促其对行为危害的重视和整改。总之，当前的警告处罚整体上处于被"抛弃""淡忘"的"鸡肋"状态，其惩戒作用对行为人而言"无关痛痒"，应从对违法行为人实际利益（如经济或名誉）产生影响的角度，或以违法行为人"在意"的方式执行，使警告处罚具有更强的适应性和震慑力。二是建立罚款与拘留处罚转换制度。罚款与拘留处罚转换是指当义务人不能执行罚款处罚时，处罚机关可依照法律规定，按照一定换算公式，将执行方式由罚款转换为拘留，此种方式也称为"易科制度"❶。罚款易科制度的价值在于可有效解决实践中的罚款执行难问题，但其适用必须满足"义务人无能力缴纳罚款"这一条件，而有能力缴纳而不缴纳的应当强制执行，故应当严格易科制度的适用，以避免对义务人的人身自由的不当限制。三是增设"社会服务罚"。所谓"社会服务罚"，是指强制违反治安管理行为人从事旨在恢复或者增进被侵害的社会治安秩序的工作，或为社会提供一定的劳动服务，以"强制社会服务"的形式实现对义务人的惩戒。近年来，我国也出现了类似"社会服务罚"的变通做法，如让违反交通法规的驾驶人完成一定时长的交通协管工作。"社会服务罚"有利于拓展治安管理处罚类型，降低罚款、拘留等处罚的适用，能够增强治安管理处罚体系的层次性和适应性，还有利于在增进社会服务的同时使义务人在劳动中接受教育。

4. 以制度约束自由裁量权

"一部行政法的历史，就是围绕强化自由裁量权与控制自由裁量权两种因素此消彼长或互相结合的历史。"❷ 自由裁量权是警察行政处罚权的核心，当今各国警察权的控制均与建立或完善自由裁量权控制机制相关。一方面，应建立科学的治安处罚裁量基准。"为防范行政行为适当性的诉讼风险，行政机

---

❶ 余凌云. 公安机关办理治安案件中的若干调查措施——立法制度变迁的梳理与批判性思考 [J]. 行政法学研究, 2006 (3)：22.

❷ 袁曙宏. 行政处罚法的创设、实施和救济 [M]. 北京：中国法制出版社, 1994：71.

关应当加强对行政自由裁量行为的标准化控制，即确立行政自由裁量的基准。"❶ 治安处罚裁量基准是公安机关为解决法律上裁量幅度过大问题而进行细化的裁量幅度，以将警察权限制在层次更为分明的裁量空间内。2004 年 2 月，浙江省金华市公安局率先在全国制定并实施行政处罚自由裁量基准制度，"裁量基准制度的兴起，已经成为我国行政改革的一个重要符号，被视为公共行政领域科学化、民主化、公正化的重要制度创新。"❷ 治安处罚裁量基准在制定时，应当注重结合行为的性质、情节、社会危害程度以及悔过态度等法律要件，同时应结合本地社会治安状况和经济发展水平，并适度纳入民情民意因素。另一方面，应设计公正有效的控制程序。"效率与公平是一对永恒的矛盾"，行政程序以效率为优先，但在现代法治理念下，兼顾公平亦是重要价值。为此，警察权自由裁量权的约束要得以实现，必须"颠覆"传统的行政权力配置格局，适度引入司法权，以准司法程序实现对警察权的约束。例如，应将对行政相对人权利影响较大的处罚裁量权交给司法机关决定❸，而那些影响较小的处罚权仍由公安机关行使。也就是说，治安行政处罚案件由公安机关立案处置，对符合可处罚权限的，可直接依法予以处罚。对超越处罚权限的"重大影响"案件，应交由检察机关裁定，然后根据裁定予以执行。这样的程序包含了刑事案件办案程序中"分工制约"的理念，又兼顾行政程序的效率取向，因此属于一种警察权控制的准司法程序。

5. 完善治安处罚听证制度

第一，扩大听证程序适用范围。针对前述人身自由罚等重大处罚尚未纳入听证范围的问题，建议完善《治安管理处罚法》第 98 条，在"公安机关作出吊销许可证以及处二千元以上罚款的治安管理处罚决定前，应当告知违反治安管理行为人有权要求举行听证；违反治安管理行为人要求听证的，公安

---

❶ 王世涛. 行政诉讼风险及其控制——以《行政诉讼法》修改为视角 [J]. 社会科学辑刊，2016（2）：70.

❷ 周佑勇. 裁且基准的正当性问题研究 [J]. 中国法学，2007（6）：22 – 32.

❸ 依据现行法律，"影响较大"的处罚至少应当包括人身自由罚，吊销公安机关发放的许可证以及需要听证的数额较大的罚款等。鉴于我国法院的功能定位与西方国家有所不同，此处的司法机关应由检察机关担任，这样也有利于延续检察机关对公安机关除侦查监督职能外的行政监督职能，以及监察体制改革后检察机关法律监督机关功能的发挥。

机关应当及时依法举行听证"的基础上，在听证范围中增加行政拘留、责令停产停业、没收较大数额违法所得、没收较大数额非法财物等内容；在参加听证人员增加"告知与听证案件处理结果有直接利害关系的其他公民、法人或者其他组织"条款，赋予其听证主体而不仅是以第三人身份申请参加听证的权利。第二，确立案卷排他性制度。针对当前部分警察行政处罚听证流于形式的问题（行政相对人陈述申辩只是一种表达，对改变处罚结果没有实际作用），为了确保公安机关在多方听取意见的情况下查清案件事实，同时为保障行政相对人的陈述和申辩权利，应以法律形式确立案卷排他性制度，明确听证笔录应当作为行政处罚的根据。第三，完善听证主持人制度。为确保听证主持人的中立地位，听证主持人至少应当符合以下条件：一是其任职能力应在专业水平、业务素质、社会信誉等方面作出严格限定与考察；二是其任职资格应当向社会公开，可通过竞争考试等择优录用的方式在办案机关以外的行政机关选任，不能由办案机关任命或指定；三是明确主持人的法定权限，尤其是任职期限或案件办理期间内不得随意撤换；四是规定主持人的法律责任，即枉法或徇私听证应当承担的法律后果。第四，建立说明理由制度。行政主体向行政相对人说明其做出行政行为的理由是法治国家依法行政的基本要求。听证程序中，向当事人说明处罚决定的理由、依据和程序，有助于当事人理解办案情况，接受处罚结果，能够避免因沟通不畅而导致的对执法工作的误解。因此，公安机关在行政处罚听证程序中应当围绕处罚展开充分的说理论证，完整地向当事人说明处罚决定的事实根据、法律依据以及所有裁量的参考因素。❶

二、 警察行政强制权

《人民警察法》第 7 条规定，"公安机关的人民警察对违反治安管理或者其他公安行政管理法律、法规的个人或者组织，依法可以实施行政强制措施、行政处罚"。《行政强制法》第 2 条规定，"行政强制措施是指行政机关在行政管理过程中，为制止违法行为、防止证据损毁、避免危害发生、控制危险扩

---

❶ 石化东. 我国警察行政处罚权规制研究 [D]. 大连：大连海事大学，2017：103 – 114.

大等情形，依法对公民的人身自由实施暂时性限制，或者对公民、法人或者其他组织的财物实施暂时性控制的行为"。法理上看，行政强制权通常包括行政强制措施权和行政强制执行权，而后者是指行政机关作为执行机关执行生效法律文书的执行权，其必须由法律明确赋权且有严格的程序控制，因此从通常意义上说，行政强制权主要指向自由裁量空间更大的行政强制措施权❶。鉴于人身自由保护重要性，法律并未授权一般行政机关限制公民人身自由的权力，故《行政强制法》中限制公民人身自由的强制措施权主要授权给警察机关，即《人民警察法》中规定的盘问、继续盘问、检查、保护性约束措施、强行驱散、强行带离现场、使用警械和武器等。与此同时，警察行政强制权的适用对象并不仅仅局限于《行政强制法》中规定的"人身"和"财物"，网络、新闻、通讯、邮政等特殊对象也因为法律授权而成为强制对象❷。

（一）警察行政强制权的类型

综合目前法律规定，以行政强制对象划分，我国警察行政强制权的种类主要包括三类。

1. 对人实施的警察行政强制权

（1）当场盘问。当场盘问是指公安机关及人民警察在对治安风险进行控制性管理过程中，依法对其发现的具有违法犯罪嫌疑的人员立即进行询问的一种即时性强制措施。当场盘问中，盘问对象具有临时性，警察可对巡逻（检查）中发现有违法犯罪嫌疑的人即时展开询问；盘问时间具有即时性，只要消除违法犯罪嫌疑，盘问即告终止。公民有配合警察当场盘问的义务，应该如实回答警察提出的问题，否则有可能引发公安机关采取进一步的强制措施。

---

❶ 限于篇幅，本节探讨的警察行政强制权主要指强制措施权，不涉及警察行政强制执行问题，也不包括刑事拘留等刑事强制措施。

❷ 如《人民警察法》（修订草案稿）第29条规定，"县级以上人民政府公安机关，遇有自然灾害、事故灾难、公共卫生事件、社会安全事件或者发生上述灾害、灾难、事件的紧迫危险……可以实行网络管制"；《中华人民共和国戒严法》第13条规定，"戒严期间，戒严实施机关可以决定在戒严地区采取新闻管制、通讯管制、邮政管制、电信管制等措施"等。

（2）继续盘问。继续盘问是指公安机关及人民警察在对有违法犯罪嫌疑的人员进行盘问、检查之后，对符合法定情形者带至公安机关进行二次盘问的强制措施。根据法律规定，继续盘问适用应当以经过现场盘问为前提，并且要以现场盘问所发现的违法犯罪嫌疑为条件。继续盘问的法定后果通常为立即释放、依法拘留或变更强制措施。❶

（3）保护性约束措施。保护性约束措施是指公安机关及人民警察依据法律规定，对具有较大治安威胁的人员实施的具有保护性的即时性强制性措施。保护性约束措施不以违法犯罪行为存在为条件，其目的在于预防那些辨认和控制能力弱、行为能力低，容易导致自身和周围人员的人身伤害的特殊人员实施危害社会的行为。通常情况下，保护性约束措施对象包括精神病人、醉酒的人、自伤自残人员、传染病携带者以及戒毒人员。保护性约束措施的特征在于，强制措施是一种保护性的限制手段，约束只是手段，保护才是目的。

（4）强行驱散。强行驱散是指公安机关及人民警察对严重危害治安秩序的集聚人员，以强制手段迫使其分散离场以消除安全隐患的一种强制措施。强行驱散的特点在于：强行驱散的对象是群体而不是个体；强行驱散以消除因人群集聚而积累的公共安全隐患为目标。由于强行驱散的实施对象是公众场所聚集的人群，为达到短时间内驱散集聚人群的效果，公安机关往往会使用警械或武器（如高压水枪、催泪弹等），因此强行驱散具有较强的暴力特征。

（5）强行带离现场。强行带离现场是指公安机关及人民警察为了维护社会治安秩序和社会稳定，在对引发突发性事件、严重危害社会治安秩序的行为人进行劝离无效后所采取的，强行带离的强制措施。强行带离现场是与强

---

❶ 《人民警察法》第9条规定："为维护社会治安秩序，公安机关的人民警察对有违法犯罪嫌疑的人员，经出示相应证件，可以当场盘问、检查；经盘问、检查，有下列情形之一的，可以将其带至公安机关，经该公安机关批准，对其继续盘问：（一）被指控有犯罪行为的；（二）有现场作案嫌疑的；（三）有作案嫌疑身份不明的；（四）携带的物品有可能是赃物的。对被盘问人的留置时间自带至公安机关之时起不超过二十四小时，在特殊情况下，经县级以上公安机关批准，可以延长至四十八小时，并应当留有盘问记录。对于批准继续盘问的，应当立即通知其家属或者其所在单位。对于不批准继续盘问的，应当立即释放被盘问人。经继续盘问，公安机关认为对被盘问人需要依法采取拘留或者其他强制措施的，应当在前款规定的期间作出决定；在前款规定的期间不能作出上述决定的，应当立即释放被盘问人。"

行驱散紧密关联的强制措施，两者都以人员集聚引发的严重治安风险为条件，后者以前者为前置程序，前者是后者的补充性举措。强行驱散往往同时针对多人实施，而强行带离现场只能针对拒不服从的行为人单独实施。

（6）强制检测。强制检测是指公安机关及人民警察依据法律规定，以强制呼吸检测、核酸检测、血液检测、尿液检测等方式对涉嫌酒驾、醉驾、传播传染病以及吸毒的人员采取的强制措施。强制检测是一种强行要求配合检测的预防性强制手段，其目的在于维护公共安全，需要对公民个人自由施以限制。强制检测多采用于特殊时期或特定场所，因此不属于常态化的治安管理行为，如发生于非典、新冠肺炎疫情等特殊时期以及道路交通、机场、车站、旅馆、菜市、娱乐场所等公共场所的治安维护过程中。

（7）使用警械和武器。使用警械和武器是指公安机关及人民警察依照法律规定，利用武力对相对人的人身进行束缚和打击的强制措施。根据《人民警察使用警械和武器条例》规定，警械主要指非致命性的警棍、催泪弹、高压水枪、特种防暴枪、手铐、脚镣、警绳等警用器械，武器主要指人民警察依法配备的枪支、弹药等致命性警用武器。使用警械和武器是"暴力性"最突出的警察强制措施，轻则致人肢体损伤，重则危及生命安全。因此法律对警械和武器的使用进行了严格规定，实践中，绝大多数警察都能够保持谨慎和谦抑，通常将警械和武器作为最后使用的强制措施。

2. 对物实施的警察行政强制权

（1）检查。检查是公安机关及人民警察依据法律规定，对公民的财物实施的检验、查看、核对等行为的强制措施。检查是治安管理中较为常见的执法手段，是排除治安隐患和违法犯罪嫌疑的有效措施，如警察在车站等公共交通场所对公民身份证件进行检查，在治安卡口对公民车载物品进行检查，对特殊单位保管、储存的管制物品进行检查等。从性质上看，"检查虽不以限制财物权益为直接目的，但它在检查期间，无疑使当事人的财物在短期内受到妨碍或限制，所以它应当属于行政强制措施"❶。

（2）查封、扣押。查封是指公安机关及人民警察依照法律规定，通过

---

❶ 胡建森. 行政强制法论［M］. 北京：法律出版社，2014：205.

"就地封存"的办法，在一定时期内限制财物转移、隐匿、销毁和处分的强制措施。扣押是指公安机关及人民警察为防止案件当事人处分、转移财产而对涉案财产采取的扣留、保管的强制措施。查封一般使用于对违法事实认定不是很明确的情况，如根据举报对某批违禁品进行检查，当场无法定性时可进行查封，待情况查明后进一步处理。扣押通常使用于对违法事实认定较为明确的情况，如执法时当场鉴定了违禁品属性，此时必须进行扣押，并将涉案物品转移到其他地方存放，以防止物品丢失。对于涉案物品，查封后公安机关和当事人均不得对封存状态进行改变，而扣押时公安机关可以对涉案物品进行调查。

3. 对特殊对象实施的警察行政强制权

除了传统的对人及对物的强制措施外，警察执法中还需要针对特殊场所或对象实施管制。特殊警察强制是指公安机关及人民警察为了管理、控制和消除治安风险，依法对特定场所或特殊对象采取的暂时性限制措施。例如，对交通事故或人群聚集的某路段进行交通管制，对正在举行重大活动进行现场管制，在反恐、反诈或群体性事件处置时中断通信网络，在重大事故或火灾现场切断附近区域的燃气供应等。人类社会是一个风险社会，尤其在治安风险高度集聚的社会环境下，对社会资源的不当使用将可能危及公共安全和社会秩序，加剧风险管理和控制的难度，因此，警察依法在特定环境下对特殊对象实施控制是应对紧急治安风险的有效举措。❶

（二）警察行政强制权运行中的问题

1. 权力运行缺乏有效外部监督

"以权力制约权力"是现代法治国家权力规范运行的基本逻辑。与刑事侦查权受刑事诉讼法的约束和来自检察机关、法院的权力制衡不同，警察行政强制权属于行政程序内部的权力范畴，鉴于不同公权力之间的分工和彼此尊重，同时由于警察权具有即时性、强制性、封闭性等特点，其很难在运行过程中受到外部的监督和制约。尤其对强制措施而言，其与行政处罚最大的区

---

❶ 朱汉卿. 警察管制法治化研究——以即时实施的警察职权行为为研究对象 [D]. 武汉：中南财经政法大学，2015：31－34.

别在于"即时性",如果说公民对行政处罚不服而起诉的行为属于一种事后监督,那么针对强制措施这种"事中行为"的监督,却因为行政程序尚未完结而难以追究其所谓责任,因此公民很难通过行政诉讼渠道,以合法性问题针对行政强制措施提起诉讼。同理,当前检察机关对公安机关的监督主要是侦查监督,其对公安行政执法行为则由于专业性、即时性等原因,也部分出于对公民权利侵害较刑事行为更小的考虑,往往选择尊重行政权而不予监督。而法院更是由于权力配置和立法等因素,除非进入诉讼程序,否则其对警察行政程序中的行为几乎没有监督权。因此,目前警察行政权的约束主要是通过警察法律规范,以内部制约的方式展开,缺少有效的外部监督。而且行政强制措施临场处置特征显著,大多无须事前审批程序,造就了极大的自由裁量空间,其权力运行轨迹缺乏可检视性,导致实践中内部监督也十分困难和乏力,遂成为当前最容易侵犯公民权利的警察权力形态,同时亦侧面反映出规制警察行政强制权的紧迫性。

2. 立法模糊,可操作性不足

在我国,警察行政强制权相关规定散见于《行政强制法》《人民警察法》《治安管理处罚法》《戒严法》《集会游行示威法》《公安机关办理行政案件程序规定》《人民警察使用警械和武器条例》等法律规范中。但这些立法大都采用授权性立法模式,注重对公安机关相关权力的"宣示性"授予,而对于这些权力如何运行却语焉不详,这种立法上的概括或模糊,将可能导致两种后果:因立法留下过大的解释权和自由裁量空间而导致权力运行偏离立法目的或滥用权力;或因法律依据的有限性使得警察在办案时担忧法律依据不明而不敢"亮剑",畏首畏尾。

以当场盘问(以下简称"盘查")为例。我国盘查制度的规定散见于《人民警察法》《居民身份证法》《城市人民警察巡逻规定》等不同位阶的法律法规之中,但盘查相关规定不但散乱,且数量有限、条文简短。如现有法律对适用盘问的范围和行为方式的规定过于狭窄,《居民身份证法》第15条规定:"人民警察依法执行职务,遇有下列情形之一的,经出示执法证件,可以查验居民身份证:(一)对有违法犯罪嫌疑的人员,需要查明身份的;(二)依法实施现场管制时,需要查明有关人员身份的;(三)发生严重危害社会治安突发事件时，需要查明现场有关人员身份的；（四）在火车站、长途汽车站、港口、码头、机场或者在重大活动期间设区的市级人民政府规定的场所，需要查明有关人员身份的；（五）法律规定需要查明身份的其他情形。有前款所列情形之一，拒绝人民警察查验居民身份证的，依照有关法律规定，分别不同情形，采取措施予以处理……"该条第1款前4项列举了能够以身份检查为目的实施盘查的情形，但现实中需要盘查的情形远超查明身份的场景，而第（5）项的"兜底条款"却指向不明，不能为执法一线提供明确的执法范围。更为遗憾的是，当相对人拒绝配合检查时，"分别不同情形，采取措施予以处理"这样笼统、模糊不清的表述显然无法指引民警采取合法的有效措施，如果相关配套实施办法同时阙如的话，那么立法的重大缺陷则是相关执法行为失范的直接原因。从盘查权行为方式看，国外立法通常对盘查权的行使方式有较为明确的规定，涵盖了盘查制度中的截停与拍身搜查、国境或边境盘查、身份检查、犯罪现场人员询问、临检等，如规定启动盘查权必须具有"合理怀疑"；实行盘查时，为了保护警察自身和他人安全，警察有权对其进行有限搜查，以发现可能被用于攻击的武器，且搜查所获武器可以在后续程序中作为证据使用。当前，我国法律对盘查权的启动、行使、结束、救济等都缺乏明确的规定，立法的缺位可能减损警察执法的公信力，给执行盘查的警察带来人身伤害风险，也不利于公民配合执法和权利保障。

以继续盘问为例。当前法律关于继续盘问启动标准的规定过于模糊，《人民警察法》第9条所规定的"有作案嫌疑"这一核心标准语焉不详。在继续盘问这一涉案调查初级阶段，警方所掌握的证据必然有限，此时"有作案嫌疑"按常理推断应属主观判断，那么判断主体是警察还是一般理性人？"嫌疑"需达到何种可疑程度？是否具有初步的客观标准？法律对这些问题均未给予明确解释。立法的模糊容易导致实践中继续盘问措施启动的随意性，而这种随意性无疑将影响执法的严肃性和公信力。同时，法律对继续盘问实施主体的规定也令人费解。如《公安机关适用继续盘问规定》第 13 条规定❶，公安派出所的人民警察对符合该规定第 8 条所列条件，确有必要继续盘问的违法犯罪嫌疑人员，有权立即带回继续盘问 12 小时。而县、市、旗公安局或者城市公安分局其他办案部门和设区的市级以上公安机关及其内设机构的人民警察，对有违法犯罪嫌疑的人员，应当依法直接适用传唤、拘传、刑事拘留、逮捕、取保候审或者监视居住，不得适用继续盘问。对于确有必要继续盘问的违法犯罪嫌疑人员，可以带至就近的公安派出所，按照相关规定适用继续盘问。根据该条规定，当第 8 条所列情形满足时，派出所有权实施继续盘问，但其所属的上级机关（所属县局或分局）以及内设机构（科所队）却无继续盘问权，因办案确需继续盘问的，只能带至派出所继续盘问。此时不禁疑惑，上级办案机关带至派出所实施继续盘问，是由其实施还是转交派出所民警实施？若仍由其实施，是否多此一举？物理空间的转换就意味着合法性满足？若由派出所民警实施，执法主体是否符合办案程序要求？实际上，根据《公安机关适用继续盘问规定》第 2 条规定，"本规定所称继续盘问，是指公安机关的人民警察为了维护社会治安秩序，对有违法犯罪嫌疑的人员当场盘问、检查后，发现具有法定情形而将其带至公安机关继续进行盘问的措施"。很显然，该法并未将继续盘问权局限于派出所民警，而是所有人民警察，那么第 13 条的规定不但造成前后条文矛盾，且容易引发公安机关派出所以外的办案部门因办案采取继续盘问措施而引发合法性危机❷。

3. 强制措施权运行失范

如果说立法的模糊造成了基层执法的无所适从，那么在法律有明确规定的情况下，部分执法者在法律工具主义和法律虚无主义的影响下，滥用强制

---

❶ 《公安机关适用继续盘问规定》第 13 条规定："公安派出所的人民警察对符合本规定第八条所列条件，确有必要继续盘问的有违法犯罪嫌疑的人员，可以立即带回，并制作《当场盘问、检查笔录》、填写《继续盘问审批表》报公安派出所负责人审批决定继续盘问 12 小时……。县、市、旗公安局或者城市公安分局其他办案部门和设区的市级以上公安机关及其内设机构的人民警察对有违法犯罪嫌疑的人员，应当依法直接适用传唤、拘传、刑事拘留、逮捕、取保候审或者监视居住，不得适用继续盘问；对符合本规定第八条所列条件，确有必要继续盘问的有违法犯罪嫌疑的人员，可以带至就近的公安派出所，按照本规定适用继续盘问。"

❷ 郑曦. 警察暂时性人身限制权研究［M］. 北京：人民法院出版社，2018：154 – 155.

措施权，导致警察行政强制权长期处于失范状态。例如，根据《治安管理处罚法》第83条规定，"对违反治安管理行为人，公安机关传唤后应当及时询问查证，询问查证的时间不得超过八小时；情况复杂，依照本法规定可能适用行政拘留处罚的，询问查证的时间不得超过二十四小时。公安机关应当及时将传唤的原因和处所通知被传唤人家属"。但执法实践中，出于办案压力和办案策略考虑，部分办案民警往往会充分利用自由裁量权而"顶格处理"，一传唤就是24小时，基本不考虑法律8小时的常规设定。并且在一些情况下，通知被传唤人家属"既麻烦又可能走漏风声影响办案"，因此少数民警干脆不予通知。又如，《治安管理处罚法》第89条规定，公安机关不得随意扣押物品，对扣押的物品，应当妥善保管，不得挪作他用。但实践中，违法扣押、扣押后不返还或扣押后随意使用的现象并不鲜见。又如，手铐是治安管理中经常使用的警械，其使用必须符合法律规定，且应当遵守比例原则，只有在相对人出现暴力抗拒或可能逃跑时才可使用。但实践中，少数民警将使用手铐作为一种能够体现身份的炫耀手段，在对违法嫌疑人采取强制措施时，只要认为相对人不配合或"不老实"，便超越法律规定使用手铐。另外，精神病患者发病期间可能具有一定攻击性，将对社会秩序和他人人身安全构成隐患，此时需要警察及时控制，但实践中，部分民警往往违规对其使用手铐，而不是依法采用警绳等保护性约束措施。

我国《刑事诉讼法》第119条规定："传唤、拘传持续的时间不得超过十二小时；案情特别重大、复杂，需要采取拘留、逮捕措施的，传唤、拘传持续的时间不得超过二十四小时。不得以连续传唤、拘传的形式变相拘禁犯罪嫌疑人。传唤、拘传犯罪嫌疑人，应当保证犯罪嫌疑人的饮食和必要的休息时间。"同时，根据《人民警察法》第9条规定："对被盘问人的留置时间自带至公安机关之时起不超过二十四小时，在特殊情况下，经县级以上公安机关批准，可以延长至四十八小时，并应当留有盘问记录。"❶ 对比两条不难发现，作为行政强制措施的留置，其时限比刑事强制措施的拘传更长，于是在

---

❶ 警察实务中，留置是与继续盘问交替使用的概念。当前，该概念更多地被用于指称监察法中的调查措施"留置"，但两种留置的性质因法律差异而有很大区别。

实践中，公安机关总是倾向于采用不具有刑事强制措施性质的留置对犯罪嫌疑人进行讯问。因为相较于拘传，留置的手续简便、期限较长，更为重要的是，由于不是刑事强制措施，一旦出现错误，办案人员受到追究的风险也更小。久而久之，留置被广泛地大量使用，其对象范围也被扩大，大有取代拘传成为实质意义上的刑事强制措施之势。更令人担忧的是，由于拘传不能连续使用，少数民警便将拘传、传唤与留置连续交替使用以达到变相羁押的目的，最终导致留置非法却又事实性地排挤了拘传等刑事强制措施的适用空间。❶

4. 缺乏有效的权利救济手段

警察行政强制权在运行过程中，难免侵犯公民权利，这属于警察这一"必要的恶"所连带的正常现象，因此才需要法律设计权利的救济机制，以能够在控权和保障中实现警察强制和公民权利之间的平衡。在我国目前的法律制度下，行政诉讼、行政复议、警务督察、纪检、监察、信访等法定救济方式，已初步构筑起对警察行政强制相对人的法律救济体系。然而在实践中，警务督察、纪检、监察等救济程序，公民只是具有举报的权利，并无必然启动相关调查程序的权利。同样地，信访的作用机制同样使得公民难以启动相关监督程序，更何况信访更多的只是作为诉讼等法定维权渠道之后无奈的选择而已。严格说来，法律程序上公民能够享有程序启动权的救济渠道仅剩下行政复议和行政诉讼。但实际上，公民因警察行政强制侵权而寻求行政复议或行政诉讼救济始终面临着难以逾越的障碍：其一，就权利范围而言，公民的人身权、财产权等权利类型依目前法律属于行政复议或行政诉讼范围之内，但如果申请救济的是集会、游行、示威权、经营权、劳动权、财产收益权等权利，复议机关和法院很可能拒绝受理，因为这些权利并不在现行立法受案范围的列举性条款之内，至于其是否属于概括性条款，依然有赖于司法解释予以明确。其二，就强制措施本身而言，盘问、检查、继续盘问、驱散、强行带离现场等行为，虽然其可能某种程度上侵犯了公民人身权，但并未构成法律上"限制人身自由"的法定条件，依照当前法律并不在复议机关和法院

---

❶ 郑曦. 警察暂时性人身限制权研究 [M]. 北京：人民法院出版社，2018：162.

的管辖范围之内。其三，"警察权在个案之中的行使常常是处在上级和公众的视野之外，事实上很难为上级、律师和法院所监控，是一种'低能见度'的权力"❶，正是由于警察强制措施多以"即时强制"的形式呈现，并不像警察许可、警察行政处罚等具有行政处理决定存在，因此公民提起行政复议或行政诉讼时，往往很难举证警察强制措施侵权事实的发生，在此情况下，公民就很难通过复议和诉讼渠道获得合法权益的保障和救济❷。

（三）警察行政强制权的法律规制

1. 明确警察行政强制措施的启动标准

针对前述继续盘问启动标准模糊的问题，本书认为，可以参照美国的"合理怀疑"标准和英国的"情报和信息基础"要求，在《人民警察法》以及《公安机关适用继续盘问规定》的修改中，将继续盘问启动要求设定为"具有足以使理性警察产生合理怀疑的事实基础"的标准，以立法形式确立我国警察盘查权的启动标准。具体而言，这一标准可包括三个层次的内容：一是理性警察判断标准。警察由于其所受的职业培训和职业经验，通常能够在常人尚未发现可疑时凭借职业嗅觉察觉某种违法犯罪端倪，是一种比"一般理性人标准"（具有一般理性的正常人在任何情况下都会产生怀疑）更科学和严谨的认知标准。二是合理怀疑标准，即产生怀疑不需要达到极高程度，只需要有一般的合理怀疑即可，这也与警察强制措施"即时性"特征下的迅速行动要求相符合。三是事实基础标准，即不得主观臆断或无端猜疑，怀疑必须建立在对一定情势的信息反馈基础之上。❸

与继续盘问相似，其他警察强制措施的启动都应当依照法定标准实施，当标准不明时，也应当符合比例原则的要求谨慎进行。例如，盘问并非在任何情形下毫无根据地对所有人进行盘问，除了应具备"具有足以使理性警察产生合理怀疑的事实基础"条件外，如果经初步询问没有进一步的事实证据，在核实身份后应当立即放行，禁止以歧视性、羞辱性语言或者方式进行盘问，

---

❶ 余凌云. 亟待法制建构的警察裁量权 [J]. 法学家，2003（3）：19－22.

❷ 朱汉卿. 警察管制法治化研究——以即时实施的警察职权行为为研究对象 [D]. 武汉：中南财经政法大学，2015：68－69.

❸ 郑曦. 警察暂时性人身限制权研究 [M]. 北京：人民法院出版社，2018：186.

禁止故意拖延、变相限制人身自由。又如，检查应当遵循必要性与合法性原则，如果发现行政相对人携带武器或者管制刀具等威胁警察自身或者群众安全的情形，可以实施即时性人身搜查以解除武器威胁。此外，由于设卡检查对社会秩序和公民出行影响较大，因此对设卡检查的启动条件也应立法予以明确，即"为防止重大损害发生，在情况紧急或事态重大时，经法定程序审批"，为防止对公民权益的过度侵扰，审批文件应注明设卡检查的时间、范围等，并由着装警察设卡检查。概言之，警察行政强制权的启动应当符合比例原则，即综合评判嫌疑程度、危险程度、当时环境等因素，采取符合比例的、必要的强制手段。

2. 以程序规制行政强制权运行

警察权运行中的失范现象是所有国家警察权规制所面临的问题。从内部监督视角看，应当完善当前警察行政强制权的审批机制。与大部分刑事强制措施需公安机关负责人签批不同，目前法律对行政强制措施审批权并无明确规定，再加上大部分强制措施需要即时作出，故事实上处于一种难以监督的情况。为加强执法的规范性和内部监督的有效性，可考虑充分发挥公安机关内设指挥中心预判性、协调性、联动性、规范性强的优势，规定除按法定程序申请的事项外，临时性行政强制措施的行使应事先向指挥中心报告、登记和备案，以取得指挥中心的指导、配合或增援。在紧急情况下，可以先行采取强制措施，然后第一时间向指挥中心报备。同时应优化指挥中心的警力配置，将包括法律人才在内的各部门精英调配到指挥中心，使其在传统职能的基础上，放大其专业性优势，从整体上服务好一线作战，同时实现执法过程的指导和监督。

当今世界正处于数字时代，数字化洪流深刻地影响着警察执法活动，执法证据数字化转变是其表现。当前，警察执法过程更容易被外界的各种视频音频所记录，同时，执法记录仪的普及和规范使用也从证据的角度对警察执法活动提出了更高的规范化要求。2016年6月14日，公安部印发《公安机关现场执法视音频记录工作规定》，对警察现场执法程序提出了新的要求。事实上，行政执法三项制度中"执法全过程记录"的本质在于以程序监督控制执法行为，其制度优势在于：保存证据，通过完整记录警察执法过程的影像数据，证明执法行为是否合法、合理；接受监督，"执法记录仪即使不开机，也能对警察发挥潜在的督促功能"。

3. 构建警察行政强制权外部监督机制

从外部监督视角看，域外国家和地区大多采取令状制度，通过司法权实现对警察权监督制约，尤其是限制和剥夺人身自由的警察行政强制措施，往往需要经过司法机关的事前审查，在获取司法令状后方可实施。在我国，警察行政强制权的决定权在公安机关内部，缺乏有效的外部监督和权力制约，这也是导致权力失范运行、反复发生侵犯公民权利事件、群众意见反映强烈的重要原因。为此，建议结合我国国情，将警察行政强制权纳入司法监督范围。考虑到我国法院不同于西方的制度构造，目前尚难以胜任繁重的监督重任，暂时可采取检察行政监督的方式，通过向检察官获取令状的方式对警察行政强制权进行制约。例如，查封、扣押、继续盘问、设卡检查等"即时性"要求不强的强制措施，应立法明确必须事先获得检察官的令状，并且要求继续盘问需要在 12 小时之内向检察机关报批，接受检察监督。而对于那些严重影响社会治安和公共安全的违法犯罪行为，如聚众扰乱社会秩序、社会骚乱、有组织犯罪、恐怖主义活动犯罪等，法律应赋予公安机关必要的即时实施权，如在巡逻中发现违法犯罪活动需要及时处置的，可以在无令状情况下先行采取强制措施，待事后再向检察机关报告。

"群众的力量是无穷的"，监督警察权运行的主体力量应当是广大人民群众。为此，应拓展警察执法的社会监督渠道，可参考其他政府部门的有益经验，适时建立统一的警察执法投诉中心。对于所有来自群众的举报或投诉都要记录在案，并在一定时限内转交相关部门进行核查并反馈处理结果。中心还应当对各种投诉进行全面细致的数据统计分析，及时总结警察行政强制权运行中存在的风险，不定期地对重点部门、重点领域、重点地区、多发行为进行督查，及时向上级机关汇报并有针对性地进行整改。❶

---

❶ 刘军. 警察即时强制权的规范化行使——以公民权利保护为线索 [J]. 东方法学，2019（6）：37-40.

4. 加强违法行权的法律救济

"无救济则无权利"。法治国家中，警察权作为公共安全和社会秩序的维护者，其执法的最终目的仍然是保护公民权利，这不仅涉及"法律保留"或者法律授权的问题，还涉及执法目的之正当性以及执法行为之尺度。因此，警察行政强制权的规范化行使应当以保护公民权利为旨归、基准和法度。在我国违法与犯罪截然分开的二元结构体系下，在许多国家和地区属于违警罪和轻罪的大部分违法行为在我国是作为治安违法行为进行管理和惩戒的，这便形成了我国极具特色的违法犯罪处理机制：大量的违法行为直接由公安机关进行内部裁决和复议，除行政诉讼之外，很难受到司法审查，导致大量治安违法案件中许多警察执法侵犯公民权利的事实性行为、程序性行为难以纳入司法救济。为根本解决该问题，还是应当重构现行的警察权侵权司法救济机制，将更多属于行政属性的警察执法行为纳入司法渠道，赋予公民更多的诉讼权利。例如，可考虑国外成熟经验，在公安机关内部的大部制改革中，以警察行政法和刑事司法所设定的警察法律职能为界别，设置治安警察与司法警察两大类警种，并将不同的权力类型和执法权限授权给不同警种，严格杜绝跨警种滥用警察权现象。与此同时，可适度改革人民法院机构设置，在行政审判庭之内或特别设立治安法庭，专司警察行政执法案件，结合前述的检察机关的警察行政检察权，共同编织警察权规范运行之网，为公民权利救济提供更全面和更有力度的保护。

此外，法律应当赋予公民当场申辩的权利。通常情况下，除非法律明确规定，行政相对人有配合警察执法的义务，不得拒绝警察依法行使职权。但毕竟警察行政强制权属于即时性的侵害型行政，一旦发生侵害后果将难以消除影响或弥补损失。为贯彻"以人民为中心"思想，控制警察权的规范运行，此类权力在实施过程中，应从权利保障角度出发，在有效掌控整体事态的情况下，应当场耐心听取公民的陈述和申辩，对于明显不当的强制措施应即刻解除或者变更，以防止损害后果进一步扩大。

第五章

警察权的法律保障： 一个中国语境下的命题

第一节　警察权法律保障基本原理

一、 警察权法律保障内涵概述

根据国内警察法学界通说，通常将警察权法律保障视为"警务保障"问题加以研究，即指国家政府根据警察机关和警务人员开展警务活动的实际需要，从法律上、物质装备上等所能提供的先决条件，是我国警察法律体系中的一个重要组成部分。❶ 事实上，警务保障作为国家为警察机关和人民警察开展警务活动、实现警察任务所提供的保障体系，内容非常广泛。从广义上讲，一切保障警务实现的条件包括确定人民警察的法律地位、明确人民警察职责权限、建立健全警察队伍的组织管理和提高人民警察执法素质等，都属于警务保障的范围。从狭义上讲，警务保障主要是指保障人民警察有效地履行职责的物质条件和组织人员配备条件，包括有关部门对警察机关和人民警察的工作在物质装备经费、社会福利等诸方面所提供的必要的物质和组织人员保障。❷ 鉴于研究志趣，本书主要从狭义上理解警务保障，并且侧重从法律的视角审视警察执法中的法律保障问题。

---

❶ 程琳. 警察法学通论［M］. 北京：中国人民公安大学出版社，2018：408.
❷ 李元起，师维. 警察法通论［M］. 北京：中国人民公安大学出版社，2013：292.

（一）警察权法律保障的主要内容

关于警察权保障的内容，学界从不同的角度进行了分类。有学者从保障主体与保障内容相结合的角度，将警察权保障分为国家的立法保障、政府的行政保障、公众与社会保障以及警察机关的自身保障四类。❶ 有学者从保障主体的角度出发，将警察权保障分为国家以及各级政府提供的保障、其他社会主体对警务活动提供的保障、警察机关内部警务保障和对妨害警务活动的行为处理、制裁的法律规范保障。❷ 这些理论和观点对我们正确认识警察权保障起到重要的作用。警察权法律保障意义在于以法律保障的形式排除警察权运行中可能存在的各种干扰，为警务活动提供一个制度化的稳定环境。因此，从可能对警务构成干扰的不同压力源的角度进行分类，警察权法律保障可以分为对警察机关的保障和对人民警察的保障。

1. 对警察机关的法律保障

任何警务活动都必须依赖组织和人员开展，因此对警察机关及其人员问题的规定历来是各国警察法的重点内容。我国的《人民警察法》第四章对人民警察的录用条件、担任人民警察领导职务人员的条件、人民警察的教育培训和奖励等内容，从警察队伍的组织管理角度进行规定。警察队伍的组织管理是警察机关发挥职能、警察个体依法履职的必要条件，但是从警察权法律保障的角度看，警察组织及其人员保障主要是国家对警察机关正常开展活动所需人员的配备和组织机构的设定，即警察组织及其人员保障的义务主体是国家，国家必须为警察机关正常开展警务活动提供组织和人员条件。为此，国家应当以宪法或警察基本法（宪法性法律）的方式对警察机关及其人员的保障进行立法。

（1）组织保障。

我国《人民警察法》第24条规定："国家根据人民警察的工作性质、任务和特点，规定组织机构设置和职务序列"，对警察机关在组织机构和人员配备方面的职责进行了规定。但由于我国缺乏统一的行政组织法，因此该条款仍然缺乏国家法律层面上的细化规定。《公安机关组织管理条例》是由国务院

---

❶ 中国警察法学会. 中国警察法学 ［M］. 北京：群众出版社，2002：292.
❷ 惠生武. 论警务保障 ［J］. 公安大学学报，1996（5）：34 – 35.

颁布的旨在对警察机关组织及人员管理进行规范的行政法规，可视为国家对警察机关及其人员保障的直接法律依据。其第二章对公安机关组织机构进行了规定，如县级以上人民政府公安机关依照法律、行政法规规定的权限和程序设置，其内设机构分为综合管理机构和执法勤务机构；公安分局、公安派出所和公安机关内设机构的设立、撤销及其权限和程序审批；看守所、拘留所、戒毒所等机构的设置与管理等内容。总体来看，由于《公安机关组织管理条例》仅是针对公安机关适用的"部门性"行政法规，其并不能解决公安机关与其他行政机关职责交叉、关系不明的问题，这势必影响公安机关在整个国家机构序列中的定位和功能实现，从而难以保障警察机关依法行使职权以避免不当干涉的独立性和有效性。

（2）人员保障。

警察机构中的人员是组织开展活动的核心要素，科学合理的人员编制管理是建立高效组织体系的重要前提。人员编制是指为了实现组织目标、履行法定职能，对经过批准而设定的组织的人员配备和人员定额、人员结构和比例等进行的规定。其主要内容包括制定编制比例和编制标准，核定部门人员编制总额和确定人员编制结构。由于我国编制法的长期阙如，政府机构设置和人员核定缺乏科学论证和统一规划而存在较大的随意性，如公安机关的人员编制管理中，"警力不足"与"警力倒挂"现象是长期困扰公安机关的难题。虽然公安部推出了"精简机关、充实基层、强化实战"的警力下沉工作机制，通过深挖现有警力资源、增加辅警力量等方式缓解目前警力不足的问题，也确实收到了部分实效。但想要从根本上解决该问题，还应当依靠国家立法完善警察编制管理，对警力配备进行法律层面的合理规划和充分保障。❶

（3）经费保障。

警察机关的经费保障通常包括行政办公经费、业务经费、警用装备购置、基础设施营造、教育培训、交通等各项财政性开支。现代警务活动的开展依赖于充足的财政支持，因此获得良好的经费保障是警察机关履行维护国家和社会秩序、打击预防犯罪职能的必备要件，历来是各国警察立法的重要内容

---

❶ 李元起，师维. 警察法通论［M］. 北京：中国人民公安大学出版社，2013：303.

之一。我国《人民警察法》第 37 条规定："国家保障人民警察的经费。人民警察的经费，按照事权划分的原则，分别列入中央和地方的财政预算"，体现了国家对警察机关的经费保障的支持。但事实上，对于转型期的公安机关而言，办案经费严重不足已成为掣肘机构发展和执法质量的"难言之隐"。由于警察机关得不到充足的经费保障，阻碍了正常履职活动的开展，甚至引发警察权寻租问题。造成警察机关经费不足的原因很多，立法层面的保障不足是原因之一，例如，当前公安建设经费拨付标准、额度和项目等缺乏可操作性的规范，导致财政拨付任意性和财政资源分配权限滥用的可能性较大；经费保障缺乏程序性规定，财政拨款、预算外拨款、专项资金拨款等事项主要依赖警察机关与财政机关的协商与议价机制；经费使用缺乏监督，表现为预算内项目的执行缺乏刚性监督以及财务管理不严等问题。❶

2. 对人民警察的法律保障

人民警察的法律保障指对人民警察因履行职务而产生的权利义务的保障。警察个体是警务工作最终得以实现的主体因素，由于警察个体是自然人和国家公职人员双重身份的集合体，因此作为个体的警察依法获得必要的身份保障不仅是作为职业的警察生存和发展等物质需要得到满足的保障，也是警察在执法中权益不被侵害的保障，同时也是警察机关能够正常开展工作的保障。一般而言，法律对人民警察的保障主要表现为对警察执法所需要的警察权能的保障和基于警察职业特殊身份所需要的权益保障。

（1）警察执法保障。

警察执法保障是指警察有权依法获得执行公务所必需的一切条件，它既包括办公场所、办公用品、交通工具、信息通信工具等硬件条件，也包括法律对警察的授权、政策对警察的支持、社会对警察的配合等软件条件。具体来说，警察执法保障主要包括以下三个方面。

一是执法装备保障。"工欲善其事，必先利其器"，必要的执法装备是警察依法履职必备的物质基础。《人民警察法》第 38 条规定："人民警察工作所必需的通讯、训练设施和交通、消防以及派出所、监管场所等基础设施建设，

---

❶ 李元起，师维. 警察法通论［M］. 北京：中国人民公安大学出版社，2013：304.

各级人民政府应当列入基本建设规划和城乡建设总体规划"，第39条规定："国家加强人民警察装备的现代化建设，努力推广、应用先进的科技成果"，为警察获得必要的装备保障提供了法律依据。同时，精良的执法装备有利于警察执法规范化建设，如公安部《关于加强基层所队正规化建设的意见》规定，民警出警出勤必须装备防弹头盔、防刺背心、防弹背心；基层所队办公用房建设必须纳入当地城乡建设总体规划、国民经济和社会发展规划并由所在公安机关或警种负责实施，确保民警必要的工作、生活条件；各级公安机关要保证基层所队有汽车、电话、电脑等必要装备。

二是依法履职保障。人民警察与警察机关之间存在隶属关系，与上级领导之间存在人事管理体制内的上下级关系，因此上级机关和领导会对警察个体的执法形成事实上的压力。常规情况下，警察按照上级命令行事是警务工作机制的要求，但是当上级发布了违法命令或错误决定时，法律应当为警察不受违法指令影响而严格依法履职提供保护。我国《公务员法》第54条、《人民警察法》第32~33条都对"命令服从关系"作出了规定，意在保护警察依法履职的权利。需要特别指出的是，基于警察纪律部队身份的考虑，令行禁止是其队伍建制的重要原则，因此否定上级命令必须符合严格的法定条件和程序要求。

为了赋予警察必要的执法权威，《人民警察法》第35条规定："拒绝或者阻碍人民警察依法执行职务，有下列行为之一的，给予治安管理处罚：（一）公然侮辱正在执行职务的人民警察的；（二）阻碍人民警察调查取证的；（三）拒绝或者阻碍人民警察执行追捕、搜查、救险等任务进入有关住所、场所的；（四）对执行救人、救险、追捕、警卫等紧急任务的警车故意设置障碍的；（五）有拒绝或者阻碍人民警察执行职务的其他行为的。以暴力、威胁方法实施前款规定的行为，构成犯罪的，依法追究刑事责任。"为保障警察充分行使警察权，《人民警察法》第13条规定："公安机关的人民警察因履行职责的紧急需要，经出示相应证件，可以优先乘坐公共交通工具，遇交通阻碍时，优先通行。公安机关因侦查犯罪的需要，必要时，按照国家有关规定，可以优先使用机关、团体、企业事业组织和个人的交通工具、通信工具、场地和建筑物，用后应当及时归还，并支付适当费用；造成损失的，应当赔偿"。这些规定均是对警察依法履职所提供的法律保障。

警察依法履职保障还有另一层面的要求，即警察依法履职但造成相对人损害的，警察个体不应承担相应责任，即职务豁免保障。按照公务委托原理，警察执法是代表国家进行的公务行为，其结果当然应当由国家继受，若警察在合法情况下造成损害的，应当由国家承担国家赔偿责任。法律应当明确警察执法豁免条款以打消警察执法顾虑，尤其是在认定执法责任时，应当设置严格的构成要件，除非故意或重大过失违法的情况，一般不应由警察个人承担相关法律责任。

三是执法安全保障。警察承担着打击违法犯罪行为的职责，时常面临着生命和人身安全的巨大威胁，因此警察执法安全保障显得愈发重要。为解决民警因依法履行职务受到执法相对人侵害的问题，切实保障人民警察执法安全，广大公安民警应加强体能和警务技能训练，提升抵御风险和安全保护的能力，国家为此提供了制度化的警衔晋升培训、专项化的警务技能大练兵以及实战化的警务实战训练等警察训练保障。除此之外，公安部于2009年制定了《公安机关保障民警依法履行职务工作规范》。根据该规定，民警因依法履行职务遭受暴力袭击、诬陷、诽谤、侮辱，被错误追究责任或被打击报复时，警务督察部门应当协调督促有关部门对不法侵害人依法处理，并协助民警及其亲属通过法律途径追偿人身或财产损失赔偿。同时，民警因依法履行职务受到侵害的，能够获得依法救治、救助、法律援助以及慰问、心理辅导等帮助。根据公安部政策要求，各地公安机关近年来基本都成立了民警执法权益保护委员会，建立了相应的民警权益保护工作制度，基本做到"民警维权工作有人抓、受了委屈有人管、受到伤害有救助"，民警依法履职合法权益保护工作取得了初步成效。

（2）警察职业保障。

警察职业保障是指基于警察这一特殊身份所应当获得的法律保障，它主要包括职业薪酬保障、职业安全保障和职业优抚保障。

职业薪酬保障是指从事警察职业所应当获得的工资福利待遇。《人民警察法》对于人民警察的工资福利待遇没有详细规定，只是在第40条规定："人民警察实行国家公务员的工资制度，并享受国家规定的警衔津贴和其他津贴补贴以及保险福利待遇。"正是由于立法的缺位，警察在我国多年来一直是按照《公务员法》所确立的公务员一般薪酬标准实行的工资福利待遇制度,完全未能体现和平时期高危职业的特殊考虑。实际上,早在 1956 年干部工资制度改革时,国家为公安民警制定了单独的工资标准体系,确定了公安民警工资"高于地方,略低于军队"的基本原则。2015 年 2 月,《关于全面深化公安改革若干重大问题的框架意见》重申了该原则,并提出建立符合人民警察职业特点的工资待遇保障体系。随后几年,全国公安机关均不同程度地提升了属地人民警察的工资待遇,如提高了警衔工资标准、实行职级工资制,民警的待遇不再单纯与行政级别挂钩等。公安部 2016 年发布的《人民警察法》(修订草案稿)第 78 条也规定:"国家建立符合人民警察职业和岗位特点的工资、津贴、奖金、补贴等保障制度。"但截至目前,半个多世纪前提出的"高于地方,略低于军队"目标仍未能落地实现,部分地区公安民警的工资待遇与部分国有企业员工的薪酬待遇相比相差甚远,广大公民民警的职业待遇远远未能与实际付出相匹配,无数个警察个人及家庭生活缺乏足够的物质安全保障,可见我国法律和相关政策对警察职业薪酬的保障功能远未发挥到位。

职业安全保障是指人民警察因为从事警察职业所应当享有的身心健康以及安全工作环境的保障。我国历来重视警察职业安全保障问题,如《人民警察法》(修订草案稿)第 79 条规定:"国家重视人民警察身心健康和职业安全保障,对在有毒、有害、危险、边远艰苦等特殊环境下工作的人民警察,提供与其工作岗位相适应的安全保护条件。"有毒、有害和危险的工作环境将使警察的身体遭受直接的损伤,而警察在边远艰苦的工作环境履行职责必然承受身心的高损耗。警察在这些特殊环境下工作,国家应当为其提供相应的保护条件,包括必要的化学防护设备、定期的医疗检查、必要的武器装备、特殊的津贴以及定期的心理干预等。除此之外,警察作为与违法犯罪做斗争的流血高危职业,在履职过程中难免触及违法犯罪分子的利益,如何避免遭受打击报复是各国警察职业都必须面临的问题。与其他国家一样,我国法律必须为警察提供法律上的特殊保护,即警察的人身安全、近亲属安全和私生活安宁权利必须得到法律保护。警察人身安全是指保护警察身体不受违法侵害的权利;近亲属安全是指保护警察的近亲属不受各种威胁的权利;私生活安宁权是指警察及其近亲属的私生活不受非法侵扰、保持安逸的权利。需要指出的是，虽然近年来国家对民警的执法权益保护有了长足进步，但对警察近亲属的保护还缺乏明确的立法保护。事实上，近亲属是警察履职的强大动力与安慰，若是他们的安全得不到足够的保障，警察将难以安心履职，因此警察及其近亲属的人身安全和私生活安宁权应该得到国家立法的关注与及时保护。

　　职业优抚保障是指警察因公受伤、致残、牺牲或退休的，国家应为其提供适当的医疗、奖励、补助、养老或对其家属提供必要的帮扶救助措施等保障。具体而言，警察职业优抚保障可表现为：一是医疗救治保障。《人民警察法》（修订草案稿）第80条规定："人民警察因公受伤的，医疗机构应当无条件及时予以救治，不得拒绝或者拖延"，"工伤"是警察因依法履职而遭受的伤病，根据我国《工伤保险条例》第14条规定："职工有下列情形之一的，应当认定为工伤：（一）在工作时间和工作场所内，因工作原因受到事故伤害的；（二）工作时间前后在工作场所内，从事与工作有关的预备性或者收尾性工作受到事故伤害的；（三）在工作时间和工作场所内，因履行工作职责受到暴力等意外伤害的；（四）患职业病的；（五）因工外出期间，由于工作原因受到伤害或者发生事故下落不明的；（六）在上下班途中，受到非本人主要责任的交通事故或者城市轨道交通、客运轮渡、火车事故伤害的；（七）法律、行政法规规定应当认定为工伤的其他情形。"第15条规定："职工有下列情形之一的，视同工伤：（一）在工作时间和工作岗位，突发疾病死亡或者在48小时之内经抢救无效死亡的；（二）在抢险救灾等维护国家利益、公共利益活动中受到伤害的；（三）职工原在军队服役，因战、因公负伤致残，已取得革命伤残军人证，到用人单位后旧伤复发的。职工有前款第（一）项、第（二）项情形的，按照本条例的有关规定享受工伤保险待遇；职工有前款第（三）项情形的，按照本条例的有关规定享受除一次性伤残补助金以外的工伤保险待遇。"二是警察抚恤、优待和保险保障。《人民警察法》（修订草案稿）第81条规定："人民警察因公致伤致残的，与因公致伤致残的现役军人享受国家同等标准的抚恤、优待和保险保障。人民警察因公牺牲或者病故的，其家属与因公牺牲或者病故的现役军人家属享受国家同等标准的抚恤、优待和保险保障。人民警察被评定为烈士的，其遗属按照有关规定享受国家的抚恤、优待和保险保障。人民警察院校学员、警务辅助人员因公致伤致残或者牺牲

的，按照国家有关规定享受相应的抚恤、优待和保险保障。"目前，人民警察
抚恤优待的"有关规定"主要是指 2014 年发布的《人民警察抚恤优待办法》，
该办法就人民警察伤残等级、因公牺牲、烈士等制定了评定标准。❶ 为进一步
保障公安民警权益，自 2015 年 1 月 1 日起，全国公安机关在职在编民警人身
意外伤害保险制度正式运行，经费统一由中央财政承担，该制度在风险补偿、
减轻牺牲病故和残疾民警家庭生活困难等方面发挥了重要作用。三是警察近
亲属特殊保障。警察职业工作强度大且危险，聚少离多是许多警察家庭生活
状态的真实写照，作为警察近亲属而言，他们为家庭的付出实际上是在为国
家和社会的安全稳定做出了牺牲和贡献，因此社会对他们给予必要的回馈和
照顾是理所应当的。因此，警察因公牺牲、致残或病故的，其近亲属有权依
据国家法律获得优抚优待，包括住房、医疗、教育和就业等各方面。例如，
《烈士褒扬条例》第 19 条规定："烈士的子女、兄弟姐妹本人自愿，且符合征
兵条件的，在同等条件下优先批准其服现役。烈士的子女符合公务员考录条
件的，在同等条件下优先录用为公务员。烈士子女接受学前教育和义务教育
的，应当按照国家有关规定予以优待；在公办幼儿园接受学前教育的免交保
教费。烈士子女报考普通高中、中等职业学校、高等学校研究生的，在同等
条件下优先录取；报考高等学校本、专科的，可以按照国家有关规定降低分
数要求投档；在公办学校就读的，免交学费、杂费，并享受国家规定的各项
助学政策。烈士遗属符合就业条件的，由当地人民政府人力资源社会保障部
门优先提供就业服务。烈士遗属已经就业，用人单位经济性裁员时，应当优

---

❶ 《人民警察抚恤优待办法》第 8 条规定："人民警察死亡，符合下列情形之一的，评定为烈
士：（一）在依法查处违法犯罪行为、执行国家安全工作任务、执行反恐怖任务和处置突发事件中牺
牲的；（二）抢险救灾或者其他为了抢救、保护国家财产、集体财产、公民生命财产牺牲的；（三）在
执行外交任务或者国家派遣的对外援助、维护国际和平任务中牺牲的；（四）在执行武器装备科研试
验任务中牺牲的；（五）其他牺牲情节特别突出，堪为楷模的。人民警察在处置突发事件、执行边海
防执勤或者抢险救灾任务中失踪，经法定程序宣告死亡的，按照烈士对待。"《人民警察抚恤优待办
法》第 10 条规定："人民警察死亡，符合下列情形之一的，确认为因公牺牲：（一）在执行任务或者
在上下班途中，由于意外事件死亡的；（二）被认定为因战、因公致残后因旧伤复发死亡的；（三）因
患职业病死亡的；（四）在执行任务中或者在工作岗位上因病猝然死亡，或者因医疗事故死亡的；
（五）其他因公死亡的。人民警察在处置突发事件、执行边海防执勤或者执行抢险救灾以外的其他任
务中失踪，经法定程序宣告死亡的，按照因公牺牲对待。"关于因公致残的认定，《人民警察抚恤优待
办法》第 26 条规定："伤残的等级，根据劳动功能障碍程度和生活自理障碍程度确定，由重到轻分为
一级至十级。伤残等级的具体评定标准，参照《军人残疾等级评定标准》执行。"

先留用。烈士遗属从事个体经营的，工商、税务等部门应当优先办理证照，烈士遗属在经营期间享受国家和当地人民政府规定的优惠政策。"❶

（二）警察权法律保障的主要特征

1. 保障的目的是确保警察功能实现

警察权从抽象的国家权力转换为具体的执法行为，除了需要警察个体的勤勉付出外，还需要经费、场所、装备、生活、福利等各种条件的聚合方能保证警察机关正常运转和人民警察警务活动的顺利开展，保障警察机关和人民警察依法有效发挥职能和作用。因此，从功利主义的视角看，国家投入巨大的人力物力财力资源对警察机关及其人员实施保障，目的在于维护国家安全和社会秩序，进而保障每一位公民安全地追求幸福生活的权利，这种保障性投入是具有正当性基础的。国家以立法的形式对警察权实施保障，能够让这种保障制度化，使其具有稳定性和可预期性，能够让警察机关及其人民警察安定、放心地投身警察事业，对于从根本上稳固警察队伍，对提升警察职业荣誉感和幸福感具有重大意义。

2. 保障的对象是警察机关和人民警察

警察权保障的目的是保证警察功能得以实现，它需要警察机关及其警察正常履职方能实现，因此警察权保障的对象是警察机关和人民警察。对警察机关而言，只有具备必要且充足的法律授权和政策支持，在场地、经费、物资等硬件方面的保障，警察机关作为警察权的载体才能有效运转，实现国家和法律赋予其维护国家安全，维护社会治安秩序，保护公民的人身安全、人身自由和合法财产，保护公共财产，预防、制止和惩治违法犯罪活动的根本任务。对警察个体而言，只有法律提供了良好的职业薪酬、福利、医疗、保险、优抚以及家庭照顾等保障措施，他们才能毫无后顾之忧地履职尽责，并且国家有义务将法律的规定完全转化为可以实现的具有可操作性的各项政策或制度，不能将这种保障仅仅停留在纸面上，"画饼充饥"式的"宣示性保障"无助于提升警察职业幸福感和满足感，切不能让警察因为保障措施不到位而"流血又流泪"。

---

❶ 程琳. 警察法学通论［M］. 北京：中国人民公安大学出版社，2018：431-435.

3. 保障主体的多元化

警察机关是国家机构，因此警察权保障的主体首先是国家。国家必须为警察权的配置和运行提供必要的经费、装备等条件，从法律和政策上给予足够的关注和支持。也要为人民警察提供必要的身份、福利和生活保障，才能保障警察职能的顺利实现。除国家以外，社会组织、新闻媒体以及每个公民都能够成为警察权的保障主体。在治理理论看来，传统国家治理具有自上而下的单向度的集权式特征，国家不可能涉及社会生活的方方面面，因此传统治理手段因为缺乏社会力量的介入而局部失灵。尤其在治安秩序和预防违法犯罪领域，公安机关无论是在社区警务治理还是在犯罪信息线索获取方面，都需要社会力量的密切合作才能完成，因此各社会组织和人民团体的支持、配合与协助是警察权得以实现其功能目标的重要保障。新闻媒体作为"第四种权力"，在宣传弘扬主流价值观和引导公众舆论方面具有特殊价值，新闻媒体与警察执法的良好互动与配合，有助于警察执法权威和公信力的塑造，有助于形成全社会尊重警察、信任警察的良好社会氛围，因此新闻媒体能够为警察提供舆论宣传、信息传播以及形象塑造等多方位的支持。每一个公民都是社会生活的参与者，也是社会秩序的维护者、享有者，警察权运行效果与每一个公民密切相关。事实上，在警察执法过程中，无论是调查取证、侦缉追逃还是纠纷化解、案件线索，几乎任何一项警务工作都离不开广大人民群众的支持，人民群众才是警察权真正意义上最重要的可靠保障。

4. 保障内容的广泛性

从警察机关的保障看，既有对组织机构设置的法律保障，也有对人员配置的保障，还有对机构运行经费的保障。从警察个体的保障看，法律对警察执法所需要的硬件与软件条件均进行了保障，如物质保障条件方面，规定了警务活动所必需的经费、装备、设施等保障规范。行为保障措施方面，规定了对于妨害警务活动的错误决定、命令，有权提出异议；对于超越法定职责范围的指令，有权拒绝执行；对于拒绝或阻碍人民警察依法执行职务以及干扰警务活动的行为，依法给予治安处罚，直到追究刑事责任等。我国法律还对警察职业所需要的各种权益实施了保障，如体现警察职业福利待遇的职业薪酬保障，体现警察职业安全需求和执法安全需要的职业安全保障，体现特殊高危职业所需要的抚恤及近亲属权利照顾与救助的职业优抚保障。

总体而言，我国法律规范以及政策对警察权的保障是全方位的，覆盖警务活动和职业需求的规范层面上的保障体系已经建立。但从实践层面上看，警察权法律保障落实到每一位警察还需要更多具有可操作性的制度支持，需要国家和社会给予更多的关注和支持，可谓任重道远。

二、 警察权法律保障之价值分析

（一）保障警察权是国家安全与社会稳定的需要

随着改革开放的不断深入，我国所取得巨大成就举世瞩目，但经济高速发展和转型期所带来的问题逐渐显现，社会所蕴藏的深层次矛盾正慢慢暴露出来。公安机关作为维护国家安全与社会稳定的重要力量，对于维护社会稳定和经济发展，构筑平安、稳定与和谐的社会环境具有重要作用。尤其在社会稳定方面，公安机关是维护社会稳定，保障人民群众生命财产安全，预防和打击违法犯罪，维护社会公平正义的重要力量。当前，我国正进入全面深化改革的深水区，在经济利益的驱动下，各种利益群体之间的博弈愈演愈烈，社会内外部关系变得异常复杂，社会秩序面临着内外部环境的急剧变化。在此背景下，社会矛盾凸显，刑事案件频发，公安机关面临着巨大的压力和挑战。

国家和社会稳定需要强有力的警察权作为支撑。宪法和法律必须赋予公安机关维护社会秩序所必须且充分的权能，在依法赋权的同时为权力划定法律边界，从警察机关的组织到人员配置、从经费到物质、从装备到政策，法律应当对警察权予以充分保障，其目的在于形成一个强而有力的警察机关及其警察队伍，作为维护社会安全稳定的中坚力量。设想一下，若警察机关缺乏必要的执法权力，也没有充分的经费与物质保障，一个运转不畅且缺乏战斗力的警队如何担负得起保护国家和人民的重任。因此，从发展的角度看，一个国家无论在任何发展阶段中，保障一支强有力的警察队伍是国家和社会存续和发展的必要条件。

党的十九大报告在深化依法治国实践部分提出"推进科学立法、民主立法、依法立法，以良法促进发展、保障善治"。党的十九届四中全会进一步明确，我国正处于国家治理体系和治理能力现代化建设进程中，新时代国家治理的特点是依法治理，即国家公权力的规范是未来法治社会建设中的重要任务。对警察权而言，法律的规范不仅包含对公权力的限制，也蕴含着保障的要求。换言之，我国的警察立法不应再局限于传统的控权思维，而是应当将"控权"与"保障"并重，加强警察权立法保障的力度。如公安部 2016 年发布的《人民警察法》（修订草案稿）中，已有警察执法保障、职业保障等方面的规定，相信通过未来持续不断的多层次、多维度的警察权立法保障，警察权能够获得充分的权能和实施条件，成为国家安全和社会稳定的坚实保障。

（二）保障警察权是实现警察机构功能的需要

警察机构具有维护国家政治稳定和社会秩序、保障人民群众安居乐业、维护社会公平正义的价值。从宏观层面看，警察机构功能的正当性在于其能够维护国家的政治、经济、社会等秩序的稳定；从微观层面看，警察机构的功能发挥体现在警察机关在命令、指挥、执行、处罚和强制方面的效能。为实现警察机构的效能，法律必须赋予其相应的权能。例如，警察机构功能的实现依赖于良好的警力保障。在我国，公安机关大量的案件由基层公安机关负责，案件数量不仅多而且复杂，在日趋复杂的治安形势下，警力严重不足的现实使得基层公安机关不堪重负。特别是在新时期高科技手段犯罪及疑难案件处理方面，专业型警务人才尤其匮乏，警察机构迫切需要充实警力以发挥其真正效能。为此，国家法律应当在尽可能的情况下予以保障，改革现有不甚科学与合理的警察编制制度，探索建立相对独立于普通公务员体系的警察管理机制，注重"人"的潜力挖掘，将作为警察的个体激活，激发其工作热情与活力，真正从人员流动和薪酬待遇上保障警察机构人力资源建设。

为保障国家安全与社会稳定，警察权必须具备强制性，且这种强制性应建立在法律授权范围内。法律在授予警察权强制权能时，意味着其具有其他公权力机关所无法比拟的特殊权力，这种权力与生俱来的积极性和扩张性在一定程度上应当与其他权力形成抗衡之势，应当具有不受其他权力任意干涉的法律保障。在我国，警察机构是政府的职能部门之一，政府虽然对公安机关有组织领导权，但却没有随意支配警力、干涉警察执法的权力。权威的有限性是其内在属性，要求任何权威都必须在其所擅长的领域内发挥作用。但在现实中，许多地方政府随意调用有限警力、干扰警察公正执法等现象屡见不鲜，增加了警察执法强度和难度、降低警察执法效度。政府对警察功能认识错位的根本原因在于没有依法用警，政府治理缺乏必要的法治思维与法治方式。随着国家治理不断转型升级，政府应树立有效警务观念，国家在立法上不应一味压缩警察权力，而应当依法使用警力，赋予警察机构与社会治理相适应的警察权能，提高有限警力的社会价值，依法保障警察机构功能的有效实现。❶

（三）保障警察权是公民权利保护的需要

"中国公民基本权利对国家权力具有依附性"，❷ 质言之，法律保障警察权是为了更好地保护公民的权利。在社会状态下，公民维护自身权利的主要方式有二：一是私力救济，即公民之间的纠纷不需要借助公权力，而是以协商、斗争或报复等方式实现，历史经验表明，私力救济往往成本过高，极易引发社会矛盾，甚至引起社会动荡，这种救济方式早已为现代国家所禁止，其目的就是在于维护社会秩序，以保护生活于其中的公民安全幸福的权利。二是以警察、法院为代表的公力救济。作为国家授权的公权机关，警察权具有维护社会秩序、保护公民权利的职能，是目前世界各国保护公民权利的国家机构之一。尽管警察对公民权利的保护通常以限制某种行为能力的形态出现，公民看到的更多的是自身某种权利被警察限制，但实际上，"绝对的自由不自由"，警察限制公民权利的本质是保护社会中更多公民的权利。从此意义上说，法律对警察权的保障实质上是让警察权有更大的权能和资源实施对公民权利的保护。然而在现实状态中，法律所赋予的警察权与警察处理案件所需要的"能力"不匹配，导致警察无法在有限的法律授权和制度资源内保障民众的合理诉求，进而造成公民权利遭受他方恶意或者警方无意的侵犯，许多情况下造成警察权运行"费力不讨好"的尴尬。❸

---

❶ 李琼. 依法治国视域中警察权威的立体化重塑［J］. 社会主义研究，2018（6）：106.
❷ 陈雄. 宪法基本价值研究［M］. 济南：山东人民出版社，2007：337.
❸ 陈雄，彭科. 警察权保障的法理思考［J］. 湖南工业大学学报（社会科学版），2018（2）：3.

"国家尊重和保障人权"是宪法追求的重要目标，也是警察权存在的正当性基础，对人权的尊重和保护无疑应当成为警察权运行的价值追求。在目前国内外犯罪日趋严重的形势下，任何国家公民的权利保护都不再简单的是国内警察机构的责任，警察权的运行空间开始由国内扩展至域外，跨国执法与警务合作应当是当前互联网犯罪、跨国犯罪治理的必然选择。在此形势下，法律适时地对警察权予以扩张，使其具备应对国际恐怖主义活动的特殊强力，尽管可能缩限部分公民的通信自由和隐私权等个人权利，但其目的是保护作为整体存在的人类的权利，因此这种法律上的"扩权保障"是有正当性的。又如，在突发公共卫生事件处置中，基于法律的授权，警察能够对公民人身自由施加限制，采取强制隔离、限制出行的方式进行防控，这种限制权利的手段恰恰是为了保护更多公民的健康权。可见，警察权在现代国家的新型社会矛盾和社会关系背景下，亟须法律予以必要的保障，使其具有足够的权能应对前所未见的新型违法犯罪或社会矛盾关系，保障的目的并非扩权，而是更好地保护公民权益。

（四）保障警察权是塑造警察执法权威的需要

警察的本质是执法者，是通过执行、维护和保障法律实现的方式来保障国家政治安全、维护社会稳定和保护人民群众生命财产安全。事实上，警察职能具有复合性特征，既有保卫国家安全和社会稳定的功能，也有服务和保护人民利益的功能。警察职能的多向度带来了长期以来学界的争议，有人认为警察是暴力机关，应当专职于打击违法犯罪，有人认为警察是服务机关，应当突出公共服务功能。事实上，这些观点只不过从不同角度突出了警察的部分功能而已。但正因为警察职能的这种立法上的"不确定性"和高度概括性，导致了立法上的警察职能长期无法明确，警察权界限模糊的情况，使警察在实际工作中的任务职责内容不断延伸，导致警察职责日趋"泛化"。警察职责泛化的原因大概有二：一是社会管理压力越来越大。改革开放后的经济迅猛发展的同时，社会矛盾不断积聚，社会治理难度和管理压力与日俱增。公安机关作为政府对社会管控的最前线，需要面对各种社会矛盾和治理难题。在很多情况下，许多原本不属于警察职能的事项因各种原因被强加到警察身上，导致大量非警务活动侵蚀了警务活动空间。二是权力天然的膨胀性。社会管理意味着责任，也更加强调与职责对应的权力，警察权不断随着责任的加重而加大。然而警察职能的泛化意味着大量非警务功能的附着，警察权也随之急剧膨胀，各种滥用权力或执法乱象频繁发生，使民众对警察产生怀疑和逆反心理，反噬警察存在价值的正当性，最终导致警察执法丧失权威和认同。❶

警察权的法律保障意味着法律要为警察权划定清晰的权力清单和运行边界，非因法定原因，任何组织和个人都不能随意调用警力，警察权的运行应当透明和可预期。尤其是在打击违法犯罪中，法律要保障警察权的"武装性"功能得以实现，完善和明确武器使用的标准和条件，尤其是明确警察武器使用的豁免条款，让警察在面对暴力违法犯罪时敢于出手。在提供公共服务时，法律要为警察权开列出清晰的权力清单，将那些不应当由警察承担的非警务型服务排除出去，警察应当定位于提供与治安秩序维护和公民安全相关的公共服务。由此，警察方能"全心全意"地专注于本职工作，其职业形象才能树立，民众才会信任警察，警察执法才能具有公信力。相信经过长期的不懈坚持，警察能够再次寻回往日的执法权威，并在法律的加持下维护社会安全与公平正义。

第二节　中国警察权法律保障现状

所谓警察权法律保障通常包括两个层面含义：一是公安机关作为整体在警察权运行中所应当享有的执法所需要的全部权能，且这种权能有法律的明确授权，具有立法上的权能保障；二是人民警察作为个体在执法中所享有的执法权能和权益保障，即执法中的人身安全保障、装备设施保障、福利待遇保障以及职务豁免等作为公职人员履职中不可或缺的法律保障。公安机关的立法保障主要涉及警察权的功能定位问题，即警察权在国家机关中的法律地

---

❶ 鲁冰川，尹伟. 论警察权威之弱化与重塑 [J]. 湖北警官学院学报，2018（6）：126.

位及功能设计，法律赋予公安机关怎样的职权以及为实现职权所提供的权能保障。人民警察个体的执法保障主要涉及警察个体在执法中的执法权益保障问题，即警察作为公民、国家公职人员、职业警察等身份所应当享有的不同层面上的法定权利（权力）以及法律所提供的职业保障。

一、警察权的立法保障考察

（一）警察权的宪法保障解读

如前文所言，我国现行《宪法》对警察权的规定主要以"公安"的字样进行体现，在《宪法》文本中共出现 6 次。《宪法》第 37 条是关于公民人身自由权的规定，根据该条第 2 款规定，公安机关是宪法确认的唯一拥有逮捕执行权的国家机构。从立宪精神看，国家明示公民具有人身自由的基本权利，为了保护这种权利，应实现国家权力间的平衡（制约），因此逮捕的决定权和执行权应当分离，分别属于不同机关，警察权专职于逮捕的执行。从此意义上说，警察（公安）是保障公民人身自由免受任意逮捕的重要手段。换言之，宪法赋予了警察权制约司法机关逮捕决定权的功能，从宪法上保障了警察权（逮捕执行权）行使的合法性与正当性。《宪法》第 40 条是对公民通信自由权保障的规定，体现了宪法对公民个人信息自由的保护。宪法授权公安机关（警察权）因追查刑事犯罪需要而限制该权利的权力。虽然宪法对这一权力行使设置了条件和程序要求，但宪法仍然是将警察权作为人权保护的必要手段进行定位，从一定程序上为这项限制权力提供了宪法保障。《宪法》第 89 条第（3）项规定的意义在于明确了公安（警察）作为国务院下设部门的宪法地位，即警察权是国家重要的行政权，警察执法行为是行政执法性质的行为，从而为警察权的宪法定位奠定了基础。《宪法》第 107 条将警察权分类并分配给地方政府，使警察权所涵盖的多种职权（治安管理、刑事侦查等）获得了宪法依据，在一定程度上保证了警察权配置的正当性。《宪法》第 120 条虽然属于沉睡中的条款，但这一条款并非毫无意义，它为将来民族自治地方确因防暴反恐、边疆安全、民族团结等安全问题的需要而组建独具民族特色的公安部队留下了宪法空间，为警察权的适时扩张提供了正当性基础和宪法保障。《宪法》第 140 条赋予了警察权与检察权、审判权"分工负责，互相配合，互相制约"的地位与权能，为警察权的运行边界划定了范围，也为警察权在刑事诉讼程序中获得检法两权的支持和协助提供了保障。

整体而言，宪法作为国家权力配置和国家机构功能定位的最高依据，对警察权的功能定位及其制度设计进行了必要的赋权和保障，使得警察权（公安机关）拥有了履行警察职责所应当具备的必要的权能。然而，宪法毕竟是国家根本法，其立法上的概括性、抽象性、原则性决定了其对公安机关的赋权和定位是宏观而缺乏可操作性的，有赖于部门立法予以细化落实。同时，宪法对警察权的规范仍然是间接的、粗线条的，尤其在警察权的保障方面，很难从宪法文本中直接发现相应规定，而只能从立宪的精神推导出相关内容，而相关内容的模糊或缺失很可能导致部门立法与立宪精神不一致或偏离宪法价值追求，如过分限制警察权而忽视其权能实现的必要保障，从而使得警察权的法律保障成为制度性稀缺资源而供给不足或软弱无力。

（二）警察权的法律保障及其评价

如果说宪法为警察权提供的保障过于原则和抽象，那么这种保障无疑需要通过具体的立法予以落地，让警察权从抽象走向具体，从原则走向实践。目前，《人民警察法》《治安管理处罚法》《人民警察使用警械和武器条例》《公安机关办理刑事案件程序规定》《公安派出所执法执勤工作规范》《公安机关维护民警执法权威工作规定》等法律规范共同构成了警察权保障的警察法律体系。这些不同层面、不同效力的法律文件在明确警察职责和权限的同时，也从不同层面和不同程度对警察权保障进行了规定，为警察权的保障奠定了必要的法律基础。

例如，《人民警察法》第 1 条规定："为了维护国家安全和社会治安秩序，保护公民的合法权益，加强人民警察的队伍建设，从严治警，提高人民警察的素质，保障人民警察依法行使职权……"其中"保障人民警察依法行使职权"的规定将警察权行使的保障作为立法的基本目的，可见警察权保障是人民警察法所追求的重要目标之一。《人民警察法》第 33 条规定："人民警察对超越法律、法规规定的人民警察职责范围的指令，有权拒绝执行，并同时向上级机关报告"，体现了法律对警察依法正当履行职权的保障，即警察有权拒绝明显违反警察职权的指令，为民警依法履职提供法律保障，同时也体现了法律对指令相关公民权利的一种保护。《人民警察法》第 35 条❶规定了阻碍警察权行使、恶意伤害人民警察行为的，根据法律应当追究相应法律责任，是法律维护警察执法最直接的立法保护。在警察法律体系中，不同法律从不同方面对警察执法提供了法律保障，如《治安管理处罚法》对人民警察在治安管理案件处置中警察权的配置、行使及执法责任提供了保障；《人民警察使用警械和武器条例》既为警察武器和警械使用设置了条件和界限，但同时通过这种方式避免了武器滥用，从而保证执法的合法性和正当性，也保护了合法使用武器和警械的民警免于承担违法责任；《公安机关办理刑事案件程序规定》等程序性规定为民警办案提供了明确的可操作性指导，保障了执法的有序性和统一性，保障了警察权运行的规范性；而《公安机关维护民警执法权威工作规定》等新近发布的规范性文件，更是直指警察执法权威和执法权益保障等热点问题，是对近年来警察执法实践中执法权威缺失现象的"亡羊补牢"之举。

虽然警察法律体系对警察权保障提供了必要的法源基础，但中国的立法模式让这些不同层次的法律规范在不同层次上缺乏必要的可操作性，许多法律对警察权的规定过于模糊，警察难以从现有法律规范中获得准确的心理预期和可操作的行为指引。例如，《人民警察使用警械和武器条例》第 9 条第 1 款规定："人民警察判明有下列暴力犯罪行为的紧急情形之一，经警告无效的，可以使用武器……"此处的"判明"如何理解和界定？判明的标准和程序是什么？这些均无明确规定。实践中，缺乏统一标准而容易产生歧义，民警操作起来难度较大，导致民警现场执法时处置顾虑重重，不敢轻易判定需要使用武力，进而延误战机、耽误案件处置。同样，《人民警察使用警械和武器条例》第 14 条规定："人民警察使用警械、武器，造成不应有的人员伤亡、

---

❶ 《人民警察法》第 35 条规定："拒绝或者阻碍人民警察依法执行职务，有下列行为之一的，给予治安管理处罚：（一）公然侮辱正在执行职务的人民警察的；（二）阻碍人民警察调查取证的；（三）拒绝或者阻碍人民警察执行追捕、搜查、救险等任务进入有关住所、场所的；（四）对执行救人、救险、追捕、警卫等紧急任务的警车故意设置障碍的；（五）有拒绝或者阻碍人民警察执行职务的其他行为的。以暴力、威胁方法实施前款规定的行为，构成犯罪的，依法追究刑事责任。"

财产损失，构成犯罪的，依法追究刑事责任"，此处的"不应有"概念模糊，属于不易把握的主观性描述，实践中无法指导具体操作。实践中，正是基于对"不应有"的忌惮，许多民警在执法时为避免事后被追究责任，不敢也不愿使用警械和武器。因此，法律虽然看起来为警察权提供了立法保障，但由于缺乏立法的合理性和可操作性，在许多案件中给暴力袭警等违法犯罪分子留下了可乘之机，也导致许多民警因缺乏对法律的理解和足够信任在应该使用警械、武器时而不敢使用，严重影响执法效能，并且丧失了执法权威和执法公信力。❶

又如，2019 年 2 月 1 日由公安部颁布实施的《公安机关维护民警执法权威工作规定》是被寄予厚望的维护警察执法权威、保障警察执法权益的重要规定。由于该规定施行的时间不长，其效果究竟如何暂时不好评价，但从规范本身来看，其"硬伤"不可忽视：一是规范层级不高，作为部门规章而言，该规定只适用于公安机关内部，对社会的影响力有限，因此运行中在多大程度上能够获得社会的认同和支持存疑。二是从立法思路以及规范名称看，该规定显然想要从公安机关内部入手，维护民警执法权威，通过规范队伍建设、机构设置、工作方式和工作流程来保护民警执法，是一种典型的部门立法式的思维和规范模式，因此该规定被打上了"内部规范"的标签。三是有不少学者认为，警察执法权威是一个社会评价的问题，即权威有无的评价主体是整个社会而非公安机关自己，警察执法权威不仅仅是一个法律问题，更是一个社会问题，仅凭公安机关自身一家是否能够"维护"得起执法权威，这本身就是一个值得探讨的问题，想要以一个部门规范"毕其功于一役"显然过于乐观。概言之，若《公安机关维护民警执法权威工作规定》这样指向性明确、"可操作性强"的部门规章都无法实际担当起警察执法保障的重任，那么是否可以大胆地说，目前的警察法律体系在整体上并未对警察权有效实现保障功能，这也是造成近年来警察执法实践中各种"仇警""辱警""袭警"事件反复发生的重要原因之一。

综上所述，宪法为警察权的保障提供了宪法基础，警察法律体系亦为警

---

❶ 李琼. 依法治国视域中警察权威的立体化重塑［J］. 社会主义研究，2018（6）：105.

察权的保障提供了必要的法律依据。但基于我国各层级法律立法技术的习惯，也由于法律体系中不同规范之间的协调衔接问题，似乎当前的警察法律体系并未对警察权的保障提供强而有力的支持。与此相反，警察权作为一种强大而特殊的国家权力在我国近年的运行历程已开始出现警察权威和公信力不足、警察执法权益受侵害等现象，这与其权力的强大形成鲜明反差，着实令人唏嘘不已。在警察权的"控权论"仍然喧嚣不止的当下，警察权的"维权说"亦浮出水面，牵扯出一个极具转型期"本土特色"的警察权保障命题。

二、 人民警察执法权益保障现状考察

（一）警察执法权益概念简析

警察权益是指警察依法享有的与其职务身份相关联的特殊权利和其作为普通公民所依法享有的公民权利。既包括因警察身份产生的执法权益，也包含人格权、休息权、生命权、家庭保障权等公民权利。❶ 严格来说，警察执法权益在我国并非一个法律概念，但从依法行政和行政法治的角度看，界定警察执法权益的法律概念极具必要性。依据研究立场和研究方法的不同，警察执法权益可谓一个具有多重内容、多种属性的权益综合体，在此我们选择在法律范围内展开讨论，将警察执法权益定位于警察依法执行公务时应当享有的与职权、职责相关的权利和利益，其至少应涵盖以下四个层面的内容❷。

1. 作为普通公民应享有的各种法定权利

人民警察作为具有独立个性和主体意识的公民，同其他公民一样享有宪法所确认的基本权利，根据我国《宪法》规定，这些宪法权利包括：平等权、政治自由和权利、宗教信仰自由、人身自由、人格尊严权、住宅权、劳动权、受教育权、文化活动权、监督权、休息权、获得物质帮助权等。此外，警察作为民事主体依据《民法典》所享有的民事权利包括：财产权、生命权、健康权、名誉权、姓名权、肖像权、荣誉权、隐私权等权利。人民警察在履行职责过程中，其作为普通公民应当享有上述宪法所保护的基本权利和各部门

---

❶ 张兆端. 警察权益保护问题透视［J］. 山东警察学院学报，2006（3）：10 - 11.
❷ 许韬，刘锦城. 法治语境下的警察执法权益保障新论［J］. 世纪桥，2012（1）：53.

法所保护的一般权利，虽然警察的公职身份会导致某些权利需要进行适度缩限，但大部分权利尤其是核心的基本权利仍然应当保有，宪法和法律必须予以保障。

2. 作为国家公职人员应享有的权益

人民警察作为国家机关工作人员，应享有履行公务的公职人员所应享有的基本权益，根据《公务员法》第13条关于公务员权利义务的规定，警察作为公务员享有的权利包括：非因法定事由、法定程序不被免职、降职、辞退或者处分；获得履行职责应当具有的工作条件；获得工资报酬权；享受福利、保险待遇权；参加相关培训权利；对提出批评和建议的权利；提出申诉和控告的权利；申请辞职及法律规定的其他权利。国家公职人员作为公民中的特殊群体，代表国家行使公权力是其突出特征。在代表国家行使公权力时，公职人员并非代表个人而是代表国家行动，其法律后果由国家承担，因此国家必须赋予其必要的履职权能和免责权利，同时要保障其正常履职所应当享有的福利待遇。需要理解的是，公职人员所享有的权益目的都是保障其履行国家职能，并非对个人的特殊优待。

3. 作为职业警察应享有的权益

人民警察作为国家公务员，按照法律规定，是一种特殊的公职（职业）。为保障警察职能充分实现，法律需赋予其行政法及司法上的特别保护才能较好免除警察执法的后顾之忧，如根据《警察法》第7~17条规定，警察权力包括但不限于：实施行政强制措施、行政处罚的权力；强行带离现场、依法予以拘留的权力；盘问、检查的权力；紧急情况下使用武器的权力；对严重违法犯罪活动使用警械的权力；搜查权；优先乘坐公共交通工具权；优先通行权；对精神病人采取保护性约束措施的权力；接受专门业务培训的权利。需要说明的是，警察作为特殊的国家公职人员，国家通过法律赋予其履职必要的上述权力，这些权力看似对公民的强制力，但实质上同样构成了警察个体职业保障的权利。根据权责一致性原理，当警察在执法中不能依法履职时必然要承担相应的责任，从而导致权利受损（如降级降职开除等），如果法律不能对警察给予必要的履职保障而导致追责时，则民警个人的权利同样得不到法律的有效保护。从此意义上说，警察权益实质上是权力（权能）和权利

（权益）的混合体。

4. 作为特殊职业的延伸权益

鉴于警察职业的特殊性，须考虑执法以外的与警察相关但可能受到的侵害的权益，例如在执法完毕之后不受违法行为人威胁、报复的权利；免受诬告、陷害、恶意投诉的权利；警察近亲属及其友人不因依法执行公务而遭受报复、侵扰的权利；因公致残、因公牺牲或者病故的，其本人及近亲属享有法定的伤亡抚恤权利等。这是一类特殊的职业权益，这些权益由执法行为衍生，而且会伤害警察个体的个人权利，因此法律对此必须作出特别规定，以避免或弥补由于执法行为所牵连出的不必要伤害，以实现法律对特殊职业的特殊保障功能。

（二）人民警察执法权益保障现状考察

保护人民警察及其家属人身安全，维护正常执法秩序和警察执法权威，是全面推进依法治国、建设社会主义法治国家、推进更高水平的平安中国建设的客观要求，也是维护社会公平正义、维护社会公共秩序、保护人民群众生命财产安全的现实需要。新中国成立以来，党和国家高度重视公安机关及其人民警察执法保障工作，颁布出台了一系列法律规范、相关政策和有力措施，对人民警察执法权益进行了有效保障，如2017年，全国各级公安机关警务督察部门共受理核查侵害民警执法权益案（事）件1.3万起，处理侵害行为人1.8万名，为1.6万名民警提供救济、恢复名誉、挽回损失。

然而近年来，基层公安民警在执法执勤中遭遇阻挠执法、暴力抗法、造谣诽谤事件时有发生，不仅对公安民警人身安全和个人声誉造成严重侵害，也极大地损害了国家法律尊严和公安机关执法权威，还严重干扰了公安民警依法履行打击犯罪、保护人民的职责使命。以下就人民警察执法过程中权益受到侵害的典型情况进行分类描述。

1. 生命权、健康权等人身权遭受侵害

改革开放40多年来，全国共有1.6万余名公安民警因公牺牲，其中3700余人被评为烈士，为公安事业献出了宝贵生命，另外还有30多万名民警因工负伤。2020 年，全国共有 315 名民警因公牺牲，平均年龄 46.3 岁。2021 年上半年，又有 69 名公安民警因公牺牲。"当前，公安民警因公牺牲仍处高位状态，因公负伤数量总体上升，特别是因突发疾病猝死在工作岗位上的民警数量仍居高不下，暴力袭警、暴力抗法问题突出。这一方面反映出当前维护国家安全和社会稳定形势依然比较严峻，另一方面反映了公安民警任务艰巨、长年超负荷的工作常态，体现了广大民警无私奉献、英勇顽强、奋不顾身的精神。"❶ 事实上，随着互联网自媒体的普及，我们甚至能够在每天的新闻推送中阅读到"暴力袭警"类事件在全国各地反复发生，实在令人错愕痛惜。例如，2016 年 7 月 19 日，山东烟台市公安局交通警察支队民警李华（化名）接到指挥中心指令，要求拦截鲁 YT1127 假牌照克隆出租车。李华立刻对嫌疑车辆进行堵截，在排查过程中，陈磊（化名）驾驶的目标出租车突然加速行驶，将站在其车前的汪帆（辅警）顶在车前机盖上，危急之下，汪帆用力将挡风玻璃砸碎，迫使陈磊停车并和群众一起将弃车而逃的陈磊制服。❷ 2017 年 4 月 4 日，江西上饶市陈某发、陈某礼醉酒与同行人员在酒吧包厢内发生冲突。上饶市公安局信州分局西市派出所接警后赶赴现场处置。在调查过程中，陈某发和陈某礼等人对 3 名出警人员进行殴打，导致 2 名民警受伤。4 月 5 日，信州分局治安大队以涉嫌妨害公务罪对陈某发、陈某礼刑事拘留。❸ 2017 年 7 月 22 日，山东滨州市某服装店内因纠纷发生斗殴。当地派出所接警后带领协警前往处置。民警到达现场后及时制止嫌疑人刘某殴打他人，刘某不听劝阻并激烈反抗，将出警民警手臂咬伤，将协警手背抓伤。2017 年 9 月 1 日，刘某因涉嫌妨害公务罪被判处有期徒刑 9 个月，缓期 1 年执行。❹ 2018 年 10 月 4 日至 7 日，山东省平度市发生一起打着"退役军人"旗号实施非法

---

❶ 4 年公安民警因公伤亡 22870 人平均每年牺牲 425 人 [EB/OL]. [2020 - 03 - 10]. http://www.chinanews.com/fz/2015/04 - 03/7181686.shtml.

❷ 暴力抗法零容忍！这些袭警案例被曝光 [EB/OL]. [2020 - 03 - 01]. http://dy.163.com/v2/article/detail/DF4NMG180514C940.html.

❸ 江西省公安厅公布 7 起暴力袭警典型案例 [EB/OL]. [2020 - 03 - 01]. http://app.myzaker.com/news/article.php? pk = 5993ad281bc8e0aa19000128.

❹ 暴力抗法袭警"零容忍"滨州公布 4 个典型案例 [EB/OL]. [2020 - 03 - 01]. http://news.ifeng.com/a/20180731/59537388_0.shtml.

游行、示威、静坐、暴力袭警、打砸车辆等严重违法犯罪案件，该系列暴力打砸行为历时 11 分钟，共导致 34 名执勤民警及群众受伤，1 部警用大巴、3 部社会车辆被砸毁。其中，青岛市公安局一名领导干部头部缝合 6 针、两根肋骨和肩胛骨骨折、脾脏挫裂、双肺挫伤；青岛市公安局治安支队支队长头部遭重击致颅内出血，中枢神经严重受损，构成重伤二级。❶

　　人民警察是和平时期流血牺牲最大的职业。事实上，在 2019 年年底开始的新冠肺炎疫情防控期间，在特殊管制的社会状态下，暴力袭警抗法事件仍然层出不穷，不由得让我们反思当下警察执法权威和执法保障的现实困境。例如，2020 年 2 月 6 日，犯罪嫌疑人王某驾车途经莲湖区西门外疫情查控点，在民警对其检查过程中，王某拒不配合检查并驾车冲卡，将交警莲湖大队民警拖行数米，造成民警受轻微伤。2020 年 2 月 12 日，犯罪嫌疑人宋某在西安市莲湖区某小区门口因出入小区问题与保安发生争执。民警接警后赶赴现场处置，宋某拒不配合民警执法，暴力袭击处警民警，造成两名民警、一名辅警受伤。❷ 2020 年 2 月 7 日，党某酒后滋扰村里的防疫卡点，辱骂、威胁卡点工作人员。民警到达现场后，党某拒不配合民警工作，对处警民警进行辱骂、撕扯和殴打，在被带至派出所接受调查期间又击打民警高某面部致其受轻微伤。青海省化隆回族自治县人民法院经审理认为，被告人党某在疫情防控期间，以暴力、威胁方法阻碍国家机关工作人员依法执行职务，构成妨害公务罪一审判处被告人党某有期徒刑 9 个月。❸ 2020 年 2 月 26 日"国务院应对新型冠状病毒感染肺炎疫情联防联控机制"新闻发布会上，公安部副部长杜航伟介绍，战斗在一线的基层人民警察发扬了"疫情不退、公安不退"的大无畏精神，涌现出了一大批可歌可泣的英雄事迹和典型人物，截至 2 月 26 日，

---

❶　打着"退役军人"旗号暴力袭警! 公安侦办山东严重暴力犯罪案件［EB/OL］.［2020 - 03 - 01］. https://baijiahao. baidu. com/s? id = 1619345993760270096&wfr = spider&for = pc.

❷　暴力袭警、驾车冲卡、售卖假货 西安莲湖公安公布多起疫情期间违法案件［EB/OL］.［2020 - 03 - 01］. http://www. hsw. cn/news/system/2020/0214/1156194. shtml.

❸　酒后滋扰防疫点 暴力袭警致轻伤——青海省首例涉疫情妨害公务案一审宣判［EB/OL］.［2020 - 03 - 01］. http://www. legaldaily. com. cn/judicial/content/2020 - 02/29/content_8131035. html.

全国公安民警和辅警有 49 人因公牺牲。❶

在以往查处"黄、赌、毒"案件的过程中，由于涉案当事人背景复杂，很多具有违法犯罪前科，暴力倾向特征明显，因此公安民警在执法中极易成为攻击目标，在每年致使公安民警伤亡的执法案件中，此类"传统"案件占据绝大部分。同时，群体性事件成为近年来另一种诱发攻击执法民警的典型诱因，在此类事件中，往往掺杂着一些不法分子，煽动不明真相群众聚众闹事，扰乱社会秩序、围堵政府机关、打砸公私财物，进而暴力抗法，袭击执法民警致伤致残。此外，酒驾毒驾案件、涉恐涉暴等案件近年来有抬头趋势，这些案件的查处对执法民警的生命权、健康权亦构成极大威胁。

暴力袭警侵害警察生命权、健康权无疑是最为严重的侵犯警察执法权益的形态，其原因概可归纳为：一是违法成本低廉。长期以来，我国《治安管理处罚法》等行政管理法律法规对妨碍公务行为的处罚明显过轻，未能有效震慑违法行为人，即便在最新的《刑法修正案（九）》中规定了"暴力袭击正在依法执行职务的人民警察的，依照妨害公务罪的规定从重处罚"，但由于其只承担"三年以下有期徒刑、拘役、管制或者罚金"而显得威慑力仍然不足。二是法律权威缺失，公民整体法治意识和法律素质不高。法治国家的基本要求就是法律取得权威地位，公民自觉遵守法律、信仰法律，民众整体法律素养较高，法律成为公民行为的自主选择。很显然，在人治思想根深蒂固的我国，法律在当下远未树立起应有的权威，在法律的"明规则"之下，人民更倾向以"潜规则"行事。三是民警执法能力有待提高。一方面，现有体制弊端束缚了民警执法手脚，限制了执法能力。例如，我国目前的枪支管理规定指导思想意在"控枪"而不是善于"用枪"，再加上领导害怕承担相应责任，导致大部分枪支处于"库存"状态，路面民警配枪比例过低，无法应对行政执法中的突发情况。又如，现行民警培训科目实战性不够，民警"防暴制暴"训练未能真刀真枪练，导致实战中民警应对能力不足。另一方面，部分民警疏于防范，对执法中的操作规范与流程没吃透，未能及时控制事态，

---

❶ 疫情防控期间，全国公安民警辅警有 49 人因公牺牲［EB/OL］.［2020 – 03 – 02］. http：//shanghai. xinmin. cn/xmsq/2020/02/26/31670556. html.

导致执法权益侵害结果扩大。

2. 人格权、名誉权等精神性权利遭受侵害

近年来，"仇警""丑警"现象已经成了警察执法过程中疲于应对的"新常态"。"仇警"主要指社会公众对警察及其警务活动的否定、抵触、敌视、仇恨等心理反应。"仇警"的表现主要有：毫无理由地对警察抱有偏见或敌意、面对警察执法拒不配合、造谣抹黑警察执法、煽动公众妨害警务活动甚至攻击警察。例如，2015年3月11日，上海闵行公安分局交警支队32岁民警茆盛泉在路面执勤纠正车辆交通违法行为时，被该车驾驶人孙某开车强行拖行近10米，造成头部严重受伤，经抢救无效于当晚牺牲。❶据调查，孙某曾在案发前的3月5日以微博形式辱骂警察，言语恶劣，不堪入耳，显示出其严重的"仇警"心态并最终导致惨剧的发生。"丑警"是指新闻媒体或自媒体对警察职业、警察个人、警务活动的负面宣传与报道。据学者研究，媒体对警察的态度自20世纪90年代开始经历了由正面宣传到负面报道的转向，尤其在自媒体时代下，"丑警"现象一度出现愈演愈烈的趋势。随着互联网技术的发展，特别是手机等移动网络终端的普及，公民的言论得以更自由的形式表达，但随之而来的负面效应随之显现，即各类网络谣言频繁出现。特别是近几年，网络造谣传谣事件开始从个体性偶发事件衍生出精心策划的有组织行为，网络谣言已成为网络"毒瘤"、社会公害，它不仅直接侵犯受害人合法权益，扰乱正常的网络传播秩序，破坏公共秩序，而且严重损害社会诚信与公德，甚至危及国家安全。

警察执法涉及社会各个方面，极易成为各界关注目标，遂成为网络及社会造谣传谣重点对象。例如，不法分子恶意剪裁警察执法中依法采取强制措施视频，歪曲事实污蔑警察"暴力执法"；一些不明真相群众偏听虚假消息，肆意在微博、微信、抖音等平台传播谣言中伤警察。如2018年3月22日，三门县海游街道梧桐路发生群众纠纷引发的大量市民围观的交通拥堵事件。三门县公安机关接警后迅速赶赴现场，在民警处置过程中，有人蓄意阻挠民警

---

❶ 公安部悼上海被拖行致死交警［EB/OL］．［2020 - 03 - 02］．http：//sh. people. com. cn/n/2015/0313/c134768 - 24144696. html.

接近现场，边起哄边用手机拍视频并高喊"警察打人"，引发群众大量聚集、严重影响社会秩序。现场处置结束后，当事人俞某等人将拍摄的视频在微信群中散布，除"原版"视频外还配上文字，在微博和微信朋友圈传播，企图混淆群众视线。后经民警执法记录仪查证，当事人纯属恶意造谣"警察打人"，后许某某等三人因捏造事实、散布虚假信息，扰乱正常社会秩序并造成恶劣影响，被公安机关依法处置。❶

造谣传谣涉警事件等行为侵害了执法民警的人格权、名誉权，给他们造成巨大精神压力和负面影响，严重影响警察执法工作正常开展。笔者认为，造谣传谣侵害警察执法权益事件频发的原因主要有：一是当前社会风气及执法环境下，民众对警察群体存在偏见。由于少数民警执法素养不高，滥用职权或粗暴执法的案例经曝光后，引发群众不满，导致他们对整个警察队伍存在不信任感，进而容易相信谣言从而传谣。二是造谣者缺乏必要的法律责任意识。据已查明的网络造谣案件显示，许多造谣行为动机始于"出名""好玩""引起大家注意"等，并未意识到自己的行为可能或已经触犯法律，是一种侵犯他人合法权益的违法行为。三是部分造谣行为背后存在利益链。此前，"秦火火""立二拆四"、周禄某、傅学某等"微博大V"因涉嫌造谣传谣、敲诈勒索相继落网，而近期娃哈哈、肯德基也相继将一些诋毁本公司的网络造谣者告上法庭。经查，肯德基状告的十个微信账号背后分别属于三家企业。事实上，在部分造谣中伤执法民警的案件中，许多造谣者本身与警察无冤无仇，其只不过接受他人钱财提供有偿"造谣服务"而已，造谣传谣如今俨然成为一种"新兴产业"。四是造谣传谣案件取证查处难度大。由于互联网技术含量高、资讯传播快、受众面广等特点，网络造谣传谣案件查处难度高，而现实中的造谣源头更加难以掌控，取证困难，因此此类案件查处力度不够理想，也是纵容造谣者一再以身试法的原因。

3. 合理休息权、劳动报酬权被忽视

我国《劳动法》第36条规定，"国家实行劳动者每日工作时间不超过八

---

❶ 阻挠民警出警还造谣"警察打人"闹事者被拘留［EB/OL］.［2020 - 03 - 03］. http：//zjnews. zjol. com. cn/zjnews/tznews/201803/t20180329_6910774. shtml.

小时、平均每周工作时间不超过四十四小时的工时制度";第 38 条规定,"用人单位应当保证劳动者每周至少休息一日";第 41 条规定,"用人单位由于生产经营需要,经与工会和劳动者协商后可以延长工作时间,一般每日不得超过一小时;因特殊原因需要延长工作时间的,在保障劳动者身体健康的条件下延长工作时间每日不得超过三小时,但是每月不得超过三十六小时"。但这些法律规定对长年奋战在执法一线的公安干警而言,似乎永远是一个遥不可及的"梦",因为我国现阶段警力严重不足,基层民警长年处于连轴转的超负荷状态,难言休息权。

据公安部数据显示,因劳累过度导致猝死成为民警因公牺牲的重要原因,其数量占据牺牲总人数的一半左右。仅 2008—2012 年,全国公安民警因劳累过度猝死 1098 人,占同期牺牲民警总数的 49.8%。对此,我国著名的警务心理专家李玫瑾教授认为:"现在警察承担的任务很多,要保证警察的身心健康,就必须要保障警察的休息权","一些案件经常在晚上发生,警察处理完后经常是次日凌晨两三点钟,这时候根本无法休息,早上还要正常上班","休息少就导致警察生理上休息不够,导致身心问题,而且必然使警察有家庭矛盾,让妻子承担所有的家务也是会有矛盾的,所以一些警察就处于内外焦虑的状态,很容易出现心理压力"。❶

在超负荷工作压力下,广大公安民警的薪酬待遇却显然没有与这种高危高强度工作状态相匹配。按照我国公务员工资管理规定,警察作为公务员序列纳入财政体系,并未明显体现出优于普通公务员的工资福利,更不要说与银行、电力、电信等国企员工的差距。在物价飞涨的时代,如今警察职业的薪酬待遇明显低下,远远不能满足他们的劳动付出。例如,《劳动法》第 44 条规定,"有下列情形之一的,用人单位应当按照下列标准支付高于劳动者正常工作时间工资的工资报酬:(一)安排劳动者延长工作时间的,支付不低于工资的百分之一百五十的工资报酬;(二)休息日安排劳动者工作又不能安排补休的,支付不低于工资的百分之二百的工资报酬;(三)法定休假日安排劳

---

❶ 过劳死成民警牺牲首因 [EB/OL]. [2020 – 03 – 03]. https://www.mps.gov.cn/n2255079/n2255758/n2255761/c3883549/content.html.

动者工作的，支付不低于工资的百分之三百的工资报酬"。加班费对警察这个职业而言几乎是不可想象的，但也从侧面反映出警察职业的劳动报酬权被严重漠视，对警察队伍持续健康发展的负面影响是巨大的。

4. 媒体失实报道侵害警察执法权威和执法公信力

警察执法作为热点题材，能极大激发公众关注，一直是新闻媒体的追逐对象，但近年来连续发生的歪曲事实的关于警察执法的新闻报道，不由得让人对大众传媒的价值导向功能深感担忧。例如，2015 年 6 月 9 日凌晨，河北沧州肃宁县发生特大枪击案，造成群众 2 死 3 伤，公安干警 2 人牺牲、2 人受伤。在当晚央视新闻频道《新闻 1＋1》节目中，主持人白岩某称公安干警"死亡"（而不是"牺牲"），随即引爆了警察群体的强烈反响，许多民警表示无法接受央视报道，自己的职业感情深受伤害。在此，我们暂且不论该案中的警察执法程序是否合法，单从 2 名公安干警殉职的角度，国字号媒体也应当给予基本尊重，按惯例而不是凭借媒体人个人价值偏好采编播放新闻，因为这将直接表明官方立场，引导公众对事件的看法，影响着社会主流价值观形成。很显然，在央视对该案的报道上，显然缺乏对警方的尊重，严重伤害了公安队伍的整体形象。

新闻媒体作为"第四种权力"在实现公民知情权、言论自由权以及社会监督等方面具有独特贡献，但也正是源于"权力"的本性，媒体也需要被监督，以防止第四种权力被滥用。在当前我国由国家全面掌控新闻媒体的环境下，主流媒体对社会事件的信息传递往往影响着大众意识乃至主流价值观，新闻媒体有责任也有义务宣传弘扬主流价值观和正能量。但在市场经济所形成的同业竞争压力下，媒体也面临着生存压力，因此在利益驱使下，少数媒体抛弃了新闻职业操守，或热衷于炮制"假新闻"吸引公众注意，或粗制滥造虚假广告，或带着主观偏见进行新闻报道，等等，肆意滥用媒体权力。尤其对涉警事件来说，新闻媒体对于警察相关的报道似乎总以负面消息居多。事实上，号称"无冕之王"的新闻媒体是把"双刃剑"，一方面，对警务活动的宣传报道可以弘扬正气、惩恶扬善，赢得公众对警察的支持；但另一方面，部分新闻媒体正在失去媒体人应有的中立立场和职业操守，过分追求关注度，利用公众情绪肆意夸大、渲染和炒作，将个别民警的违法违纪行为夸大成警察行业的普遍现象，将正常的执法行为转述成警民关系的对立，不但涉嫌侵犯警察的人格权、名誉权，还影响警察权威和执法公信力的塑造。❶

第三节　警察权法律保障的应对方案

一、　完善警察立法，　为警察权提供强而有力的法律保障

（一）警察权及警察执法权益亟须立法加以扩充和细化

虽然《人民警察法》《治安管理处罚法》《人民警察使用警械和武器条例》等法律法规对警察权有所规定，但基本属于原则性规范，各种警察执法权力及权益的概念、成立条件、使用程序等问题模糊不清或没有规定，导致在执法实践环节上缺乏可操作性。为此，可以借鉴英美等西方国家的立法经验，重视行政程序价值，在有关法律中对缺位的警察权尤其是警察执法权益相关内容加以扩充，并且对其明确、细化相关操作程序规定。例如，在行政执法中的使用警械、武器方面，应立法明确警械和武器使用的指导思想，确立"先发制人"型以取代过去那种"被动应付"型的武器使用规定，让"刀枪出库"发挥其威慑力，让警察在行政执法中能够充分占据主动权。又如，将警察执法权益在立法中以专门章节的形式加以明确保护，其积极影响是非常多的：一是可以为行政执法中侵害警察执法权益的案件提供法律依据，真正实现"有法可依"；二是保障警察执法，解除执法行为的各种后顾之忧；三是让执法对象知道警察执法权益有哪些，明确配合警察执法是法定的公民义务，当自己认为警察违法违规执法时，可以采取维权的方式有哪些，哪些是绝对不能采用的维权方式，若阻碍警察执法会有怎样的法律后果，这样可以使警察执法行为更具合法性、正当性和可接受性。

令人欣喜的是，近年来，国家已经关注到警察执法现实中的种种问题和

---

❶ 李阳. 法治国家背景下警察权威内在塑造研究［D］. 厦门：厦门大学，2018：12.

警察法学界呼吁多年的警察立法完善建议。例如，公安部经过长期的调研考察论证，终于在 2016 年 12 月 1 日发布了《人民警察法》（修订草案稿）。该草案稿对现有《人民警察法》进行了大幅修改，可以说是重构了我国警察法的立法思路和模式，尤其在第 9 条、第 10 条、第 64 条、第 65 条、第 68 条、第 69 条、第 76 条、第 81 条和第 84 条等诸多条文中规定了警察权保障的相关内容。其中第 9 条和第 10 条分别规定了组织和个人对于警察执行职务的配合义务、国家保障人民警察合法权益等原则性规定，使警察权益保护有法可依。❶ 第 64 条创造性地规定了警察提前退休制度❷ 警察职业风险大、作息不规律，警察群体长期处于高压状态，加班加点常态化导致很多一线民警身体长期处于"亚健康"和"明疾病"状态。警察提前退休制度是警察职业特殊性的反映，体现了国家对警察职业的关怀和对警察权益的重视。针对当前各级政府乱用警力的问题，该草案稿第 65 条规定了"执行上级决定和命令免责制度"，❸ 使警察权"说不"有了法律依据。一直以来，我国对于暴力或者采取其他方式妨碍警察执法的行为要么无法可依，要么只能按照普通违法犯罪处理，不法分子袭警、妨碍警察执法的违法成本极低，难以对警察正当权益做出有效保护，警察权威更无从谈起。对此，该草案稿第 68 条和第 69 条将

---

❶　《人民警察法》（修订草案稿）第 9 条规定："人民警察依法执行职务受法律保护，任何组织和个人应当予以支持和配合，不得干涉、拒绝和阻碍"；第 10 条规定："国家保障和维护人民警察的合法权益。"

❷　《人民警察法》（修订草案稿）第 64 条规定："国家根据人民警察的岗位、职务，分别规定不同的服务年限和最高任职年龄。从事基层一线执法执勤工作满二十五年或者在特殊岗位、艰苦边远地区从警满二十年的人民警察，本人自愿提出申请，经任免机关批准，可以提前退休，并享受正常退休的待遇。"

❸　《人民警察法》（修订草案稿）第 65 条规定："人民警察在执行职务时必须执行上级的决定和命令。人民警察对其认为违法或者违反国家有关规定的决定和命令，可以向发布决定、命令的机关及其负责人提出意见，但不得中止或者改变决定和命令的执行；提出的意见不被采纳时，必须服从决定和命令，执行决定和命令的后果由作出决定和命令的上级负责。人民警察对明显违法或者超越法律、行政法规规定的人民警察职责范围的决定和命令，应当拒绝执行，并向作出决定和命令的上级报告。上级应当及时予以答复。人民警察执行第三款规定的决定和命令造成损害后果，未经报告的，由作出决定和命令的上级、执行决定和命令的人民警察分别承担相应的责任；已经报告的，由作出决定和命令的上级承担责任。"

妨碍警察执法、尚未构成犯罪的行为与暴力袭击人民警察的行为分别规定,❶并根据情况依照法律从重处罚,增强了不法分子的袭警成本,对警察执法安全和保障意义重大。❷我们相信,随着《交通警察和警务辅助人员安全防护规定》(2019年10月)、《公安机关维护民警执法权威工作规定》(2019年12月)、《关于依法惩治袭警违法犯罪行为的指导意见》(2019年12月)等法律法规及规范性文件的相继出台,中国警察权保障立法格局将不断扩充、细化、完善与升级,未来"控权与保障"双轨并进的警察法律体系将在国家治理体系转型升级中得以确立。

(二)立法划定侵犯警察执法行为的法律责任界限

当前我国法律对阻碍警务执法、侵犯警察执法权益行为的制裁主要规定在《治安管理处罚法》第50条(阻碍国家机关工作人员依法执行职务)和《刑法》第277条(妨害公务罪),而两部法律在划定侵犯警察执法行为所要承担的治安或刑事责任时的界线并不十分明确。❸从《刑法》第277条来看,似乎采用暴力方法阻碍警察执法即可构成妨害公务罪,但司法实践中,认定刑事责任时不仅要求暴力因素,还要求造成严重后果(如暴力袭警至少要构成轻伤),这样一来,大部分袭警案件只能按照治安案件处罚,且相关治安处罚仅为"处警告或者二百元以下罚款;情节严重的,处五日以上十日以下拘留,可以并处五百元以下罚款",处罚力度明显与其行为恶性和影响不符,惩戒效应严重不足。此外,大量的侮辱、恐吓、推搡、撕扯、诬告、讹诈等非暴力侵犯执法民警行为因现行法律无明确规范而难以追究其治安责任和民事

---

❶ 《人民警察法》(修订草案稿)第68条规定:"拒绝或者阻碍人民警察依法执行职务,有下列行为之一的,依法从重给予治安管理处罚;构成犯罪的,依法追究刑事责任:(一)侮辱、谩骂、威胁、围堵、拦截正在执行职务的人民警察的;(二)阻碍人民警察调查取证、拒不提供证据或者作伪证的;(三)拒绝或者阻碍人民警察执行追捕、检查、搜查、救险、警卫等任务的;(四)故意阻碍用于依法执行职务的警车和警卫车队通行的;(五)拒绝或者阻碍人民警察执行职务的其他行为。对正在执行职务的人民警察实施前款规定的行为,人民警察有权予以警告和采取措施制止。"《人民警察法》(修订草案稿)第69条规定:"暴力袭击或者组织、协助、煽动暴力袭击正在执行职务的人民警察,构成犯罪的,依法从重追究刑事责任。以报复、泄愤为目的,威胁、恐吓、故意伤害、杀害人民警察及其近亲属或者实施其他侵犯人身权利、财产权利的行为,构成违反治安管理行为的,依法从重给予治安管理处罚;构成犯罪的,依法从重追究刑事责任。"

❷ 李玉宛. 警察权威重振——以警察法修改为契机[J]. 北京警察学院学报,2017(3):18.

❸ 李延军. 论人民警察执法权益的法律保障[J]. 福建公安高等专科学校学报,2006(6):76.

责任，因此，可考虑将侵犯警察执法行为分为暴力和非暴力行为两种，对不同性质行为采取不同法律态度，在立法时应区别情节以及后果的不同，分层次追究其法律责任，同时应当从治安处罚和刑事责任两个层面提高制裁力度。

针对上述问题，2019 年 12 月 27 日，"两高一部"联合印发了《关于依法惩治袭警违法犯罪行为的指导意见》（以下简称《指导意见》），这是我国第一部由最高人民法院、最高人民检察院、公安部联合出台的专门惩处袭警违法犯罪行为的规范性文件，对袭警犯罪的罪名适用、从重处罚暴力袭警的具体标准等作了明确、细化的规定。例如，《刑法》第 277 条第 5 款关于"暴力袭击正在依法执行职务的人民警察，依照妨害公务罪从重处罚"的规定，加大了对袭警违法犯罪行为的惩处力度，但从执法司法的实践来看，由于对袭警违法犯罪行为缺少统一的入罪、量刑标准，各地对法律的理解有所不同，致使一些行为性质恶劣的袭警犯罪分子逃脱法律制裁或被从轻处罚，难以遏制袭警案件多发的势头。为此，《指导意见》对适用暴力袭警的情形、从重处罚的情节等内容予以明确规定，突出实际可操作性。同时，《指导意见》还明确规定，对民警人身直接实施撕咬、踢打、抱摔等直接攻击以及对民警正在使用的警用车辆、警械等警用装备进行打砸等破坏，间接对民警人身进行攻击的行为均属于暴力袭警行为，应当适用刑法关于袭警从重处罚的规定。对使用凶器、危险品、驾驶机动车袭警等手段恶劣；造成民警轻微伤、警用装备严重毁损、造成他人伤亡、公私财产损失、犯罪嫌疑人脱逃、毁灭证据等严重后果；多人袭警或袭击民警二人以上；具有同类前科等 7 类情形，酌情再作进一步从重处罚，且一般不得适用缓刑。规定对于驾车冲撞、拖拽民警以及抢夺、抢劫民警枪支，危害公共安全或民警人身安全的，依法适用以危险方法危害公共安全罪、抢劫枪支罪、抢夺枪支罪、故意杀人罪等重罪。

"作为特殊的职业群体，警察社会治安维护、公共安全保障等法定职能的特殊性决定了其面临的特殊危险性。尤其在袭警手段不断升级、暴力程度不断加剧的社会转型时期，警察的特殊社会角色使得袭警违法犯罪不仅导致公众对警察社会治安维护能力的怀疑、丧失对良好秩序的信心，更可能助长不法群体违警、扰警、袭警的不良风气，削弱警察职业安全保障，影响警察正当执法的工作积极性，危害到公众权益保障和社会公共安全，形成恶性循环。"● 警察执法是代表国家执行公务，国家法律和威严是绝对不容侵犯的，在任何一个国家，袭警行为都是重罪，警察执法不同于一般行政执法，具有显著的危险性，需要特殊的法律保护。随着 2020 年 12 月 26 日《刑法修正案（十一）》的通过，"袭警罪"作为单独罪名被正式确立。在很短的时间内，全国各级法院相继受理并宣判了一批涉嫌袭警犯罪的案件，有效地维护了警察执法权益。为进一步增强"袭警罪"司法适用的可操作性，应当在《关于依法惩治袭警违法犯罪行为的指导意见》基础上，对"袭警行为"的认定进行立法或司法解释，并设置相对简化的追诉程序，便于及时打击袭警行为。此外，建议把侮辱、谩骂、恐吓、诬告等行为作为从重处罚情节，纳入刑法范畴予以打击，切实保护民警执法权益。

二、 加强警察执法权益保障配套制度建设

（一）建立与警察职业相匹配的保障制度

警察是和平时期社会安全的守护神，是随时可能付出生命的高危职业，其对公民和国家的重要意义丝毫不亚于军队。经过多年的薪酬制度改革，如今军官的待遇已有很大提高，但警察却仍原地踏步，近年来已有专家建议将警察待遇向部队看齐，但相关政策却迟迟未能落地。随着我国经济实力提升，财政负担能力已不应成为提高警察待遇的阻碍，再加上警队和军队在衔级制度、管理方式等方面的相似性，警察待遇完全有可能向军队看齐，这是一个势在必行且刻不容缓的改革，因为它直接触及警察生存权、劳动权、物质保障权的实现。此外，各级政府应出台制度充分保障警察的休息权。

第一，国家应逐步改革警察编制制度，建立起不同于普通公务员序列的警察编制序列，不断优化和充实警力配备，缓解当前基层一线警力严重不足问题。第二，建立能够真正落实的轮值轮休制度。针对当前不时出现民警"过劳死"现象，很多地方公安机关将民警"带薪休假"作为硬性规定的尝

● 宫志刚，王占军. 警察执法权威的法律保障探微［J］. 中国人民公安大学学报（社会科学版），2012（4）：26.

试，虽然这种做法在局机关实行率较高，但对基层民警而言更像是"画饼充饥"，绝大多数一线民警仍然很难真正实现"带薪休假"。第三，民警因公需要加班执勤的，应严格按规定给予补贴，相关津贴发放标准和程序应当尽量简化，真正体现警察的劳动价值。第四，完善警察抚恤制度。我国目前的警察抚恤制度已严重落后于社会发展现实，其不足应尽快改进：一是现有政策不能有效覆盖民警伤亡病残全部范围，致使民警在工作中伤亡却不属于"因战、因公"范围，许多民警"因病致贫"问题无法解决。二是现有规定冲突导致执行不畅。如民警出警遭遇交通事故致残，现有《工伤保险条例》和一些地方性规章在执行中附加限定性条款，难以认定警察在工作中所受伤害为"因公"和评残。三是现行抚恤待遇标准较低。如公安部为全国民警办理的人身意外伤害保险，其赔付标准仅为 10 万元，且必须在民警身故状态下才可获得，显然解决不了问题。这些问题都有必要通过法律和政策进一步予以落实解决。❶

可喜的是，国家已开始重视警察职业保障，相关政策陆续出台并逐步建立起相关工作机制。公安部、财政部在 2005 年联合下发了《因公牺牲公安民警特别补助金和特别慰问金管理暂行规定》，由中央财政设立专款，用于因公牺牲公安民警家属的生活补助。2016 年，公安部印发《关于进一步加强和改进关爱民警工作的意见》，提出了进一步加强和改进关爱民警的 30 项措施。2017 年，公安部又印发《关于进一步减轻基层公安机关工作负担的意见》，从明确职责范围、严格依法履职，合理配置警力、充实实战力量等八个方面提出了进一步减轻基层公安机关工作负担的 30 项措施。2018 年元旦春节期间，全国公安机关共走访慰问烈士、因公牺牲负伤民警辅警家属、公安英模、特困民警辅警 30.5 万名（户），走访慰问基层单位 2.6 万个，发放慰问金 6 亿元。国家还积极加强和改进公安英烈和因公牺牲公安民警子女的教育优待工作。2018 年 1 月，公安部和教育部联合印发了《关于进一步加强和改进公安英烈和因公牺牲伤残公安民警子女教育优待工作的通知》，将优待对象范围

---

❶ 贾延红，詹伟. 警察职业风险防控的路径探索——以境外警察职业保障经验为启示［J］. 广西警察学院学报，2018（6）：48.

进一步明确和拓展为全国公安系统烈士的子女和因公牺牲民警的子女。在教育优待措施上，实现了高等教育、普通高中、中等职业教育、义务教育、学前教育的全覆盖。

（二）健全武器与警务装备保障制度

鉴于当前严峻的社会治安形势，公安民警在行政执法中的武器和警务装备是完成执法工作和保障民警自身安全必不可少的。根据《人民警察法》《枪支管理法》《人民警察使用警械和武器条例》《公安机关公务用枪管理使用规定》所构建的武器配备与使用制度，人民警察依法使用枪支受国家法律保护。但在警务实践中，民警"不配枪、不带枪、不开枪"的现象比较普遍。究其原因，现有法律制度未能为警察创造科学合法的用枪环境。《人民警察使用警械和武器条例》对武器的使用仅作出原则性规定，但对武器使用的具体情形和程序等并未规定，导致民警在执法中难以作出明确判断，尤其顾忌开枪误伤误死的法律后果，于是干脆弃之不用。与此同时，部分领导害怕"枪支出事"而盲目"封枪入库"的做法使得民警武器配备和使用权利被剥夺，导致"警察无枪"成为世人皆知的秘密，助长了恶性违法犯罪发生，降低了警察执法权威。因此，从法律层面健全武器与警务装备保障制度迫在眉睫。

第一，制定与《人民警察使用警械和武器条例》相对应的《〈人民警察使用警械和武器条例〉实施细则》，明文规定警察执法警械与武器配备的法定权利，确保警械武器配备到位；建立健全并严格执行警械武器使用和管理制度，制定操作性强的枪支配发、携带、保管、使用、后果处置规范，确保警械武器的合理、合法及正当有效使用。第二，建立警察正当用枪权益保障与救济制度，加强对警察正当履职行为的支持。明确警察正当职务行为后果的国家赔偿制度，减轻警察正当开枪行为的后顾之忧；完善警察使用警械和武器的监督制度，着力加强对民警日常训练和警用装备使用情况的检查，确保警械武器不滥用，避免侵犯公民合法权益；建立民警权益保障责任追究制度，凡没有依法保障民警警械武器使用权而造成民警伤亡或工作失责的，应严厉追究相关责任。● 第三，要严格按照《公安派出所装备配备标准》，切实保障基层一线执法民警的单警装备以及防割手套、防弹防刺背心、防弹头盔等必要的执法防护装备配备到位。第四，明确规定一线民警在执行巡逻、侦查、追捕、设卡以及出警执法等特殊任务时，必须依法携带枪支和防护装备，确保民警攻防能力有效保障●。第五，针对当前侵害民警执法权益案件取证难的情况，特别是行政执法中经常遭遇的侮辱、谩骂、诬告陷害等情况，必须配备执法记录仪以固定现场证据，以便依法打击侵害民警执法权益违法犯罪行为以及维护自身合法权益。

（三）完善警衔培训训练科目，提高民警自我防护能力

根据公安部规定，全国在职民警在职务晋升前都必须参加专门的培训，待全部科目过关后才予晋升，警衔培训除文化科目外，还包括擒拿技术、武器使用、警械使用以及协同执法战术等警务技能方面的培训。但是，根据笔者多年的警衔晋升培训经历，这些培训多数是走过场比画几下了事，实战性特点不够突出，未能有效训练和提高民警的实战技能和自我保护能力，导致民警执法安全保障严重不足。为此，有必要制定新的警衔培训科目实施纲要，尤其是警务实战技能培训科目一定要突出仿真性、实战性，让民警在真实的执法环境下训练抗击抗压能力，通过训练熟练掌握制敌技术，从技术层面练就过硬的维权本领。另外，执法中民警的自我保护意识减少遇袭伤亡的重要保证，当前许多侵害警察执法权益行为之所以得逞的重要原因就是民警缺乏必要的自我保护意识。为此，警衔培训应重视民警自我防护与自我维权意识的训练，通过真实案例警示教育刺激受训民警的脑神经，在内心深处唤醒自我防护的安全意识。例如，可邀请心理专家对民警开展心理健康主题讲座，分析典型执法环境下执法民警与违法嫌疑人的心态，模拟执法环境，训练提升民警的执法心理。还可以邀请法律专家开展维权专题讲座，以分析典型维权案件方式帮助民警了解国家相关法律和制度，熟悉自身拥有哪些权利以及

● 宫志刚，王占军. 警察执法权威的法律保障探微［J］. 中国人民公安大学学报（社会科学版），2012（4）：27.
❷ 赵建设. 警察执法权益及其保障体系建设［J］. 中国人民公安大学学报（社会科学版），2009（4）：101.

维权可以通过哪些方式进行，充分提高自身维权意识与维权能力。

（四）构建科学合理的执法容错机制

"人非圣贤，孰能无过"，警察执法是一项高难度的复杂工作，如果只许成功不许失败，那既不合理，也不科学。习近平同志曾指出，"干事业总是有风险的，不能期望每一项工作只成功不失败"，如果不分情况、不分性质，对犯错的干部搞"一刀切"，就会挫伤干部改革攻坚、干事创业的积极性。2018年5月，中共中央办公厅印发《关于进一步激励广大干部新时代新担当新作为的意见》，提出建立健全容错纠错机制，宽容干部在改革创新中的失误错误，强调切实为敢于担当的干部撑腰鼓劲。容错机制的法理依据在于"人的有限性"，即人的行为"既是有意识的理性的，但这种理性又是有限的"。❶政府是由个体组成的组织，将政府组成中的个体进行非人格化显然脱离实际，政府的决策与行动必然受到有限理性的限制。"即使有高度的智慧与良好的心愿，立法与行政官员也不能免于不犯一点错误。任务的复杂、必须判断的问题为数之多、利害不同的各方所施加的压力，使公职人员在进行工作时必然要出错，任何人处于这种情况也都是一样难免出错的。"❷ 因此，承认理性认知的局限性，科学建构和实施容错免责机制是加强警察队伍建设、保障警察执法的必然选择，具有法理层面的规范性、正当性和合理性。

在我国警察法律体系与相关制度中，涉及警察执法容错机制的法律规定一直存在，如《人民警察法》第5条规定："人民警察依法执行职务，受法律保护。"《人民警察使用警械和武器条例》第5条规定："人民警察依法使用警械和武器的行为，受法律保护。"《公安机关人民警察佩带使用枪支规范》第6条规定了合法使用枪支的免责条款；第23条规定了民警对调查结论持有异议的救济制度。《公安机关人民警察执法过错责任追究规定》第20条规定了执法过错责任从轻、减轻或者免予追究的内容。《公安机关维护民警执法权威工作规定》第14条规定了民警合法依规履职免责的情形，第15条还规定了警察执法追责不受舆论炒作和信访投诉的干扰，第16条对民警执法过错的认

---

❶ 卢现祥. 西方新制度经济学［M］. 北京：中国发展出版社，1996：11.
❷ 科恩. 论民主［M］. 聂崇信，等译. 北京：商务印书馆，2005：178.

定要系统综合考虑各项因素，客观评价民警的行为性质，并规定了作为第三方的专家介入审查机制。此外，地方警察机构亦积极探索警察执法容错机制的建立，如2018年江苏省公安厅发布了《公安民警依法履职免责标准（征求意见稿）》，引起了基层民警的广泛关注和共鸣。❶ 近年来的警务改革表明，法律对警察执法行为的评价更加人性化和灵活化，趋向以行为所处的情境而不再以概念化的指标来考察警察执法中的行为是否合理，并从程序上提供了更多的申诉和救济途径。因此，建立警察执法容错机制，从实体和程序两个方面细化警察减轻或免责的具体条件和运行方法，是维护警察执法权威和实现警察权保障的有效途径。❷

三、 构建多元化的警察执法社会保障体系

（一）坚持法治道路，树立警察权威

"人治"观念在我国早已根深蒂固，"法治"进程则显得步履维艰，因此想要在短期内转变执法环境不切实际，我们需要脚踏实地、扎扎实实地加大法治教育和宣传力度，争取群众广泛的认同和参与，为警察执法创造良好的法治环境。一方面，我们要继续坚持对广大人民群众的法治宣传教育，在方式方法上寻求创新。例如，可以在日常的行政执法中，以合法规范的警察执法行动展现人民警察的良好形象，鲜活地宣传法律知识、法治观念，通过警务 APP，警务公众号等互联网平台，以典型案例宣传教育广大群众学法、懂法、知法、用法，寻求群众对执法的理解和支持，塑造良好的执法环境，为警察执法奠定坚实的群众基础。另一方面，作为法治的"窗口单位"，公安机关需要树立权威，因为这是法律顺利执行的保障，警察权威某种意义上正是法律权威的代表。例如，公安机关可充分利用电视、广播、网络等媒介进行正面宣传，以歌颂英雄模范、塑造先进典型、举办英模事迹报告会、优秀人民警察评选活动等形式，让人民群众真切体会人民警察在他们身边默默付出的

---

❶ 重磅发布：《公安民警依法履职免责标准（征求意见稿）》明确民警执法时造成伤亡的免责条件［EB/OL］．［2020－03－05］．https：//www.sohu.com/a/228028420_445435.

❷ 李侠，黄一峰，刘丹阳．警察执法容错机制及其构建［J］．中国人民公安大学学报（社会科学版），2019（4）：45.

心血和汗水，不断传播警察正能量，宣扬警察光辉形象，逐渐树立警察权威。

（二）积极构建良性警民关系

近年来，不少基层民警在执法时普遍感受到：警民关系不再像以往那般亲密、和谐，取而代之的是对警察不理解、不信任、不合作，警民关系比较紧张，在执法时极易引发警民矛盾，警民关系开始陷入一种不和谐状态，执法工作愈发难以开展。实际上，"全心全意为人民服务""执法为民"历来是公安机关的工作宗旨，"依靠群众，走群众路线"也历来是公安工作取得成效的法宝，公安行政执法和刑事侦查工作的完成都离不开人民群众支持，警民关系是任何时候都必须重视的环节。为此，构建良性警民关系势在必行：首先，继续将"三项建设"中和谐警民关系建设坐实。相比于公安信息化和执法规范化建设，警民关系建设因其量化标准难以把握而推进缓慢，成效并不显著，结合当前的执法环境现实，这应当引起重视。例如，可以把和谐警民关系建设作为衡量执法成效的一项指标，纳入考核体系，作为队伍建设的一项长效工作机制。其次，执法民警应端正执法思想、规范执法行为，正确看待群众诉求，将执法行为作为一种公共服务，以服务者的姿态接受群众监督，从内心上将群众视为"上帝"，真正做到"权为民所用、情为民所系，利为民所谋"，以和谐的警民关系去压制侵害警察执法权益行为存在的空间。

（三）加强媒体沟通，为执法营造良好舆论环境

针对前述新闻媒体热衷警察负面报道的情况，除了媒体应加强新闻行业自律建设以外，公安机关应通过警察公共关系部门主动与电视、广播、网络等媒体进行沟通、消除误解，从两方面做好舆论导向工作：首先，积极向社会宣讲公安工作意义，提高群众助警意识，塑造正面的警民关系，奠定舆论的正方向。其次，善于掌握舆情引导的主动性，对可能产生负面影响的涉警舆情要及时查清事实真相，对查证属实的报道，要依法严肃处理，并及时将处置结果依法向社会公布，切忌"暗箱操作"，将舆论危机的损害控制在最小范围内。对失实报道要及时澄清真相，依法追究相关媒体及责任人的法律责任，同样要将处理结果公布，避免群众被不实信息误导，迅速修复因不实舆情而受损的警队形象和警民关系。

第六章
新时代警察权法律规制面临的挑战

第一节　网络科技信息时代中的警察权

一、　网络安全背景下的警察权[❶]

互联网技术给人们的生活带来了万物互联的巨大改变，然而随之产生的网络安全、网络违法犯罪等问题也在与日俱增。作为网络执法的主力军，公安机关承担着网络安全保障、维护网络秩序、打击网络违法犯罪以及保护网民合法权益的重任。然而，公安机关在网络执法中存在着依据不清、权限不明、执法失范的弊端，让网络执法屡遭质疑，严重影响公安机关网络执法的正当性与合法性。为此，厘清网络警察权的法定职能、法律依据以及运行边界，事关警察权在网络安全领域配置运行的有效性与合法性，对于规范警察网络执法行为、确保权力合法运行意义重大。

（一）我国网络警察的产生、职能及执法依据

1. 我国网络警察的产生与发展

自 20 世纪 80 年代开始，互联网进入我国，并在随后经历了逐渐普及并

---

❶ "网络警察权"是笔者的概括用语，并非严格意义上的法律概念，用以描述公安机关及人民警察在网络执法中的权力。在学界，关于网络警察执法权的概念亦未形成统一认识，如有学者将其概括为"数据警察权"，详情可参阅：郝广平. 数据警察权的配置问题研究［J］. 人民论坛·学术前沿，2019（18）：100－103.

迅速发展的过程，但互联网领域也产生了一些众所周知的违法犯罪问题。在此背景下，1988 年公安部发布《全国公安计算机安全监察工作会议纪要》，根据会议要求，全国各省、自治区和直辖市公安机关要组建公安网络监察机构，加强互联网监督管理。同年，公安部率先成立"公共信息网络安全监察局"，标志着"网络警察"作为我国一个警种的诞生。❶ 2006 年，深圳市公安局与地方网站联手，在全国首先推出"网络卡通警察"，在腾讯、深圳新闻网等主要门户网站设立"虚拟警察"，在发现、删除淫秽信息和色情网站，遏制有害信息在网络肆意蔓延方面发挥了重要作用。随后，公安部将广州、厦门、武汉、成都、杭州、宁波、重庆、青岛等 8 个城市作为试点，推广深圳公安的做法，在互联网设立"虚拟警察"，依法公开管理网上信息，把公安机关对网络秩序的管理纳入了社会治安管理总体框架中。到了 2007 年 6 月，打击网络淫秽色情等犯罪行为的"报警岗亭"和"虚拟警察"在全国重点网站、论坛全面建立。❷

2008 年，在国务院机构改革中，将公安部网络监察部门更名为"网络安全保卫局"，与治安管理局、交通管理局、监所管理局等部门同级，主要负责公共信息网络的安全监察工作。根据公安部部署，全国各省市级公安机关相继成立了各自的网络安全保卫部门，如在省级公安厅（局）设置网络安全保卫总队（网安总队），地级市公安局设置网络安全保卫支队（网安支队），部分经济发达地区的区县分局设置网络安全保卫大队（网安大队），专门负责互联网安全监管工作。与其他公安机关内设部门不同的是，各级网警部门除受本级公安机关及上级公安机关领导外，还需接受中央网信部门的协调管理。❸

2011 年，国内第一家"网络派出所"在深圳市公安局福田分局派出所成立。网络派出所是打击网络犯罪的"实体"，有明确的"受理—研判—打击"的一整套工作流程，承担着本辖区内"受理、侦办非接触性新型诈骗案件、互联网基层基础管理、网络舆情维稳"等工作职责，它可以 24 小时网上接受

❶ 高文英，刘生龙. 网络信息管理中的警察执法问题研究 ［J］. 河南警察学院学报，2015 (5)：94.

❷ 吴雨桐. 网络警察执法研究 ［D］. 上海：华东政法大学，2017：9 - 11.

❸ 郑志军. 我国网络警察行政执法的规范化研究 ［D］. 南京：南京师范大学，2017：4.

民众的报案，侦办本辖区电信诈骗和互联网诈骗案件，并进行其他网络管制等警务工作。据悉，该网络派出所由刑警大队、网警大队及各派出所抽调的精英警力组成，是近年来探索防范和打击非接触性新型诈骗犯罪的有益尝试。

2. 我国网络警察的职能

（1）网络安全防范。

网络警察的安全防范职能主要包括三个方面：对党政机关、金融、重点生产部门、通信等单位的计算机网络安全工作进行指导、协调、检查、监督，建立相应的安全管理制度和防范机制；管理各部门机关局域网和因特网的安全保卫工作；指导相关部门单位互联网计算机病毒防范工作和网络灾害事故处置工作。

（2）网络行政管理。

在互联网世界中，网络警察行政管理的对象主要是网民、网站、网络服务提供者（提供网络接入等技术性服务的网络运营商）、网络内容服务提供者（提供信息内容服务的网络运营商）和上网服务营业场所经营者。在业务内容上主要包括：网民教育、网络舆情监控、上网服务营业场所监督检查、颁发计算机信息系统安全专用产品销售许可证等。同时，针对上述主体在互联网中实施的违法但尚未构成犯罪的行为，网络警察可依据相关法律施以行政处罚。

（3）网络犯罪侦查。

网络世界是一个具有开放性、虚拟性、自治性特征的环境，互联网犯罪具有"追踪难，取证难"的特点，因此互联网犯罪只能由具备计算机网络专业技术的网络警察实施侦查。网络警察针对不同情境和不同类型下的计算机互联网犯罪案件，依据法律授权，能够实施多种侦查手段，如 IP 定位技术、MAC 追踪技术、网页服务器爬取等方法，可以快速在网络虚拟世界锁定犯罪嫌疑人、及时获取和固定证据，对网络犯罪实施有效打击。❶

3. 网络警察执法权配置的法律依据

（1）法律。

当前，全国人大及常委会从法律层面对网络警察授权的立法不多，主要

---

❶ 徐飞. 网络警察行政执法规制研究［D］. 郑州：郑州大学，2018：4.

有三：一是 1995 年《人民警察法》，根据该法第 6 条第（12）项规定，公安机关负责"监督管理计算机信息系统的安全保护工作"。根据《人民警察法》授权，公安机关及人民警察拥有对计算机信息系统安全的监督管理权。二是 2000 年《全国人民代表大会常务委员会关于维护互联网安全的决定》，全国人大常委会通过该决定第 6 条❶，赋予网络警察网络执法的行政主体资格，并赋予其针对网络违法行为实施行政处罚的权力。三是 2016 年《中华人民共和国网络安全法》，该法共 7 章 79 条，从网络建设、运营、使用、维护和网络安全监管等六个方面对网络活动进行规范，是我国网络安全领域的基本法律依据，该法规定了国家、网络服务提供者、网络内容提供者和公民的权利义务。其中，第 59 ~ 75 条规定了网络活动主体构成犯罪及承担刑事责任的条件，并授权不构成犯罪时网络警察的行政处罚权，明确了网络警察对网络违法行为行政处罚的条件、种类及幅度。同时，该法第 30 条、第 73 条等条款对网络警察行政执法权设定了限制条件，意在防止网络警察执法权滥用，但规定相对笼统、缺乏明确的可操作性。❷

（2）行政法规。

国务院针对网络安全警察执法授权的立法主要包括：一是 1994 年《中华人民共和国计算机信息系统安全保护条例》，该条例共授予公安机关六项权力，即第 9 条赋予的安全等级划分和保护制定权、第 11 条赋予的联网备案权、第 14 条赋予的信息系统案件管理权、第 16 条赋予的网络安全产品销售许可权、第 17 条赋予的行政监督检查权以及第 20 ~ 27 条赋予的行政处罚权，依据该法授权，网络警察依法享有警告、停机整顿、罚款和没收违法所得等 4 种针对危害计算机信息系统安全违法行为的行政处罚权。❸ 二是 1994 年《中

---

❶ 《全国人民代表大会常务委员会关于维护互联网安全的决定》第 6 条规定："利用互联网实施违法行为，违反社会治安管理，尚不构成犯罪的，由公安机关依照《治安管理处罚法》予以处罚；违反其他法律、行政法规，尚不构成犯罪的，由有关行政管理部门依法给予行政处罚；对直接负责的主管人员和其他直接责任人员，依法给予行政处分或者纪律处分。"由此，公安机关治安管理的范围延伸至互联网，网络警察也取得了互联网治安执法的法律授权。

❷ 中华人民共和国网络安全法［EB/OL］.［2020 - 02 - 15］. https：//baike. baidu. com/item/中华人民共和国网络安全法.

❸ 中华人民共和国计算机信息系统安全保护条例［EB/OL］.［2020 - 02 - 15］. https：//baike. baidu. com/item/中华人民共和国计算机信息系统安全保护条例.

华人民共和国计算机信息网络国际联网管理暂行规定》，依据该暂行规定第 22 条，公安机关依法拥有警告、罚款、没收违法所得、停止联网和暂扣许可证等行政处罚权。三是 1997 年《计算机信息网络国际联网安全保护管理办法》，由于该办法侧重规制网络社会中的个人违法行为，因此成为网络警察权行使中最常用的执法依据。该办法明确赋予公安机关对网络安全的监督监察权和行政处罚权，并首次明确了网络隐私保护，虽然隐私保护条款缺乏明确可操作性，但从立法精神层面上对网络警察权实施明确了方向。四是 2002 年《互联网上网服务营业场所管理条例》，该条例赋予文化部门、公安机关、市场监管部门（原工商机关）3 部门对互联网上网服务营业场所管理权，特别赋予公安机关对互联网上网服务营业场所的网络安全和消防安全审核权、针对上网服务营业场所经营者违法行为的行政处罚权。

（3）部门规章。

公安机关是国家网络安全执法职能部门，为使上位法对网络警察的授权具有可操作性，公安部先后发布了 4 部部门规章，分别为《计算机病毒防治管理办法》《信息安全等级保护管理办法》《互联网安全保护技术措施规定》和《计算机信息系统安全专用产品检测和销售许可证管理办法》。❶《信息安全等级保护管理办法》是针对《计算机信息系统安全保护条例》第 9 条制定，意在明确公安机关对网络安全等级的监督检查权、处罚权和备案权，让网警对网络安全等级的管理更具可操作性；《计算机病毒防治管理办法》是针对《计算机信息系统安全保护条例》第 15 条制定，意在明确公安机关对网络病毒管理权的可操作性；《互联网安全保护技术措施规定》是依据《计算机信息网络国际联网安全保护管理办法》制定，意在明确互联网服务提供者的安全保护义务和公安机关的监督检查和处罚权力，保障了安全保护技术措施的科学、合理和有效实施；《计算机信息系统安全专用产品检测和销售许可证管理办法》是对《计算机信息系统安全保护条例》第 16 条的细化，明确了公安机关对计算机信息系统安全专用产品销售的许可权、监督检查权和处罚权，使

---

❶《中华人民共和国计算机病毒防治管理办法》《信息安全等级保护管理办法》《互联网安全保护技术措施规定》《计算机信息系统安全专用产品检测和销售许可证管理办法》等部门规章详情可检索 "中国法律法规数据库"：http：//search. chinalaw. gov. cn/search2. html。

公安机关对计算机信息系统安全专用产品销售活动管理具备可操作性。❶

（二）网络警察权运行中应注意的问题

1. 网络警察权立法滞后、内容模糊缺乏可操作性

随着网络信息技术的发展，网络社会已成为与现实社会同样重要的生活领域，对许多网民而言，网络中的生活及其权利已成为至关重要的人生价值。事实上，现实社会中的许多权利形态已经投射到网络社会中，如虚拟财产、网络肖像、博客空间等，已成为人们极为珍视的财产权、人格权以及住宅自由权。网络警察作为网络社会的秩序维护者，自然需要法律授以必要的执法权力，就如同传统社会中的那样。但现实是，我国事关网络立法尤其是网络警察权的立法严重滞后，❷ 许多事关公民基本权利保护的立法阙如，导致现实中相当一部分网络警察权缺乏有效制约。例如，目前我国网络警察的执法权主要是简单移植于现实社会中的警察权，其依据主要是《人民警察法》《治安管理处罚法》等作用于现实社会中的法律，但这些法律由于立法久远，并未涉及或照顾到网络社会的特殊需求，对网络环境下的权利义务关系规范失灵，因此必不能很好地处理和解决网络社会中的违法犯罪问题或公民间的权利义务纠纷。也就是说，当前我国立法对于网络警察权的关注严重不足，亟须就网络社会中警察权的配置、范围、行使以及责任等基本问题作出规范，并在实践中及时出台配套司法解释，让网络警察权早日纳入法治的轨道中合法运行。

在我国许多法律文本中，经常能见到"有关部门"的字样，这是许多法律规范惯常的立法技术选择。虽然在立法时，这样的技术处理能够让立法时不好明确的问题搪塞过去，也能够留下所谓的修改或弹性空间。但事实上，这样的蓄意处理只会造成法律本身在实施时的不知所云，对执法或司法部门

---

❶ 徐飞. 网络警察行政执法规制研究［D］. 郑州：郑州大学，2018：5-9.

❷ 当前，我国缺少网络警察执法专门性法律，《网络安全法》在我国该领域几乎是唯一且效力最高的法律。但该法也只是规定了触犯第27条、第44条、第46条，情节轻微、不构成犯罪的可由网络警察执法，直接涉及警察权条款极少。为防止无法可依，《网络安全法》特意在第74条第2款作了补充规定，即对于既违反《网络安全法》规定，又违反治安管理相关规定的，依法给予治安管理处罚。这样的"兜底条款"是造成我国网络警察执法多数依据《治安管理处罚法》的原因。不仅如此，我国其他与网络安全相关的法律法规也存在此种情况，造成网络警察执法不得不援用治安管理、行政处罚相关的其他法律作为执法依据。

造成极大的困扰，让法律本身缺乏可操作性，使得法律对实践的指导意义和适用价值大打折扣。并且，这并非个案，只要细细留意，这样的立法惯例早已渗入几乎各层级的法律规范之中。例如，《人民警察法》虽然授权公安机关"对计算机信息系统安全的监督管理权"，但在执法实践中，如何界定计算机信息系统，如何认定构成"安全问题案件"的标准，监督权具有什么性质，是否具有强制效力，对谁实施监督，按照什么程序监督，管理权的对象、范围、程序以及法律后果如何等，这一系列问题均无法在警察法本身找到答案，只能指望于后续却无法预知何时出台的司法解释。又如，《全国人民代表大会常务委员会关于维护互联网安全的决定》中，"有关部门"是指哪些部门？"支持研究开发资金"从何而来？这样的财政"关键问题"没有明确规定，只会造成实践中各部门责任不明，或者干脆因为财政经费无法保障而放弃履职。

如果说国家法律层面对网络警察权的规定只是对公安机关整体的赋权，具有概括性可以理解，那么从部委规章、地方性法规、地方政府规章甚至内部文件或各警种的操作细则、办案规定来看，它们对网络警察权规范的含糊不清实在令人费解，甚至让人有种"为立法而立法"的感觉。例如，国家互联网信息办公室发布的《互联网直播服务管理规定》第 17 条第 2 款规定："……通过网络表演、网络视听节目等提供网络直播服务，违反有关法律法规的，由相关部门依法予以处罚。"若非专研行政法学领域的专家或律师，该条款中的"相关部门"简直让人匪夷所思，完全摸不着头脑。更何况，网信办发布的规定在法律位阶上的地位决定了其执行上位法的功能属性，若规定本身因缺乏可操作性而无法有效执行，则规范本身对权力的指导或规制价值可想而知。

从程序法角度看，网络警察权的运行程序同样饱受质疑。网络执法的复杂程度远超单维度空间的普通刑事案件的侦查过程，在"线上线下共同执法"的多维侦查中，监控、侦查、取证等各环节都需要警察权拥有较大的自主裁量空间，因此对该权力进行程序性控制是目前各国采用的主要方法。以《国家安全法》为例，公安机关"经过严格批准手续"后有权采取技术侦查措施，但法律对"严格批准手续"没有具体规定，如批准手续流程如何，由什么部门进行，"严格"如何理解，法律并无说明。虽然《公安机关办理刑事案件程序规定》对技术侦查措施审批程序有进一步明确，但同样受到质疑，即由公安机关就这样一个涉及公民基本权利的重要事项以部门规章的形式界定，其正当性与合法性缺乏基础，而且在司法实践中，规章并不能直接为司法机关所适用，其只能作为"参照"而接受司法机关的检验。在此情况下，民警若依规章执法所产生的法律后果很可能因为参照审查不过而无法律效力。

2. 网络警察权与公民通信自由、言论自由的关系

我国《宪法》第40条规定："中华人民共和国公民的通信自由和通信秘密受法律的保护。除因国家安全或者追查刑事犯罪的需要，由公安机关或者检察机关依照法律规定的程序对通信进行检查外，任何组织或者个人不得以任何理由侵犯公民的通信自由和通信秘密。"在互联网时代，公民的通信形式早已由传统的纸质书信演变为邮件、微信、QQ、脸书（Facebook）等数字通信方式，除非涉嫌犯罪，公民享有通过互联网交换信息并保有其内容私密不受侵犯的权利。但在日常的网络监管和执法中，网络警察所采取的后台监控、屏蔽、强制查阅和调取聊天记录等执法措施，并非都是基于追查刑事犯罪的需要。且这些执法措施的依据、种类和程序等并未有公开、透明的法律依据，更多的只是根据内部的工作规范作出，而针对这些措施如何控制和追责，目前也无相应立法进行规范，极易导致公安机关或某些民警个人滥用权力，不当限制或剥夺网民的通信自由和通信秘密。概言之，通信自由和通信秘密事关人格尊严，是宪法所珍视和保护的公民基本权利，宪法本身已为这样的权利限制设置了条件，即追查刑事犯罪需要。并且，对公民基本权利的限制应当由法律作出，公安机关及网络民警若非基于追查刑事犯罪需要并经严格审批程序，切不可滥用"技术侦查措施"对普通违法行为甚至是合法通信行为实施通信权利的限制。

目前，公安机关对互联网采取的是"强监管"式的执法模式，在这种模式下，公民言论自由极易遭受过度限制。对公民在网络上发表言论的行为，世界上多数国家一般不做预先审查，而更多地采取事后干预的网络审查机制。❶ 与国外不同，我国的网络安全监管模式是事先审查机制，即对网络信息

---

❶ 所谓事后干预式网络审查机制，是指法律明确规定发布违法违规信息的法律后果，对于发布网络言论之前和当时不做限制和审查。对于违反法律规定者，在言论发布之后由法定机关进行审查、认定并进行处罚。

的发布过程进行实时动态监控。例如，监管部门会对境内外的网络信息进行一定技术手段的筛查，发现不良信息后直接采取技术手段对不良信息进行处理，阻止不良信息发布；网络安全监管部门利用相应的软件和技术措施对互联网正在传播的信息进行动态扫描，只要发现违法违规的不良信息就进行警告、撤销等；网络安全监管部门要求相应的互联网平台如百度、360、微信、论坛等建立相应的"敏感词"干预机制，对于事先认定的"敏感词"采取禁止发布和搜索的技术措施，以此保证网络秩序和安全。❶ 然而，事先审查机制这种强监管式的执法手段，对公民发布的网络信息（言论）进行事先过滤，将公安机关甚至是民警个人单方所认定的某些言论视为"安全威胁"一概屏蔽的做法，涉嫌未经法定程序和专业认定等正当程序限制和侵犯公民的言论自由。

事实上，绝对的言论自由是不存在也不允许的，宪法已经为限制公民的言论自由提供了法定要件，即只有法律才能对这种自由进行限制。虽然公安机关网络执法需要高度的自由裁量权，但不等于毫无限制的自由裁量，遵循法律保留和正当程序是网络警察执法应当遵循的基本原则。在法律缺位时，公安机关就应当对言论自由的限制小心谨慎，在没有确切证据认为言论将危害且确实影响公共安全和社会秩序时，公权力应当保持必要的谦抑。否则，如同 2020 年初新型冠状病毒肺炎疫情期间李文亮医生事件将会不断上演，公民言论自由在得不到有效保障的同时，社会便缺失了有效的"预警功能"，更何况，脱离了人民利益的"社会安全"价值同样难以得到实质性的保护和实现。❷

3. 网络警察权与公民隐私权保护

网络警察权在运行中，存在公民个人信息保护与网络安全执法信息收集

---

❶ 李永刚. 我们的防火墙：网络时代的表达与监管［M］. 桂林：广西师范大学出版社，2009：30.

❷ 在我国，公民网络言论自由被不当限制的案例不胜枚举。如河北邯郸涉县一名男子在医院食堂吃饭后，因在网络发帖吐槽新医院食堂饭菜难吃且价格高，被当地公安机关以涉嫌扰乱公共秩序为由行政拘留，此事引发网络热议，虽然邯郸市公安局最终撤销了对当事人的行政处罚，并对相关责任人进行了处理，但该事件所折射的现象不由得引起我们反思，我国公民网络言论自由保护现状堪忧，相关制度亟待改革完善。（案例详情可参见："吐槽县医院食堂太难吃就被拘留，这个"笑话"太沉重［EB/OL］.［2020 - 02 - 14］. http：//www. oeeee. com/mp/a/BAAFRD00002017082148579. html？from = groupmessage. ）

之间的冲突问题。一方面，网络民警在侦破案件、查处违法违规行为时，需要通过技术手段对网络上有关的个人信息进行海量收集并进行大数据分析。但另一方面，网警收集到的信息中，很多信息涉及大量公民个人的生日、家庭地址、电话甚至特别私密的个人信息，且这些公民都是没有任何违法犯罪嫌疑的合法公民。但目前，我国法律对执法机构可以收集的信息范围未作明确规定，且对于收集到的公民个人信息如何保存和保密也未见程序性规定。倘若公安机关及其民警能基于职业纪律自觉将所收集到的公民信息妥善保存也罢，但现实中泄露公民个人信息案件反复发生的事实表明，缺乏制度化的控权机制必然导致执法失范现象，权力基于寻租或不当目的考虑极易被滥用或不当使用，是公民隐私权的极大威胁。例如，河南省南阳市市民任某因为在电脑上下载了一部淫秽视频，被当地公安机关发现并处以 1900 元罚款的行政处罚。❶ 该案中，公安机关如何得知任某私自下载视频并将其存储于电脑中是一个令人生疑的问题。假如网警在执法中通过技术手段能够侦测到并全程监控任某下载淫秽视频的过程，那就涉及技术侦查手段中监控措施的使用，显然不符合法定的"追查刑事犯罪"条件。按此逻辑，若网警有权随机或动态实时监控任何网民的网络行为，其权力是否过大？是否涉嫌侵犯公民在网络空间的人身自由或行为自由？退一步看，即使任某下载淫秽视频行为属实，但其并未传播、扩散或销售，仅作为个人观看的行为是否违法并需要施以行政处罚，也是值得讨论的问题。事实上，从《网络安全法》等国家立法的价值取向看，法律更倾向于从互联网服务提供商、运营商以及专业用户等角度实施网络监管，而普通公民的网络行为除非涉及违法或刑事犯罪，一般不应过度干涉。因此，警察权应当尊重公民在网络的自主生存空间，在面对宪法所保护的基本权利时，尽量保持最大的自我抑制。

事实上，近些年我国已日益重视公民隐私权保护问题，如晚近的许多法律文本中，均能发现对公民个人信息及隐私信息保护的内容，尽管大部分条文并未出现"隐私权"字样，立法技术也只是通过限制公权运行的方式间接

---

❶ 网警执法应有更明确的法律依据［EB/OL］.［2020 - 02 - 18］. http：//views. ce. cn/view/gov/200809/20/t20080920_16860747. shtml.

地对隐私权施以保护，但保护隐私权的立法精神已然呈现。如《网络安全法》第 30 条和第 73 条规定了网络安全保护和监管部门对履职中获取的信息只能用于维护网络安全，执法部门有保护信息安全不泄露的职责，间接地保护了公民个人隐私的安全。此外，《互联网信息内容管理行政执法程序规定》第 18 条也规定了执法人员对在办案过程中知悉的国家秘密、商业秘密、个人隐私应当依法保密。可见，网络警察基于权力的便利极易在执法中获得公民隐私信息，基于保护人民群众的法定职责，其自然成为公民隐私权保护主体，故网络警察应当重视公民隐私权保护问题，勤于法律知识和法律素养学习提升，努力塑造权利保护意识，切实在执法中尊重和保护公民隐私权。

二、　大数据时代警察权面临的机遇与挑战

（一）大数据为警察权提供技术支撑

关于"大数据"（big data）的概念，目前未有统一界定。一般认为，大数据是指信息大飞跃、大爆炸时期，由于网络通信技术的广泛使用所产生的海量化、多样化、高速化、价值化的数据信息，并表征或命名与大数据密切相关的各类科学创新、技术创新与应用发展变化的趋势。❶ 从理论上看，大数据研发的目的在于通过大数据技术在不同领域的应用，从海量且多样的巨量数据中快速获取有价值的信息。因此在实践中，"大数据"不仅指数据本身的规模庞大，也包括以数据采集的工具、平台和数据分析系统为表征的大数据技术。在大数据时代，我们以一种前所未有的方式收集和分析着海量数据并从中获取优质价值的产品和服务。然而，大数据在给我们生活带来便利的同时，也正在被不法分子利用于实施违法犯罪活动。当前各类新型的违法犯罪层出不穷、作案科技含量不断提高，日益呈现出数据化、智能化趋势。例如，利用互联网和电信网络实施互联网、电信诈骗犯罪；利用 APP、微信公众号、手机二维码以及公共场所免费 Wi－Fi 窃取公民信息犯罪；制造病毒侵入商业或政府数据库；利用网络传播谣言、制造恐怖事件；利用网络实施洗钱犯罪、

---

❶　樊崇义，张自超．大数据时代下职务犯罪侦查模式的变革探究［J］．河南社会科学，2016（12）：40．

金融犯罪等，由于此类犯罪手段多属远程操控，技术性和隐蔽性强，作案者多具有较高的智商和反侦查能力，使得警察执法工作面临着较大压力。同样地，公安机关也可以借助于大数据技术提供的机遇，及时转变执法理念、执法手段和侦缉策略，以回应大数据技术发展带来的挑战。

习近平总书记在 2017 年 12 月 8 日进行的中共中央政治局第二次集体学习时指出："大数据是信息化发展的新阶段。随着信息技术和人类社会生产生活交汇融合，互联网快速普及，全球数据呈现爆发增长、海量集聚的特点，对经济发展、社会治理、国家管理、人民生活都产生了重大影响。"[1] 为贯彻落实大数据战略，国家"十三五"规划纲要、国务院《促进大数据发展行动纲要》明确了大数据战略中长期路线图与实施重点、目标、路径，将大数据作为国家基础性战略资源，提升到"建设数据强国、提高政府治理能力和推动经济转型升级"的战略性地位。

目前，国内公安机关构建的大数据技术体系主要由六个部分组成，分别为智能感知技术、基础设施技术、数据治理技术、智能应用技术、安全防护技术及标准规范。智能感知技术是公安大数据采集、分析、研判的基础，它包含音视频采集技术、感知对象重构技术、主动快速多模态人员感知技术、物品探测技术、网络虚拟对象感知技术、室内外定位技术等。基础设施技术包含云计算平台构建技术、大数据平台运维运营技术等，它是支撑全国公安数据、应用融合共享的新一代网络技术。数据治理技术包括数据接入、存储和计算技术、数据处理与分析技术、异构数据融合技术、数据分级分类技术、元数据管理技术、深度学习技术等。智能应用技术包括公安知识图谱构建技术、公安技战法建模与分析技术、可穿戴技术、社会风险监测预警技术等。安全防护技术包括数据安全、网络安全、应用安全及安全评估等技术。而标准规范则包括公安大数据采集汇聚、处理存储、分析应用、传输交换、安全运维等方面的各项标准体系及测评技术。[2]

---

[1] 最高人民法院. 习近平在中共中央政治局第二次集体学习时强调 审时度势精心谋划超前布局 争主动 实施国家大数据战略加快建设数字中国 [EB/OL]. [2020 - 07 - 03]. http://mp.weix-in.qq.com/s/eeBWdMxEHEcBhUoxqxv19w.

[2] 陈毓，谭林. 公安大数据技术应用现状分析与思考 [J]. 警察技术，2019 (5)：4 - 5.

在多年的信息化建设中，公安机关形成了重视数据信息系统建设的优良传统。从 1999 年启动"金盾工程"到"三基"工程建设和"三项建设"，再到当下的"智慧警务"建设，我国公安系统信息化建设成果卓著，大数据技术已覆盖治安、刑侦、交管、消防、户籍、出入境等领域。在"大情报战略"部署下，警用大数据与犯罪分析应用正在各地公安机关开展探索，旨在提升以网络、生物、图片、视频、语音等为代表的警用大数据处理能力，发掘信息系统智能分析、实施监控、趋势预测与决策支持能力，通过大数据运算，打破信息壁垒，实现海量信息深度融合和高端应用，从而提升社会治安和违法犯罪的治理能力。

从国家层面看，面对日益严峻复杂的社会形势，公安部除了重点建成一批基层民警日常执法常用的警综平台及相关数据库外，正大力组建专门的数据信息系统，如公安部警务实战化通信指挥系统项目、全国刑侦信息专业应用系统、电信网络诈骗犯罪侦查子系统、非法集资犯罪监测预警平台、公安部视频图像信息综合应用平台以及其他针对新型专门犯罪案件的信息系统等。例如，实践中的警务数据挖掘技术已在治安执法中得以应用，其利用人像对比"警务眼镜"筛查违法行为人，使公安机关准确定位违法犯罪嫌疑人的能力成倍提升。"中国天网"利用面部识别技术，在追逃等行动中屡建奇功。❶

从地方层面看，当前全国各地"智慧公安"建设实践探索正如火如荼地展开，大数据技术与警察权结合所构建的全新警务模式已初步成型。例如，四川省泸州市公安局积极适应大数据发展趋势，提出"统规划、统标准、全汇集、全共享""一工程、一中心、一平台、多系统、多模型、泛感知、广应用"的公安大数据警务战略架构，探索出警务大数据应用的"泸州模式"，并率先于 2018 年 1 月成立了国内首个"大数据警察支队"。大数据警察支队拥有获取、利用全警整合的公安内外部数据信息的最高权限，并由其负责全市公安视频图像系统与警务大数据应用平台建设，集中各警种所有系统数据，

---

❶　楼叶. 大数据背景下警务数据挖掘的法治化 [D]. 北京：中国人民公安大学，2019：8.

综合运用视频图像和警务大数据技术为全警提供合成作战及情报信息支撑。❶ 又如，上海公安致力于融合大数据技术等新兴技术，搭建全面感知、广泛互联、相互协同的有机网络，做到完善"云端、管道、客户端"三大基础设施，管住"人、物、房、点、路、网"六大要素，形成"一中心、一平台、多系统、多模型"的整体格局，实现泛感知、泛应用，进而构建起智能高效的精准警务新模式。❷

（二）大数据嵌入警察权可能引发的法律问题

传统权利理论认为，为了国家安全或公共利益需要，根据法律的规定，公民的权利可以在一定程度上被缩限。警察权作为维护公共安全之重要公权，通过法律授权对公民权利实施不同程度的限制具有正当性基础。但警察权过于强大且"桀骜不驯"，如何将其运行控制在合法、理性范围内以及如何协调其与权利保护之关系一直是个经典话题。大数据时代中，警察权借助大数据技术得以更为精准、高效地打击违法犯罪行为，但"大数据警察权"如同一把"双刃剑"，若控制不当将会对公民私权造成侵害。

1. 个人信息的过度采集与滥用

对于身处大数据时代的人们来说，不胜其烦的垃圾短信、推销电话以及 APP 盗取信息等遭遇所折射出的个人信息乃至隐私泄露问题日趋严重。警察在运用大数据技术打击这类违法犯罪时，同样可能因对个人信息的不当采集、使用而侵犯公民的信息自由权❸。

（1）网络侦查与监控对私密信息的侵犯。

警察执法实践中，利用互联网将特殊软件程序植入犯罪嫌疑人电脑以收集其犯罪证据是常见的技侦手段，但同时也可能将"嫌疑人"与案件无关的

---

❶ 高文英. 警务数据的应用与执法方式改革探究——以贵州、四川泸州警务数据的应用为例 [J]. 警学研究，2019（3）：6－10.

❷ 上海："智慧公安"打造"精准警务"[EB/OL]. [2020－02－10]. http：//www. xinhua-net. com/info/2018－02/12/c_136968513. htm.

❸ 严格来说，个人信息并不等同于私密信息，它包括公民的违法犯罪信息和合法私人信息，其中涉及隐私权的仅是个人信息中与人格尊严及私密权益相关的部分，法律（法理）对不同部分的保护程度亦不相同。这里主要讨论侦查机关在采集和使用公民合法的个人信息过程中可能涉及的隐私权侵犯及相关问题。

私密信息一览无余，这种未经许可便侵入他人私密空间的行为是否具有法律授权和履行了正当程序饱受质疑。为维护网络安全与秩序，公安机关网安部门依法有权对网络进行实时监控，既包括对网络通信中的数据和信息进行截获、解密、追踪以实现对犯罪信息的掌控，也包括日常网络监视、过滤不良信息、监控网民网上活动。换言之，网络监控过程中触及公民个人信息甚至隐私的情况在所难免，如果控制不当该权力将成为公民个人信息自由的极大威胁。

（2）身份、行踪等私人信息的违规调取与使用。

大数据公安信息平台能够让民警快速查询任意公民的户籍、车辆牌照、违法犯罪记录等个人信息，虽然公安部三令五申禁止违规查询，但违规为他人调取、泄露公民个人信息的现象依然存在，如违规查询并外泄公民宾馆入住记录的行为已然构成对公民个人合法信息的极大侵犯。

（3）指纹、DNA 等个人信息的不当采集。

指纹、DNA 等信息因专属性、唯一性而具有人格权、隐私权属性，国家有义务保护公民此类信息的知情权和自决权。在指纹信息广泛使用（如指纹支付、指纹锁等）的今天，公安机关管理不当造成指纹信息泄露或滥用无疑将造成公民财产和信誉的极大损失。又如，刑事案件侦办中经常需要对犯罪嫌疑人、被害人以及相关人员进行指纹、掌纹、毛发、DNA 取样等鉴定、取证措施。但在许多案件中，被害人、当事人近亲属等相关人员的取样工作并未依法依规进行，存在欺瞒或强迫取样的情况。并且，如何保障这些私密信息被妥善保存以及合法使用需要公安机关建立起相关数据信息的内部防控机制，否则个人信息存在着被随意查询、使用、传播的风险。

2. 技术侦查措施缺乏有效制约

技术侦查措施是指公安机关为了特定犯罪案件侦查需要，根据法律规定并经过严格审批程序所采取的一种侦查手段，它主要包括电子侦听、通话监听、电子监控、秘密拍摄、邮件检查等措施。❶ 由于技术侦查措施主要以隐蔽方式、在侦查对象不知情的情况下收集犯罪证据，极有可能对公民的通信自

---

❶ 《公安机关办理刑事案件程序规定》第 255 条将技术侦查措施定义为："由设区的市一级以上公安机关负责技术侦查的部门实施的记录监控、行踪监控、通信监控、场所监控等措施。"

由、个人隐私等造成伤害（如美国棱镜门事件），因而各国法律对技术侦查措施均采取严格限制态度。我国《刑事诉讼法》第二章以专节形式就技术侦查措施的适用主体、范围、期限、程序等问题进行规范，并在第 152 条中将"个人隐私"明确列为保护对象。然而，刑诉法及相关法律规范的缺陷使得隐私权保护付之阙如。如《刑事诉讼法》第 150 条❶的立法本意在于限制技术侦查措施的适用范围，同时为避免列举式立法的缺陷，将"或者其他严重危害社会的犯罪案件"作为兜底条款赋予侦查机关一定裁量空间。但实践中，部分侦查机关曲解并滥用了这种"认定权"，恣意解释"侦查犯罪需要"，不适当地扩大技术侦查措施的适用范围。如在普通刑事案件中对犯罪嫌疑人实施24 小时监听；为取证而对犯罪嫌疑人以外的被害人或证人进行监控、秘密拍摄等，严重侵扰了相对人的行为与生活空间。

又如，根据我国刑事诉讼法规定，技术侦查措施应当经过"严格的批准手续"方能进行，但到底何谓"严格"，刑诉法本身并无界定。《公安机关办理刑事案件程序规定》第 256 条将这一程序细化为："需要采取技术侦查措施的，应当制作呈请采取技术侦查措施报告书，报设区的市一级以上公安机关负责人批准，制作采取技术侦查措施决定书。"技术侦查措施涉及多项公民自由的实现，故"严格程序"理应属于法律保留事项，但公安部以规章形式解释法律并自我赋予决定权的做法的合宪性有待商榷，更何况"表格 + 地市级负责人审批"的方式未必符合"严格手续"的法律意旨，且该项权力目前并不在司法监督范围内，显然有违宪法"权力有限"的基本理念。事实上，技术侦查措施并不比"逮捕"等刑事强制措施对公民基本权利侵害强度更小，因此隐私权保护需要更具正当性和法治化的技术侦查措施。

3. 违法犯罪信息的不当曝光

为打击犯罪、维护公共安全和社会秩序，公安机关依法有权在公共场所安装电子监控设备，意在记录随时可能发生的违法犯罪行为。电子监控为我们带来安全保障的同时，也引发了隐私保护疑虑，即身处大数据监控网的个

---

❶ 《刑事诉讼法》第 150 条规定："公安机关在立案后，对于危害国家安全犯罪、恐怖活动犯罪、黑社会性质的组织犯罪、重大毒品犯罪或者其他严重危害社会的犯罪案件，根据侦查犯罪的需要，经过严格的批准手续，可以采取技术侦查措施。"

体私密空间被极度压缩，公民个人信息近乎无条件让位于公共利益的局面是否正当？如何保证公安机关合法、正当地使用监控信息？人格尊严具有绝对价值，它不得被恣意地克减、限制或剥夺。信息自决权作为人格尊严的表现形态，除非特别授权、特别事由和法定程序，在与其他法益权衡时应当具有优先保护的价值，因此即便是违法犯罪信息也不能随意披露。如不少地方交管部门为取得所谓的"教育与警示"效果，将电子监控设备拍摄的违章车辆及驾驶员信息以登报、上网、街头屏幕滚动播放等形式集中曝光，忽视了公权与私权之间的冲突及潜在风险。更为可怕的是，无所不在的探头让驾驶室内极为私密的画面随时都可能被拍摄并不当泄露和传播，当事人要承受极大的心理压力和名誉损失。❶

此外，公安机关在利用大数据技术对违法犯罪信息比对时，通常会牵连出嫌疑人既往违法信息，如卖淫嫖娼、吸毒、赌博等违法记录，不少办案人员并未将这些信息视为应当保密的对象，而是随意将其透露给当事人家属、单位甚至予以公布，涉嫌侵犯隐私权的同时，还容易引发连锁矛盾，影响家庭和社会关系稳定。其实对于违法者而言，违法行为并不能成为限制或牺牲人格尊严的正当理由，他们仍应享有包括隐私权在内的宪法所尊重和保障的基本权利，公安机关未经慎重权衡便将有关违法犯罪信息予以曝光，这种做法的正当性值得商榷。

三、 人工智能技术嵌入警察权的实践与挑战

（一）人工智能技术在警务工作中的应用

"人工智能"（AI）是研究和开发用于模拟、延伸和扩展人类智能的理论、方法、技术及应用系统的一门科学技术，其研究主要涉及机器人学习技术、自然语言处理技术、图像处理技术和人机交互技术。21世纪以来，人工智能技术发展突飞猛进，机器视觉、语音、人脸与虹膜识别、智能搜索、自然语言理解、辅助决策、自动规划、智能控制等基础应用技术，人机博弈、

❶ "高速摸胸门""车震门"等事件是电子监控下隐私权遭受侵犯的典型案例，相关事件详情可参见：http://news.163.com/11/0905/16/7D6V3TM900014AED.html，最后查阅于2018年3月15日。

智能机器人、语音交互、机器翻译、信息安全等专业应用技术，自动驾驶、智慧医疗、智能穿戴、智能交通、智能家居等综合应用技术陆续进入实用阶段，在许多领域将对人们的生活产生重大甚至颠覆性改变。❶

2017 年 7 月，国务院发布《新一代人工智能发展规划》，提出 "要利用人工智能提升公共安全保障能力；促进人工智能在公共安全领域的深度应用，推动构建公共安全智能化监测预警与控制体系；围绕社会综合治理、新型犯罪侦查、反恐等迫切需求，研发集成多种探测传感技术、视频图像信息分析识别技术、生物特征识别技术的智能安防与警用产品，建立智能化监测平台；加强对重点公共区域安防设备的智能化改造升级，支持有条件的社区或城市开展基于人工智能的公共安防区域示范"，从国家战略层面为人工智能技术与警务工作结合指明了发展方向。❷

1. 人工智能技术在犯罪预防中的应用

信息化社会中，犯罪信息数据化是许多新型犯罪的显著特征，在此背景下，电子数据亦成为许多国家法定的证据类型之一，我国亦不例外。结合大数据和人工智能技术，电子数据所隐藏的与犯罪相关的各类有用信息能够被深度挖掘，从而有助于公安机关的侦查破案。犯罪数据挖掘是指从海量电子数据中揭示出隐含的、先前位置的并有潜在价值信息的过程。❸ 例如，人工智能技术设备可实现对与涉案嫌疑人有关的电子数据进行深度挖掘及全面展现，依托智能化的信息综合分析系统，可预测犯罪嫌疑人的犯罪模式，能够自动分析出各类犯罪嫌疑人之间所存在的隐性联系。人工智能还能够在海量犯罪相关信息中发现规律，对犯罪区域、犯罪概率等作出预测，提升公安机关对各类风险隐患的预测、预警和预防能力。人工智能通过分析案件高发地点和高发时段，预测下一阶段的高危犯罪地区，自动划分治安防范重要区域和重点时段，按需调整警力部署和打防重点，实现精准巡逻防控和集约化用警。例如，美国部分警局将犯罪预测分析系统用于分析犯罪动态、识别犯罪模式、

---

❶ 杨全民. 人工智能在世界警务领域中的应用 [J]. 中国安防, 2019 (6)：110.

❷ 张昊朱，守亮，江耿亮. 智慧新警务的发展变化与趋势 [J]. 中国安防, 2019 (7)：45.

❸ 马丁，刘建军，龚雪. 基于隐性知识挖掘的网络犯罪案件数据分析技术研究 [J]. 信息网络安全, 2013 (10)：200.

预测犯罪趋势，为科学部署警力提供了精确的指导。

2. 人工智能技术在刑事案件侦查中的应用

随着信息化、大数据的纵深发展，以"大数据+人工智能"为要素的新型侦查模式不断发展，人工智能正在对传统侦查模式进行着"智能化改造"。人工智能在视频内容的特征提取和内容理解方面有着天然的优势，可对监控画面中的特殊目标视频进行智能分析，提取可疑的人、车、物等信息，生成结构化的语义描述，从而实现特定目标的快速定位、查找和检索。例如，在进行痕迹鉴别时，人工智能技术能够对痕迹进行自动识别，判定指纹、掌纹、皮肤纹、牙齿甚至声音，还能够进行枪弹痕迹鉴别、作案工具鉴别和轮胎等其他痕迹鉴别，以查证、揭露和证实罪犯。又如，在进行人员监控时，借助智能人脸检测技术，可在城市道路、广场、娱乐场所及其他重点场所对目标人员进行识别，提取包括人的性别、外饰、年龄段等特征信息，从而实现实时布控、高危人员比对、以图搜图、语义搜索等业务应用。如通过采集人脸图像，并与各种人脸数据库提供的图片进行比对，如果发现重点关注人员可立即推送至警务平台终端，让一线警察能够快速反应及时控制嫌疑人。❶

3. 人工智能技术在治安防控中的应用

当前，我国各地正在大力推行智慧警务建设，以大数据智能应用为核心的智慧治安防控机制已初具雏形。结合海量案件数据库，人工智能技术能够分析案件高发地点和高发时段，自动划分治安防范重要区域和重点时段，按需调整警力部署和打防重点，实现精准巡逻防控，提高用警效率。如在治安巡逻工作中，智能警用机器人可替代民警执行安保、巡逻任务，在目前各地警力严重不足的情况下，能在一定程度上缓解和降低公安民警的劳动强度及执勤风险。目前，警用机器人已初步具备区域巡逻、人脸识别、多模态人机交互、警情识别等功能，可优先配置在机场、广场、车站、码头、公检法办公场所、大型活动现场、要害部门等重要区域，实现对特定区域环境、人员、车辆、意外事件等要素的信息感知，同时保障重点人群、重大设施和重要区域的安全。此外，在对娱乐场所、快递、加油站、汽车租赁等特种行业的管

---

❶ 杨全民. 人工智能在世界警务领域中的应用 [J]. 中国安防, 2019 (6)：111.

控中，通过人脸比对与实名登记相结合，人工智能技术能够通过数据收集终端（如手机 APP 或摄像头）收集购买管制刀具、租车等人员信息并通过对数据库的智能运算，若发现特定前科人员比对成功则产生预警信息并将其同步至公安机关，以智能预警系统的形式实现公安机关对特种行业的管控。❶

4. 人工智能技术在交通管理中的应用

在交通管理工作中，人工智能主要用于运动目标检测和识别，包括交通信号控制、路网流量调控、人车特征关联、交通行为研判和动态违法取证等。在交通信号控制领域，人工智能可实时分析城市交通流量，调整红绿灯间隔以缩短车辆等待时间，提升城市道路的通行效率。如青岛交警部门通过布设 1200 余台高清摄像机，4000 处超声波、微波及电子警察检测点组建起智能交通系统，实时优化市政道路及国省道红绿灯，使得整体路网平均速度提高了 9.71%，通行时间缩短了 25%。在车辆识别领域，基于深度学习的车辆识别技术目前已能够将车辆特征范围由车牌或车标扩展到包括车灯、格栅、车窗等整个车身，通过智能识别系统，不仅能识别车辆的品牌，还能识别车辆的型号、年款、颜色等详细类别。目前，国内不少城市的道路卡口已安装了车辆智能识别终端，它除了能够识别 2000 余种细化到年款的车辆类型外，还能针对"假牌""套牌""不系安全带""开车打电话"等违法行为进行抓取甄别，有效替代了以往只能靠人工核验的大量工作，极大地提升了交管部门的执法效率。❷

（二）人工智能技术警务应用中值得反思的问题❸

1. 人工智能警察的道德伦理问题

如同基因编辑技术一样，人工智能技术同样面临着道德伦理的担忧和质疑。人工智能毕竟是"人"制造的，它由人类设计，它的程序编写与具体制造者的价值取向紧密关联，从此意义上说，绝对的"数据正义"或"算法正

❶ 吴俊伟. 人工智能助力警务革新 [J]. 中国公共安全，2019 (4)：31.
❷ 杨全民. 人工智能在世界警务领域中的应用 [J]. 中国安防，2019 (6)：112.
❸ 笔者认为，人工智能技术对人类未来的影响是深远的，既有对人类主体性价值的挑战，也有对隐私权、人身权、财产权等具体权利侵犯的可能。互联网信息时代隐私权保护问题是人工智能技术最易触及的领域，因其与后文部分内容存在交叉重叠，故此处暂略，留待后文再论及。

义"并不存在。更甚的是，一旦机器具备了自主意识，甚至完全能够脱离人类的控制，那么其行为选择如何确保"向善"，是最为令人担忧的事情。在此背景下，如何确保警察部门在运用人工智能技术时的价值取向正当，"智能警察权"如何实现规制，智能执法时如何真正做到中性理性而不带偏见，避免警察权借助人工智能技术"恣意妄为"，则是人工智能嵌入警察权之前就必须深刻思考并妥善解决的问题。如在美国，警察在日常执法中有很大的自由裁量权，"他们自主选择特别关注哪些区域、逮捕谁、什么时候使用武力、谁的行为可疑、谁可能是犯罪人"，而美国警察在执法中对贫穷人群和有色人群的偏见和歧视早已闻名，因此警务数据、代码、算法等在机器警察制造阶段就可能带有种族歧视偏向已成为美国学者普遍关注的问题。❶

事实上，人的主体性问题是哲学、法学等人文学科甚为关注的伦理问题，它决定了社会治理的价值取向的正当性。如果人工智能偏离了人本的价值取向，再高端的技术亦无助于人类追求幸福，甚至当智能机器本身成为主体性存在时，人类的存在价值和所构建的一系列文明制度都将失去意义。换言之，人工智能技术必须服务服从于人的价值追求才具备价值上的正当性。设想一下，如果智能警察在执法时忽视或随意侵犯法律所保护的人权时，谁能保护机甲面前弱小的人类？为避免这种情况发生，在人工智能技术嵌入警察执法的过程中，警察所输入的数据、代码、算法要公开、透明，未来的智能机器警察所拥有的执法权限、措施类型、方法程序等应当在技术条件和社会认同都成熟的情况下方能实施，最为重要的是，其所有的权力都必须经过人类通过的法律授予，以确保人类的主体性价值得到保护和实现。

2. 人工智能警察的武器使用问题

根据《人民警察使用警械和武器条例》第 9 条规定，人民警察在 15 种情形下可以使用武器。实践中，机器警察协助人类警察以武力应对犯罪分子的做法已被部分国家所采用。根据目前的人工智能技术，可以将大量警察使用武器（主要指枪支）的案件信息输入机器警察数据系统，通过数据分析和深度学习，机器警察能够形成不低于人类的判断能力。并且，由于机器警察可

---

❶ 转引自：夏菲. 警务科技化进程中的公民权利保障［J］. 华东政法大学学报，2019（5）：93.

不受情绪影响，其判断力有可能比人类更客观。但需要警惕的是，谁来对机器警察进行武器使用的深度学习？如果警察机关拥有这种编程的权力，那么是否需要法律的特别授权？如何保证写入程序的案例足够正确或恰当？若输入的信息选择不当是否会导致机器警察分析和反应失误？机器警察启动武器使用的条件？是否跟人类警察使用武器的条件一致？如何防范程序出错？出现错误判断时如何中止、矫正和救济？如何防止程序受到黑客或犯罪分子攻击？类似还有太多的问题值得我们慎重考虑。因此，笔者相信在一定时期内，机器警察对人类自主使用武器不会成为现实，因为一旦机器掌握了自主意识，其完全可能反制人类，以无辜的人类作为攻击目标，那么电影《终结者》中所描述的末世景象就不再只是科幻想象。

虽然笔者不赞成机器警察拥有独立的武器使用权，但其在辅助警察执法时的优势还是确实存在的，因此也大可不必因噎废食。例如机器警察在处置持枪严重暴力犯罪或恐怖主义袭击事件时，其强抗击打性能有效避免人员伤亡。但为了规范其武器使用行为，避免警察权力的滥用，还是有必要明确机器警察使用武力的几项基本原则：一是是否使用武器及使用至何种程度的决定权要掌握在人类警察手中；二是以立法明确机器警察武器使用的法定标准（启动程序），如公众或警察的生命安全正遭遇侵害或者侵害即刻就要发生；三是武器使用的决策和行动过程要以一定形式完整地记录下来，以便事后评估；四是武器使用要遵循比例原则或最小使用武力原则，即只要达到有效控制犯罪分子目的即应停止武器的继续使用。❶

3. 人工智能警察执法的责任归属问题

如果机器警察的行为违反法律并侵害了公民权利，应当由谁承担责任？如何承担责任？要回答这个问题，首先要解决的是机器警察的法律资格问题。机器警察到底是"人"还是"物"？还是介于两者之间的一种新型法律主体？在我国现有的民事、行政和刑事法律制度下，法律责任的主体统统指向"人"而非"物"，因此，机器警察在现有的法律格局下并不具备独立的法律人格，故不能独立承担法律责任。

---

❶ 夏菲. 警务科技化进程中的公民权利保障［J］. 华东政法大学学报，2019（5）：94.

那么在法律制度发生重大改革前，谁对机器警察的行为负责？依据《行政诉讼法》《国家赔偿法》等法律规定，国家机关及其工作人员的职权行为侵犯公民、法人和其他组织合法权益，构成犯罪的，由行为人自身承担刑事责任，其所在国家机关承担国家赔偿责任；构成行政侵权的，法律责任由其所在行政机关承担。也就是说，机器警察的行为侵犯公民权利的，公安机关是第一责任人；若具体操作机器警察的民警（无警察身份不应具有操作权）存在故意或重大过失的，需承担相应的刑事责任，或被所在单位追究相应责任。此外，若行为出错是由于设计、生产瑕疵所致，公安机关可以向设计单位、生产单位追责。❶

需要补充的是，虽然目前多数学者认为机器警察应当定位为"物"而非"人"，但人工智能技术的飞跃很可能在不久的将来就会彻底颠覆人们对法律"主体"的认知，倘若真的到了人和机器混同或合体的时代，那时的法律未必不会承认机器的主体性。因此，人工智能主体的法律资格和责任归属问题是一个历史范畴，学者的任何分析和批判都只不过是在当下的认知能力范围内做的相对理性的实效性分析而已。

综上，在科技网络信息时代中，警务科技化是公安工作与时俱进的必然选择。以人工智能技术为代表的现代机器承担了大量原来由人类警察承担的警务工作：收集、存储、分析信息；记录、识别、比对和辨别犯罪嫌疑人；运算和预测犯罪行为；治安巡逻和交通管控，甚至直接对危险分子使用武力等。但随之而来的是对公民隐私权、人身权、财产权甚至人类的主体性构成的威胁。目前，我国公安机关的技术侦查措施以及人工智能、大数据使用等无须司法机关审核，警察权在该领域几乎无实质有效的程序性约束。鉴于警察职能和权力的特殊性，人工智能技术与警察权的结合不应采取商业和服务领域智能设备使用那样的"先试点、后规范"模式，也不应由公安机关自主决定。为此，国家立法应及时跟进，明确细化人工智能技术加持下的警察权的运行规则和法律责任，以确保未来的"智能警察权"仍能沿着人本和法治的轨道前进。

---

❶ 夏菲. 警务科技化进程中的公民权利保障［J］. 华东政法大学学报，2019（5）：95.

第二节　突发公共卫生事件中的警察权

　　为有效预防、及时控制和消除突发公共卫生事件的危害，保障公众身体健康与生命安全，维护正常的社会秩序，我国于 2003 年 5 月颁布实施了《突发公共卫生事件应急条例》。根据该条例，所谓"突发公共卫生事件"是指突然发生，造成或者可能造成社会公众健康严重损害的重大传染病疫情、群体性不明原因疾病、重大食物和职业中毒以及其他严重影响公众健康的事件。❶在国际上，世界卫生组织在 2005 年修订的《国际卫生条例（2005）》中，将"国际关注的突发公共卫生事件"（PHEIC）界定为："通过疾病的国际传播构成对其他国家的公共卫生风险，以及可能需要采取协调一致的国际应对措施的不同寻常事件。"也就是说，当某个公共卫生事件突然发生且情况严重，公共卫生影响超出国家边界并需要立即采取国际行动时，该事件就构成了"国际关注的突发公共卫生事件"。❷根据该条例，世界卫生组织于 2020 年 1 月 30 日宣布，2019 年 12 月起发生在中国的新型冠状病毒肺炎疫情已构成"国际关注的突发公共卫生事件"。❸而在此之前，我国早已开启了这场如同 2003 年

---

　　❶《中华人民共和国突发事件应对法》第 3 条规定："本法所称突发事件，是指突然发生，造成或者可能造成严重社会危害，需要采取应急处置措施予以应对的自然灾害、事故灾难、公共卫生事件和社会安全事件。"很显然，疫情属于法律所界定的公共卫生事件。

　　❷ 根据《国际卫生条例（2005）》，评价突发性卫生事件是否构成 PHEIC 的因素包括：疾病感染病例、死亡病例、传染性、治疗效果、疫区人口密集程度；病情发展速度；是否传出国境；是否需要限制国际旅行及贸易等。

　　❸ 一旦疫情被确认为 PHEIC，世界卫生组织能够提出以下临时（或长期）建议（包括但不限于）：对嫌疑人员及行李、货物、集装箱、交通工具等进行公共卫生观察；对嫌疑或受染旅行者采取干扰性和创伤性最小的医学检查等额外卫生措施；对受染者实行隔离并且进行必要的治疗；不准许嫌疑人员或者受染者入境，拒绝未感染的人员进入受染地区；对行李、货物、集装箱、交通工具等实行隔离和检疫；相关方法均不成功情况，在监控下查封和销毁受感染、污染或者嫌疑的行李、货物、集装箱、交通工具等；在缔约国管辖机场过境的飞机，可限制飞机停靠在机场的特定区域，不得上下人员和装卸货物（但允许添加燃料、水、食物和供应品）；如果入境口岸不具备相关卫生能力，缔约国可命令船舶或飞机在自担风险的情况下驶往其他入境口岸；旅行者和交通工具运营者应当填写有关卫生文件，如疫苗接种、海事健康申报单、飞机总申报单、船舶卫生证书（内容来源于互联网百度百科）。

"非典"疫情一样注定被载入史册的史诗级疫情防控战。

事件始末：2019 年 12 月 31 日，武汉市卫健部门发布关于肺炎疫情的情况通报，称"多例肺炎病例与华南海鲜市场有关，并称未发现明显人传人现象，未发现医务人员感染"。几乎同时，多名网民举报有人在网上传发疫情不实信息。为查明情况，武汉公安机关先后对涉事"传谣"的 8 名行为人进行调查核实。据调查，涉事 8 人大部分为医护人员，他们在同学或同事的微信群中传发"武汉华南海鲜市场确诊 7 例疑似 SARS（非典）病例""发现了一种病毒性肺炎，和 SARS 病毒有 70% 的基因同源，怀疑是 SARS"等消息，提醒群友注意防范。公安机关认为，涉事 8 人所发信息为未经核实的信息，但情节特别轻微，遂根据《中华人民共和国治安管理处罚法》相关规定，分别对他们进行了训诫❶和批评教育，均未给予警告、罚款、拘留等处罚。随后，武汉市公安局官方微博"@平安武汉"发布了相关警情通告。❷

在很短的时间内，包括央视在内的各主流媒体相继报道转发该事件并引发社会的广泛关注。随后，在钟南山院士关于疫情官方权威消息发布后，疫情迅速在全国范围内扩散蔓延，此前武汉卫健委和公安机关对于疫情的认定显然被推翻。1 月 28 日，最高人民法院发表标题为《治理有关新型肺炎的谣言问题，这篇文章说清楚了!》的文章，为这 8 名武汉"传谣者"从法律角度进行了正名与"平反"。❸ 1 月 29 日晚，中国疾控中心流行病学首席科学家曾光教授在接受央视专访时表示："这 8 个人是可敬的，他们是忧国忧民，有一

---

❶ 关于"训诫"的性质目前尚存争议，也是该事件引发群众非议的焦点之一。"训诫"是公安机关在执法中经常使用的执法手段。从现有法律规定看，"训诫"因不具备强制力而并非法定的行政处罚种类。有学者从"训诫"的法理和实际效果等方面论证后认为，立法应当将其归属于行政处罚法定种类。鉴于篇幅及研究方向考虑，此处不予展开。

❷ 该通告内容为："近期，我市部分医疗机构发现接诊了多例肺炎病例，市卫健委就此发布了情况通报。但一些网民在不经核实的情况下，在网络上发布、转发不实信息，造成不良社会影响。公安机关经调查核实，已传唤 8 名违法人员，并依法进行了处理。警方提醒，网络不是法外之地，在网上发布不实信息、言论应遵守法律法规，对于编造、传播、散布不实谣言，扰乱社会秩序的违法行为，警方将依法查处，绝不姑息……"详情可查阅新浪网：http：//finance. sina. com. cn/wm/2020 - 01 - 29/doc - iimxyqvy8980367. shtml，最后查阅于 2020 年 2 月 6 日。

❸ 最高人民法院. 治理有关新型肺炎的谣言问题，这篇文章说清楚了［EB/OL］.（2020 - 01 - 28）［2020 - 02 - 07］. https：//baijiahao. baidu. com/s？ id = 1657091457214921498&wfr = spider&for = pc.

定见解的。我们事后评论，可以给他们很高的评价。"❶ 在此背景下，中央纪委国家监委于 2 月 7 日发布消息："经中央批准，国家监察委员会决定派出调查组赴湖北省武汉市，就群众反映的有关问题作全面调查。"❷

突发公共卫生事件的防疫是一项系统工程，其中牵涉的政府部门和各种力量很多，公安机关只是其中之一，其主要职责是疫情期间社会治安秩序的管控，为疫情防控战提供一个安全、效率、有序的社会环境。在该事件中，公安机关因在事件处置当时的主客观原因而导致案件处理失当，其在疫情攻坚战中所造成的负面效果令人扼腕。但同时，该事件所引发的警察执法争议亦为我们提供了一个真实的案例素材，它应当促使我们反思：在突发公共卫生事件下，警察权的功能应当如何定位？警察权行使应当如何展开？如何做到警察权的规范运行？笔者相信，2019 年发生的新型冠状病毒肺炎疫情绝不仅仅只是"天灾人祸"，它更像是一面镜子，让我们能够发现并检视公权力在非常时期下的诸多面向。在国家治理体系和能力转型升级背景下，"依法治理"不应当只是体现在"和平时期"，特殊情境下的公民权利保护和警察权的依法规范运行同样值得警察法学界关注。

一、 突发公共卫生事件中警察权行使的法律依据

公安机关是突发公共卫生事件防疫时期社会治安秩序的维护机关，在突发公共卫生事件处置中，除医护人员外，公安民警因接触不确定人员数量最多而成为感染风险最高的群体。警察权以执行法律为基本权能，因此公安机关及其人民警察在法律适用上必须做到精准、有效，方能维护好疫情存续期间的社会治安秩序，从而为其他职能部门依法履职创造安全有序的社会环境。

根据《刑法》《治安管理处罚法》《突发事件应对法》《传染病防治法》《最高人民法院、最高人民检察院关于办理妨害预防、控制突发传染病疫情等

---

❶ 详情可参阅腾讯新闻：https://new.qq.com/omn/20200129/20200129A0HVBS00.html，最后查阅为 2020 年 2 月 7 日。
❷ 详情可参阅搜狐网：http://www.sohu.com/a/371226056_120090266，最后查阅为 2020 年 2 月 8 日。

灾害的刑事案件具体应用法律若干问题的解释》以及"两高两部"《关于依法整治妨害新型冠状病毒感染肺炎疫情防控违法犯罪的意见》（2020.02.06）等法律法规，●公安机关在办理突发公共卫生事件案件时可以适用的法律依据主要包括以下方面。

1. 妨害传染病防治类案件处置的法律依据

（1）故意传播突发传染病病原体，危害公共安全的，依照《刑法》第114条、第115条第1款的规定，以危险方法危害公共安全罪追究刑事责任。相关行为不构成犯罪、依法不起诉或者免于刑事处罚的，依照《治安管理处罚法》第25条的规定予以行政处罚。（2）患有突发传染病或者疑似突发传染病而拒绝接受检疫、强制隔离或者治疗，过失造成传染病传播，情节严重，危害公共安全的，依照《刑法》第115条第2款的规定，按过失以危险方法危害公共安全罪追究刑事责任。（3）行为人拒绝执行卫生防疫机构依照传染病防治法提出的预防、控制措施，引起甲类传染病或者按甲类管理的传染病传播或者有传播严重危险的，依据《刑法》第330条的规定，以妨害传染病防治罪追究刑事责任。

2. 妨害公务类案件处置的法律依据

（1）以暴力、威胁方法阻碍国家机关工作人员、红十字会工作人员、医疗救护人员、疫情防疫工作人员、人民警察等人员依法履行为防治突发传染病疫情等灾害而采取的防疫、检疫、强制隔离、隔离治疗等预防、控制措施的，依照《刑法》第277条第1款、第3款的规定，以妨害公务罪追究刑事责任。对情节显著轻微，不构成犯罪的，依照《治安管理处罚法》第50条的规定给予治安管理处罚。（2）强行冲闯公安机关设置的警戒带、警戒区、治安卡口、检查站的，依照《治安管理处罚法》第50条第1款第（4）项，以冲闯警戒带、警戒区给予治安管理处罚。构成犯罪的，以妨害公务罪追究刑事责任。

● 《最高人民法院、最高人民检察院关于办理妨害预防、控制突发传染病疫情等灾害的刑事案件具体应用法律若干问题的解释》［EB/OL］．［2020 - 02 - 07］．https：//baike.baidu.com/item/18559528? fr = aladdin.

3. 造谣惑众、破坏传染病防治工作秩序案件处置的法律依据

（1）利用疫情，制造、传播谣言，煽动分裂国家、破坏国家统一，或者煽动颠覆国家政权、推翻社会主义制度的，依照《刑法》第 103 条第 2 款、第 105 条第 2 款的规定，以煽动分裂国家罪或者煽动颠覆国家政权罪追究刑事责任。（2）编造有关疫情的恐怖信息，或者明知是编造的此类恐怖信息而故意传播，严重扰乱社会秩序的，依照《刑法》第 291 条之一的规定，以编造、故意传播虚假恐怖信息罪追究刑事责任。（3）编造虚假的疫情，在信息网络或者其他媒体上传播，或者明知是虚假信息，故意在信息网络或者其他媒体上传播，严重扰乱社会秩序的，依照《刑法》第 291 条之一第 2 款的规定，以编造、故意传播虚假信息罪追究刑事责任。对情节显著轻微，不构成犯罪的，依据《治安管理处罚法》第 25 条第（1）项规定给予治安管理处罚。散布谣言，谎报险情、疫情、警情或者以其他方法故意扰乱社会秩序的，依照《治安管理处罚法》第 25 条处罚。（4）编造有关疫情的虚假信息，或者明知是编造的虚假信息，在信息网络上复制、传播，或者组织、指使人员在信息网络上散布，起哄闹事，造成公共秩序严重混乱的，依照《刑法》第 293 条第 1 款第（4）项和《关于办理利用信息网络实施诽谤等刑事案件适用法律若干问题的解释》第 5 条第 2 款的规定，以寻衅滋事罪追究刑事责任。尚不够刑事处罚的，依照《治安管理处罚法》第 26 条规定给予治安管理处罚。

4. 不听劝阻未佩戴口罩进入公共场所案件处置的法律依据

（1）在预防、控制疫情期间，对不听公共场所工作人员劝阻或者无视公共场所入口处提示，拒不佩戴口罩进入公共场所，造成公共场所秩序混乱的，依照《治安管理处罚法》第 26 条规定给予治安管理处罚。对情节严重，构成犯罪的，依照《刑法》第 293 条的规定，以寻衅滋事罪追究刑事责任。（2）拒不佩戴口罩进入公共场所者阻碍突发事件应急处理工作人员执行职务的，依照《治安管理处罚法》第 50 条规定，以阻碍执行职务给予治安管理处罚。对情节严重，构成犯罪的，依照《刑法》第 277 条的规定，以妨害公务罪追究刑事责任。

5. 制售伪劣口罩、防护用品等医用卫生材料案件处置的法律依据

（1）在预防、控制疫情期间，生产、销售伪劣的防治、防护产品、物资，或者生产、销售用于防治传染病的假药、劣药，构成犯罪的，分别依照《刑法》第140条、第141条、第142条的规定，以生产、销售伪劣产品罪，生产、销售假药罪或者生产、销售劣药罪追究刑事责任。（2）在预防、控制疫情期间，生产用于防治传染病的不符合保障人体健康的国家标准、行业标准的医疗器械、医用卫生材料，或者销售明知是用于防治传染病的不符合保障人体健康的国家标准、行业标准的医疗器械、医用卫生材料，不具有防护、救治功能，足以严重危害人体健康的，依照《刑法》第145条的规定，以生产、销售不符合标准的医用器材罪追究刑事责任。医疗机构或者个人，知道或者应当知道系上述规定的不符合保障人体健康的国家标准、行业标准的医疗器械、医用卫生材料而购买并有偿使用的，以销售不符合标准的医用器材罪定罪，依法从重处罚。

6. 破坏野生动物资源案件处置的法律依据

（1）非法猎捕、杀害国家重点保护的珍贵、濒危野生动物的，依照《刑法》第341条第1款的规定，以非法猎捕、杀害珍贵、濒危野生动物罪追究刑事责任。（2）非法收购、运输、出售国家重点保护的珍贵、濒危野生动物及其制品的，依照《刑法》第341条第1款的规定，以非法收购、运输、出售珍贵、濒危野生动物、珍贵、濒危野生动物制品罪追究刑事责任。（3）违反狩猎法规，在禁猎区、禁猎期或者使用禁用的工具、方法进行狩猎，破坏野生动物资源的，依照《刑法》第341条第2款的规定，以非法狩猎罪追究刑事责任。其他破坏野生动物资源案件，依据《刑法》《治安管理处罚法》以及"两高两部"《关于依法整治妨害新型冠状病毒感染肺炎疫情防控违法犯罪的意见》等法律和司法解释处理。

7. 违反国家有关价格管理规定，严重扰乱市场秩序案件处置的法律依据

违反国家在预防、控制疫情期间有关市场经营、价格管理等规定，哄抬物价、牟取暴利，严重扰乱市场秩序，违法所得数额较大或者有其他严重情节的，依照《刑法》第225条第（4）项的规定，以非法经营罪追究刑事责

任。未达到最高检、公安部规定的立案追诉标准的，依法向有关行政部门移送。

二、 突发公共卫生事件中警察权的实施：以2019年新冠肺炎疫情处置为例●

（一）突发公共卫生事件中警察权实施的内容

1. 实施的对象范围

根据公安部要求，公安机关在突发公共卫生事件期间的重点执法对象包括：（1）对定点医疗机构、隔离场所等重点部位，应提高安保等级，指导相关单位严密落实内部安全防范措施，全力维护医疗、隔离秩序。（2）对伤害医务人员、扰乱医疗秩序和恶意传播疫情的案件，要快速反应、坚决查处，及时曝光典型案例，着力形成有效震慑。尤其要注重对医护人员人身安全的保障。（3）对机场、车站、码头、公交、地铁和药店、超市、农贸市场等人员流动场所，应加强安全防范，切实提高见警率、管事率，增强震慑力、控制力。（4）对制售假劣药品、医疗器械、医用卫生材料等违法犯罪行为应及时依法打击，严厉打击非法猎捕、收购、运输、出售珍贵、濒危野生动物违法犯罪行为，严厉打击打着防控疫情的幌子实施诈骗等违法犯罪行为，并积极配合有关部门坚决打击哄抬物价、囤积居奇、趁火打劫等扰乱社会秩序的违法犯罪行为，坚决取缔非法野生动物贸易市场，努力从源头上控制重大公共卫生风险。（5）对网上造谣滋事行为要依法及时查处，要与有关部门密切配合，及时公开透明准确发布信息，积极回应群众。

2. 实施的方式方法

公安部强调，公安机关在突发公共卫生事件期间应注意执法的方式方法，在做好人员、车辆、物品检查检测防疫工作的同时，尤其要注重区域间的统筹协调，提高检查检测效率，优先保障救护、防疫和运送医护人员、药品器

● 本部分内容写作完成于2020年2月初，当时正值疫情肆虐之时，公安机关疫情防控阻击战正如火如荼进行中，因此本部分各项数据的收集整理截止于2020年2月8日。为还原文字形成的真实感，故本书出版时将不再对数据和法律规范做增补，以真实呈现笔者当时的心境，特此说明。

械、民生物资等车辆通行，切实保障人员车辆正常通行，全力维护节后返程交通秩序。如在沟通联络机制方面，铁路、民航、港航公安机关和移民管理部门应当与属地建立联防联控机制，加强对进出火车站、机场、客运码头、边检口岸等场所部位人员的管控疏导，协助做好体温检测、卫生防疫等工作，严防发生旅客滞留、人员聚集等情况。特别是大城市的公安机关要根据疫情防控需要，做好交通出行科学分流，防止公交地铁聚集性交叉感染。如北京及周边地区公安机关应全面启动京津冀警务一体化和环京"护城河"联防联控工作机制，强化安检防疫等措施，筑牢首都安全屏障。

与此同时，公安机关在做好本职工作的同时，还应当密切关注突发公共卫生事件发展给经济社会发展和群众生产生活带来的冲击和影响，密切关注人民群众遇到的问题和疫情防控中出现的矛盾。公安机关应当在各地党委和政府领导下，积极会同有关部门，严格准确贯彻执行传染病防治法，科学把握形势，依法精准施策，妥善处理疫情防控中出现的各类矛盾和问题，防止侵害公民合法权益。换言之，公安机关在突发公共卫生事件的处置中，要注重"抓早抓小抓苗头"，及时发现化解各类不稳定因素，妥善处置各类突发情况，严防各类矛盾交织叠加。

（二）2019 年新冠肺炎疫情处置中警察权的实施情况

1. 重视舆情宣传，积极发布警情通告

在信息互联网时代，信息的及时获取已成为现代社会治理和权利保护的重要条件和渠道。公安机关在此次的疫情处置中，意识到最初介入疫情晚的不利局面，及时亡羊补牢，变被动为主动地开展疫情期间社会治安管控工作，取得了较好的社会效果。例如，各地公安机关根据本地疫情防控指挥部的部署安排，第一时间在辖区发布治安通告，如广西来宾市尽管并非重点疫区，但出于防范考虑，市公安局联合市法院、检察院和司法行政等部门通过物联网、微信公众号和张贴告示等方式，数小时之内便将通告发布至全市范围内

的民众，起到了较好的警示防范效果。❶

　　与此同时，全国各级公安机关注重向社会第一时间发布涉疫情违法犯罪处置新闻，及时让公众了解社会治安情况，切实稳定民心。例如，仅在 2020 年 2 月 1 日至 4 日的 4 天内，全国各地公安机关连续密集发布数起"以危险方法危害公共安全"案件，及时遏制了该类型案件的发生势头。根据警方通报，2 月 1 日，青海西宁公安机关立案侦查苟某以危险方法危害公共安全案;❷ 同日，广西玉林公安机关立案侦查薛某以危险方法危害公共安全案;❸ 2 月 2 日，江西赣州公安机关立案侦查陆某以危险方法危害公共安全案;❹ 同

---

　　❶　该通告内容清晰、语言简练，责任明确、通俗易懂，其主要内容为："一、确诊病人、疑似病人、病毒携带者、确诊病人密切接触者，及疫情暴发期间从疫情严重地区到达我市的人员，应立即主动向所在单位、社区、村（居）委报告，不主动报告，或者报告时隐瞒发热、乏力等疫情症状及疫情严重地区滞留史、密切接触史的，一律移交公安机关依法给予行政拘留等处罚，构成犯罪的，一律追究刑事责任。二、应接受隔离治疗或集中、居家医学观察等措施的人员，拒绝接受的，先由公安机关协助医疗机构强制执行，隔离治疗或集中、居家医学观察等措施解除后，一律移交公安机关依法给予行政拘留等处罚，构成犯罪的，一律追究刑事责任。三、途经各检查站点，应接受体温检测、人员核查等防疫措施，拒不配合、逃避检测、核查，强制检测、核查，情节严重的，一律移交公安机关依法给予行政拘留等处罚，构成犯罪的，一律追究刑事责任。四、明知已感染或者可能感染新型冠状病毒，不顾及公共安全和他人生命健康，仍进入公共场所或者隐瞒情况与他人密切接触，构成犯罪的，一律追究刑事责任。五、人民政府及疫情防控指挥部发布隔离、观察、封控等疫情公告、命令后，违反规定进行聚集的，村（屯）、小区、单位等管理人员拒不落实防控措施的，一律移交公安机关依法给予行政拘留等处罚，构成犯罪的，一律追究刑事责任。六、农贸市场、超市、商场、药店或者企业等单位，不遵守人民政府或疫情防控指挥部的公告、命令，未经批准擅自营业或者开工、复工的，对主管人员及直接责任人员，一律移交公安机关依法给予行政拘留等处罚。七、伤害、威胁、侮辱医疗机构、人民警察等疫情防控工作人员的，一律移交公安机关依法给予行政拘留等处罚，构成犯罪的，一律追究刑事责任。八、恶意编造虚假信息，或者明知是虚假信息而传播的，一律移交公安机关依法给予行政拘留等处罚，构成犯罪的，一律追究刑事责任。九、非法囤积居奇，哄抬物价、牟取暴利，严重扰乱社会秩序，构成犯罪的，一律追究刑事责任。十、党员干部、国家工作人员实施上述违法犯罪行为，一律从严处理"。参见 https：//mp. weixin. qq. com/s/qr34QFD2lQUtV23 - GkvMkQ，最后查阅于 2020 年 2 月 8 日。

　　❷　该案中，苟某长期在武汉务工，1 月 17 日返回西宁后，其故意隐瞒真实行程和活动，编造虚假归宁日期信息，隐瞒已有发热、咳嗽等症状情况，欺骗调查走访人员，且多次主动与周边人群密切接触。苟某还有意隐瞒其子与其一同从武汉返宁的事实，其子也多次在外活动，并密切接触人群，造成严重后果。目前，苟某及其子均被确诊感染新型冠状病毒肺炎，并被隔离收治。

　　❸　该案中，薛某 1 月 15 日在外旅游时出现低热，返回玉林后，到医院就诊过程中，隐瞒与重点疫区人员接触史，且拒不执行卫生防疫机构要求的预防、控制措施，仍与多人密切接触，造成严重后果。目前，薛某被确诊感染新型冠状病毒肺炎，并被隔离收治。

　　❹　该案中，陆某 1 月 17 日乘飞机到外地游玩，期间与新型冠状病毒肺炎感染确诊患者有亲密接触。25 日返回赣州后，在被告知且要求其居家隔离的情况下，陆某仍乘公共交通工具与多人密切接触，造成严重后果。目前，陆某已被确诊感染新型冠状病毒肺炎，并被隔离收治。

日，吉林长春公安机关立案侦查王某以危险方法危害公共安全案；❶ 2 月 3 日，江西上饶公安机关立案侦查彭某以危险方法危害公共安全案；❷ 2 月 4 日，四川雅安公安机关立案侦查侯某以危险方法危害公共安全案；❸ 同日，云南景洪公安机关立案侦查郦某以危险方法危害公共安全案。❹ 对于这些案件，公安部亦通过发布公告明确表示，疫情期间故意或者放任传播新型冠状病毒肺炎，危害公共安全的，属于以危险方法危害公共安全行为，应当追究刑事责任，全国公安机关将在全国范围内依法严厉打击此类违法犯罪行为。

2. 依法快速从重打击涉疫情违法犯罪行为

在新型冠状病毒肺炎疫情防控战役中，全国公安机关深入学习贯彻习近平总书记关于新型冠状病毒肺炎疫情防控工作的重要指示和公安部应对新型冠状病毒感染肺炎疫情工作领导小组部署要求，迅速启动战时工作机制，紧紧围绕职责任务，在会同有关部门坚决做好疫情防控各项工作的同时，加大对借疫情中哄抬物价、囤积居奇、销售伪劣、扰乱秩序、妨碍公务等违法犯罪活动的打击力度，加大对非法收购、运输、出售珍贵、濒危野生动物等违法犯罪行为的打击力度，依法打击、及时查处了一批涉疫情违法犯罪案件，为打赢疫情防控阻击战创造安全稳定的社会环境。

（1）严厉打击制售假冒伪劣口罩和哄抬物价、囤积居奇行为。

口罩是抗击疫情的重要"防护装备"。随着疫情的扩散，过去不起眼的口罩成为"抢手货"，更成为不法分子非法牟利的手段。在疫情防控中，各地公

---

❶　该案中，王某系武汉某医药公司职工，1 月 19 日回长春探亲后，未向社区报备，不主动居家隔离，在其出现发热咳嗽等症状 3 次就医时，故意隐瞒在重点疫区工作生活经历和返长行程事实，欺骗就诊医生，且与多人密切接触就餐，造成严重后果。目前，王某已被确诊感染新型冠状病毒肺炎，并被隔离收治。

❷　该案中，彭某 1 月 23 日从湖北麻城到上饶后，未按要求主动向社区报告、登记。1 月 29 日，在其发现自己已发烧的情况下，仍对医生及社区防疫人员故意隐瞒湖北来饶的实情，并与多人密切接触，造成严重后果。目前，彭某已被确诊感染新型冠状病毒肺炎，并被隔离收治。

❸　该案中，侯某 1 月 17 日从武汉返回雅安后，刻意隐瞒从武汉返回的事实，四处走亲访友，与多名群众密切接触。1 月 27 日，侯某因咳嗽、发热去医院就诊时，刻意向医生和防疫人员隐瞒工作生活经历，与多名医护人员密切接触，造成严重后果。目前，侯某被确诊感染新型冠状病毒肺炎，并被隔离收治。

❹　该案中，郦某 2019 年 12 月至 2020 年 1 月有武汉旅居史，返回景洪后出现咳嗽等症状，被卫生防疫机构采取隔离观察治疗。在隔离观察治疗期间，郦某拒不执行卫生防疫机构的预防、控制措施，放任向不特定人员传播病毒，造成严重后果。目前，郦某被确诊感染新型冠状病毒肺炎，并被隔离收治。

安机关以打开路、重拳出击，迅速依法查处了一批制售假冒伪劣口罩案件：在上海，青浦公安机关根据群众举报线索，成功侦破一起销售假冒伪劣口罩案，抓获犯罪嫌疑人 1 名，现场查获伪劣口罩 1.1 万余只。在江西，景德镇公安机关根据群众举报线索侦破一起销售假冒伪劣口罩案，抓获犯罪嫌疑人 1 名，现场查获伪劣医用口罩 400 余只。在浙江，义乌警方接到网民举报称，当地有假冒"3M"口罩流入市场。义乌公安部门联合市场监管部门前往网民举报地点开展检查，现场查获一次性口罩 70 箱，共计 10 万余只；无标识口罩 11 箱，共计 5 万余只。在江苏，苏州公安机关根据市场监管部门移交线索，会同昆山市公安局侦破一起销售假冒伪劣口罩案，抓获犯罪嫌疑人 2 名，现场查获伪劣口罩 1500 余只、呼吸器 500 余个、耳塞 2 万余只。在这些案件中，各地公安机关侦破制售假冒伪劣口罩案件 7 起，抓获违法犯罪嫌疑人 20 名，现场查扣假冒伪劣口罩 38 万余只，及时遏制了此类犯罪的发展势头。❶

（2）严厉惩治阻扰执行公务、干扰疫情防控等违法犯罪行为。

依法严厉打击、及时查处扰乱社会秩序、妨害公务、干扰和破坏疫情防控等违法犯罪行为是公安机关的重要职责。在抗击疫情过程中，阻碍医务人员测量体温、抢夺体温计；辱骂或打伤疫情治理的村镇干部；毁坏公安机关设立的警戒标识等阻扰执行公务的事件时有发生。针对此类行为，各地公安机关启动最高等级勤务，持续加大工作力度，严格按要求对有关道路卡口采取封控措施，聚焦隐患风险排查，严打违法犯罪行为，全力维护社会秩序平安稳定。例如，石首市调关镇某村村民蒋某和湖南华容县村民元某恶意损毁道路阻断设施，带来疫情扩散隐患，蒋某、元某被公安机关处以行政拘留 5 日处罚。江西南昌县公安局 1 月 26 日对一名拒不配合开展疫情防控工作、并殴打防控工作人员的违法行为人处以行政拘留 15 日处罚。

（3）严厉查处扰乱社会秩序、传播虚假信息的违法行为。

据统计，疫情防控期间（统计截至 2020 年 1 月 29 日），全国治安系统共查处扰乱社会秩序类案件 377 起，干扰疫情防控类案件 83 起，妨害公务类案

---

❶ 王传宗. 全国公安机关依法打击、及时查处一批涉疫情违法犯罪案件［EB/OL］.［2020 - 02 - 08］. http：//news. cpd. com. cn/n3559/202001/t20200130_879554. html.

件55起，较好地维护了社会秩序稳定。例如，湖南一黑衣男子手持身份证（户籍地为湖北省石首市），拍摄自称"我刚从湖北武汉来的，要来祸害别人"的小视频，并在网上热传。后该男子被传唤，其称出于"纯属好玩和娱乐"。长沙开福警方依法对该男子处以行政拘留5日处罚。北京通州警方接群众反映，有人自称"感染新型冠状病毒后故意前往人员密集场所"，意图传染他人。警方迅速开展调查，于当日将发帖人刘某查获。经查，刘某未感染病毒，称系"出于恶作剧心态编造散布虚假信息"，刘某因涉嫌编造、故意传播虚假恐怖信息罪被依法刑事拘留。重庆市永川区人民政府发布了《关于进一步细化落实新型冠状病毒感染肺炎疫情Ⅰ级响应措施的通告》。其后，张某继续邀约人到其经营的麻将馆内参与赌博并为赌博提供条件。重庆永川公安机关依法对张某处以行政拘留20日处罚并处1000元罚款，收缴持有的赌资、赌具。广东潮州警方接报称，有人在微信群利用疫情以售卖KN95口罩为幌子发布虚假口罩广告，收取费用后将受害人微信"拉黑"实施诈骗。专案组快速抓获嫌疑人张某，现场缴获涉案手机及银行卡等作案工具。

（4）严厉打击非法贩卖、运输野生动物违法犯罪。

在抗击疫情的关键时刻，各地公安机关出重拳、下狠手，从病毒源头展开治理，打击了一批非法贩卖、运输野生动物违法犯罪行为。例如，湖北崇阳县公安局会同林业局野生动物保护站突击巡查港口乡一地下非法野生动物经销点，现场依法收缴麂活体1只、死体1只、皮9张，鼬獾活体1只，黄鼠狼皮1张。2020年春节期间，广西藤县森林公安机关会同相关部门工作人员依法查处辖区居民孔某私藏大量野生动物行为，现场共查获果子狸14只、斑鸠98只。据统计（统计截至2020年1月29日），全国公安机关共破获非法猎捕珍贵野生动物、非法狩猎等刑事案件19起，抓获犯罪嫌疑人29名。❶

（5）打击处理不主动报告、故意隐瞒涉新冠肺炎违法犯罪行为。

2020年1月22日，湖北武汉武昌区居民曹某由武汉到峡山区郑公街道，疫情防控期间，面对街道工作人员和村干部多次核查信息，其故意隐瞒离开

---

❶　王传宗．全国公安机关依法打击、及时查处一批涉疫情违法犯罪案件［EB/OL］．［2020-02-08］．http：//news.cpd.com.cn/n3559/202001/t20200130_879554.html.

武汉的时间及行程，公安机关依法对曹某予以行政处罚。2月3日，潍坊市公安局奎文分局依法对故意隐瞒旅行史和接触史的新型冠状病毒感染肺炎患者张某立案侦查。经查，潍坊市经济开发区居民张某，于1月17日至20日离潍外出赴安徽省蚌埠市，返回途中曾聚餐，1月21日到医院就诊，2月2日被确认为新型冠状病毒感染的肺炎确诊病例。张某返回潍坊后，拒不配合当地社区调查，就医时面对大夫的问诊，刻意隐瞒个人旅行史和人员接触史，致使与其接触的多人存在被传染的严重危险，最终张某以危险方法危害公共安全罪被立案起诉。

三、 警察权在突发公共卫生事件行使中的问题及规范建议

（一）恪守本分，避免越权执法

在武汉"被训诫的吹哨人"事件中，公众之所以对公安机关的执法不满，核心问题在于该案涉及的"谣言"认定问题。公众的观点普遍认为，案件所涉人员多数为专业医护人员，他们对医疗诊治过程中发现的病情进行讨论及所下的结论，具有一定的专业性。除非有充分的法律和事实依据，公安机关不宜轻易否定并处罚专业人士的言行，尽管这些言行不一定正确（准确）。换言之，对医护人员等言行的违法性认定，标准应当比普通人、普通行为要严格，而且必须由相同领域的普遍认识和权威专家综合认定。该案中，公安机关作为非医疗领域的专业机构，其对医护人员言行的强力压制所造成的严重后果就是，几乎一线医护人员的全体噤声，从事件发展结果来看，这与疫情快速蔓延不能说没有因果关系。事实上，警察权在该案中涉嫌越权执法，其所造成的"社会预警功能"失效和带来的"寒蝉效应"是一个健康社会不能承受的代价。

根据《突发公共卫生事件应急条例》第3条第2款规定："国务院卫生行政主管部门和其他有关部门，在各自的职责范围内做好突发事件应急处理的有关工作"；第4条第2款规定："县级以上地方人民政府卫生行政主管部门，具体负责组织突发事件的调查、控制和医疗救治工作。"《中华人民共和国传染病防治法》第6条第1款规定："国务院卫生行政部门主管全国传染病防治及其监督管理工作。县级以上地方人民政府卫生行政部门负责本行政区域内

的传染病防治及其监督管理工作。"也就是说，我国现行法律所规定的突发公共卫生事件的主管部门是卫生行政部门，突发公共卫生事件的"调查""控制""医疗救治"等职能应当属于卫生行政部门而不是公安机关。换言之，该案中"谣言"认定的责任部门应当是卫生部门，公安机关无权对"谣言"进行认定。从法律上看，公安机关在公共卫生事件中认定"造谣"或评估是否构成"扰乱社会秩序"，本身就属于因越权执法所导致的违法行政，其所作的相关处分或处罚决定应属无效。

该事件给我们一个启示：警察权应当依法行使，必须具备法律授权。尽管新冠肺炎等突发公共卫生事件给社会和公共安全造成了严峻压力，但公权力不应慌乱，理性、依法用权是公权机关治理能力的基本要求。老话有云："好心不一定能办好事"，公安机关越俎代庖地履行卫生部门职权的不利后果，一是让自身置于越权执法的不法境地，将自己推向本可避免的矛盾前端；二是反向促成卫生行政部门懒政，使其怠于履行本应积极作为的调查处置职能。公安机关应当对此进行深刻反思，以此案例促进构建制度化的法制决策应对机制，避免越权执法的事件反复发生。

（二）合法、谨慎行使警察权

当国家和社会整体利益受到紧迫威胁时，国家必须享有为控制这种极端威胁所必需的紧急权力，以采取有效的一切措施。因此，当今各国的法律都有"紧急状态"的相关规定。在我国的法律规范中，有"紧急状态""紧急措施""紧急处置""紧急防汛"等概念，其法律含义有着本质差别。"紧急状态"是指发生或者即将发生特别重大突发事件，需要国家机关行使紧急权力予以控制、消除其社会危害和威胁时，有关国家机关按照宪法、法律规定的权限决定并宣布局部地区或者全国实行的一种临时性的危急状态。在"紧急状态"下，政府可以采取特别措施，限制社会成员一定的行动，政府还有权强制有关公民有偿提供一定劳务或者财物，法律在紧急状态下的实施甚至可以部分停止。可以说，紧急状态面临的是最高程度的社会危险和威胁，公权力（主要指行政权）在此情况下拥有极为强大的运行空间。根据我国《宪法》规定，有权宣布进入紧急状态的主体是国家主席和国务院。国家主席根据全国人大常委会的决定，宣布全国或者个别省、自治区、直辖市进入紧急状态；国务院有权决定并宣布省、自治区、直辖市范围内部分地区进入紧急状态。

在新冠病毒肺炎疫情防治中，各地所采取的"限制或者停止集市、影剧院演出或者其他人群聚集的活动""停工、停业、停课""封闭或者封存被传染病病原体污染的公共饮用水源、食品以及相关物品""封闭可能造成传染病扩散的场所"等疫情防控措施，均属于法律规定的"紧急措施"，而不是"紧急状态"。换言之，新冠病毒肺炎疫情防治中，国家主席和国务院并未正式发布某地进入"紧急状态"。因此，公安机关在执法时应当恪守法治主义，严格依法用权，切不可打着"紧急状态"的旗号突破法律实施非理性的滥权管制。❶

如前所述，面对医护人员等专业人士的专业言行，警察原则上应予尊重，不轻易介入和评价专业问题，谨慎动用警察权干扰专业行为，避免因此造成"寒蝉效应"，压缩专业试错和学术争议的空间。有学者认为，尊重专业人士不仅要求不轻易处罚，也不宜动辄训诫、警告或是简单的约谈。警察权的威慑力不仅在于枪弹或手铐，更在于暴力的引而不发。还需补充的是，专业人士不仅包括医务人员，也包括科学家、工程师、教师和律师等各行各业的专家。只要其专业行为包括一定的主观判断，就应当获得警察的充分尊重。比如教师的课上得好不好、律师的辩护策略是否得当、科学家的研究结论是否靠谱，都应该交给专业圈子自行判断，警察权不宜强制介入。例如，警方对于"双黄连口服液抑制新冠病毒"的观点应当"袖手旁观"或静观其变，切不可因其可能引发药品市场交易动荡或抢购恐慌而认为一定会发生所谓的

---

❶ 需要指出的是，新型冠状病毒肺炎疫情防控中，发布防控措施的主体也是五花八门，有临时机构"指挥部"，有市场监督管理局，有疾病预防控制部门，也有乡镇人民政府，也有县级以上人民政府，还有交通运输部门。公安机关在协助配合开展疫情防控时，应当提醒相关部门应当严格执行《中华人民共和国传染病防治法》第42条"传染病暴发、流行时，县级以上地方人民政府应当立即组织力量，按照预防、控制预案进行防治，切断传染病的传播途径，必要时，报经上一级人民政府决定，可以采取下列紧急措施并予以公告"规定，因为法律没有授权政府部门发布决定采取紧急措施的权力，明确规定为"县级以上地方人民政府"。如果前期决定、命令不符合法定要件，公安机关保障其他行政机关、医疗机构执行职务就会有法律障碍。

"扰乱社会秩序"。毕竟科学界会对研究者进行恰当的甄别和淘汰。事实上，相比处罚个别荒唐的言论，对宪法所赋予的言论自由（专业言论）的保护更为重要。

（三）完善突发公共卫生事件违法犯罪案件查处制度

1. 搭建各疫情防控部门间的信息交换共享平台

根据《行政执法机关移送涉嫌犯罪案件的规定》精神，公安机关在履职中发现的其他行政机关管辖的行政违法行为线索、相关职能部门发现公安机关管辖的违法犯罪线索，应当实施信息共享和交换。公安机关发现的疫情（或谣言）应当及时商请主管部门进行甄别和判断，不能代替主管部门作出判断。根据《刑事诉讼法》第54条第2款规定："行政机关在行政执法和查办案件过程中收集的物证、书证、视听资料、电子数据等证据材料，在刑事诉讼中可以作为证据使用。"行政机关执法人员应当从节约国家执法成本、提高打击扰乱防控工作违反犯罪效率角度考虑，依法及时、全面收集和固定证据，发现应属公安机关管辖的违法犯罪线索要及时移交。根据疫情防控警务执法一线反馈的信息，医疗防控和救治机构在依法履职中普遍缺乏证据意识，给后期公安机关的打击处理留下不少遗憾。

2. 重视不同案件证据的收集、审查和判断

突发公共卫生事件违法犯罪案件涉及的法律差别较大，因此案件办理中对证据的要求并不一致，公安机关应注意区别对待。例如，在办理阻碍执法案件时，一是注意查明执行职务人员的身份，特别是非国家机关工作人员在协助人民政府开展疫情防控工作时政府工作部署文件、工作安排等；二是查明职务行为的依据是否充分、法律手续是否齐备、程序是否合法、执法手段、方式是否适当等问题；三是查明行为人是否采用暴力、威胁或其他方式阻碍依法执行职务；四是查明阻碍执行职务行为造成的后果或可能造成的后果，如医院诊断证明、伤情照片、被害人伤情鉴定、财物损失情况及鉴定、犯罪工具实物或照片、现场勘验、检查笔录等证据。使用暴力阻碍执行职务，虽未造成轻伤，但具有造成疫情防控工作不能正常执行公务或其他严重后果的，应依照《刑法》第277条定罪处罚。因此应加强行为后果方面的证据收集。

又如，防护口罩、消毒液是疫情期间的特殊商品，其生产、包装、储存、销售等每一个环节，法律、法规都有明确而严格的管理规定。因此，对销售防疫物品"明知"的认定，要紧紧结合法律、法规的规定，从行为人是否取得经营的资质、人员和设施是否符合经营药品的条件、进货和销售是否符合法律、法规的规定等因素综合判定。从事防疫物品生产、包装、储存、销售等行为者如果不按法律、法规规定进货、验收药品，导致经营假药的，应视为"应当明知"。再如，在对造谣类案件处置中，要注意从网络进行证据的勘验固定，需要主管部门对"谣言"进行认定和甄别，公安机关认定"谣言"应当有权威部门出具的"专业证据"予以证明。❶

2019 年新冠肺炎疫情防控的经验告诉我们，公众在疫情期间由于疫情信息不对称等诸多原因，极易在恐慌情绪引发袭医、哄抢、传谣以及暴力抗法等扰乱公共秩序和侵犯人身权利的违法犯罪事件，疫情犹如一面照妖镜，将紧急情势下一些人的丑恶形态暴露无遗。然而，越是在突发疫情特殊时期，我们越要以法治的方式抗疫，因为法治能为我们带来规则、透明、效率、程序和希望，警察权只有在法治轨道下运行才能发挥最大效能，才能与医护工作者一道成为抗疫战争中最能稳定人心的中流砥柱。

第三节　国家监察体制改革中的警察权

国家监察体制改革是当前我国正在进行的一项重大政治改革，由于改革重构了国家反腐败工作体制，牵涉宪法及众多法律文件的调整和修缮，将对现有政制格局产生极大影响，故而成为近年法学界最为关注的话题。"重大改革于法有据"首先应当是"于宪有据"，随着十三届全国人大一次会议宪法修正案的表决通过，此前极富争议的监察体制改革有无宪法依据问题终于尘埃

---

❶ 部分观点参见：谢平. 公安机关应对突发疫情法律适用研究［EB/OL］.［2020 - 02 - 08］. https：//mp. weixin. qq. com/s/FPfwrCutcltdrdPg33Clkw.

落定。随着改革试点向全国范围铺开，各种微观层面可能存在的问题渐次浮出水面，其中监察权与警察权在反腐实践中的运行衔接问题便是之一。《中华人民共和国监察法》（以下简称《监察法》）中多次提到公安机关，那么公安机关所拥有的警察权在监察法以及监察体制改革中如何定位？发挥怎样的作用？它与相关公权力如何配合衔接？从宪法原理、法律文本以及我国监察体制改革实际出发，对这些问题进行必要的分析和反思，将有利于纾解监察实践中检察机关与公安机关在案件办理配合衔接中的障碍，并为监察体制改革整体效能达至改革预期发挥前端性和基础性作用。

一、 监察体制改革中监察权与警察权的法律关系

监察体制改革中，在宪法修改所确立的新型国家机关架构下，监察机关与公检法司安等国家机关之间的关系是事关监察权顺畅、有效运行的关键问题。根据《宪法》第 127 条以及《监察法》第 4 条之规定："监察机关办理职务违法和职务犯罪案件，应当与审判机关、检察机关、执法部门互相配合，互相制约"，也就是说，根据宪法规定，作为重要"执法部门"的公安机关与监察机关之间是"互相配合，互相制约"的法律关系。

（一）监察权与警察权的配合关系

根据《宪法》和《监察法》的授权，"对所有行使公权力的公职人员进行监察，调查职务违法和职务犯罪"是监察机关的法定职责，监察机关依法享有职务违法犯罪的调查权。虽然监察机关是反腐的专责机关，但反腐败斗争并非监察机关一家所能够胜任和完成的，只有包括公安机关在内的"执法部门"的通力配合，监察机关才能"把所有反腐败的力量和资源整合在一起，形成新的反腐败体制"。然而，基于权力制约和监察机关调查能力的考虑，《监察法》并未为监察权配置"大而全"的权能，如监察委依法享有通缉的决定权，但通缉令只能由公安机关发布；监察委有权决定技术调查措施，但却没有实施技术调查措施的实际能力。法律之所以进行这样的设计，目的在于避免监察权的过分集中，将强制措施、技术措施等与警务活动类似的权能从监察权中适度剥离并保留给公安机关，由此，公安机关在协助监察机关实

施监察调查措施中形成了一种"相互合作"的新型监警关系。具体来看，监察权与警察权的配合关系主要体现在以下方面。

（1）公安机关协助监察机关实施监察措施。根据《监察法》第24条、第28条、第29条、第30条以及第43条规定，依据法律授权和监察机关工作需要，公安机关应当配合监察机关实施搜查、通缉等调查措施。警察权对监察权的配合又可细分为两种情况：一是监察机关决定采取某些措施，但超出了监察机关的职权范围，只能由公安机关配合才能完成。如《监察法》第29条关于通缉令发布的相关规定；二是监察机关有权决定并采取措施，但无法实施或实施有困的，可以提请公安机关配合协助完成。如《监察法》第24条关于搜查措施的规定。此时需要强调的是，根据《宪法》和《监察法》规定，警察权对监察权的配合是一种法定义务，监察机关拥有是否使用监察措施的决定权，而公安机关的职责是协助监察机关执行，对于监察机关依法提出的协助要求，公安机关不得拒绝，并应在职权范围内予以协助。❶

（2）公安机关在工作中发现涉嫌职务违法和职务犯罪线索时应移送监察机关处理。❷《监察法》第34条第1款规定："人民法院、人民检察院、公安机关、审计机关等国家机关在工作中发现公职人员涉嫌贪污贿赂、失职渎职等职务违法或者职务犯罪的问题线索，应当移送监察机关，由监察机关依法调查处置。"在监察实践中，真实的案情并不总是如想象中的泾渭分明、清晰可辨，复杂案件才是多数情况下监察案件的真实样态。例如，许多职务犯罪案件当事人往往还存在其他类型犯罪（如故意杀人罪等）的情况，这种"一人犯数罪"案件中，管辖权的归属决定着权力的启动，意味着监察权和警察权决定或配合身份的分野。在《监察法》出台前，刑事诉讼中"一人犯数

---

❶ 齐小力，陆冬华. 论公安机关和监察机关互相配合、互相制约［J］. 中国人民公安大学学报（社会科学版），2018（3）：3-4.

❷ 需要指出的是，监察权与警察权的配合是双向的，不仅仅表现为警察权对监察权的协助，也包括监察权对警察权的"移送"，如《监察法》第35条规定："监察机关对于报案或者举报，应当接受并按照有关规定处理。对于不属于本机关管辖的，应当移送主管机关处理。"基于研究侧重，此处主要从警察权对监察权的配合与制约视角进行探讨。

罪"案件的管辖通常以"主罪为主"原则确定,❶《公安机关办理刑事案件程序规定》在处理公安机关和检察机关的职务犯罪案件管辖权分工时也遵循了同样原则。在司法实践中,以"主罪为主"原则的优势在于,主罪所涉及的案情更为复杂,侦破主罪需要投入更多的人财物资源,主罪通常需要采取多样化的侦查手段,故学界普遍认为,主罪若为某些特殊刑事犯罪而非职务犯罪,由公安机关等部门管辖更为适宜。《监察法》在立法时采纳了这种观点,其第 34 条第 2 款规定:"被调查人既涉嫌严重职务违法或者职务犯罪,又涉嫌其他违法犯罪的,一般应当由监察机关为主调查,其他机关予以协助。"一方面,该条款确立了监察案件的"主罪为主"调查原则,同时也考虑到案件的复杂性和检察机关本身的调查能力局限,采取了灵活处理,以"一般"的例外规定保留了警察权的管辖空间,从而丰富了监察权与警察权配合的制度内涵。

(二) 监察权与警察权的制约关系

监察权和警察权之间的制约关系可直观呈现于《宪法》第 127 条,但《监察法》并未对此作出具体规定。根据《宪法》规定,在公检法三机关在办理刑事案件中所形成的"侦查—控诉—审判"流水作业式工作机制中,三机关分别行使不同性质的权力,它们在刑事案件办理程序中所形成的制约关系比较清晰。而在职务犯罪案件办理中,公安机关与监察机关的制约关系并非《宪法》第 140 条规定的那样清晰,❷且由于监察法中监察调查办案程序的缺位,导致实践中监察机关与公安机关之间的制约关系并不容易体现。

事实上,监察权对警察权的制约主要通过《监察法》第 3 条与第 15 条之规定体现,即监察机关通过监督公安机关中行使公权力的人民警察(公职人员)的方式实现监察权对警察权的制约。除此之外,在职务违法犯罪案件办

---

❶ 根据最高院、最高检、公安部、安全部、司法部、全国人大常委会法工委 2012 年 12 月 26 日联合发布的《关于实施刑事诉讼法若干问题的规定》规定,"公安机关侦查刑事案件涉及人民检察院管辖的贪污贿赂案件时,应当将贪污贿赂案件移送人民检察院;人民检察院侦查贪污贿赂案件涉及公安机关管辖的刑事案件,应当将属于公安机关管辖的刑事案件移送公安机关。在上述情况中,如果涉嫌主罪属于公安机关管辖,由公安机关为主侦查,人民检察院予以配合;如果涉嫌主罪属于人民检察院管辖,由人民检察院为主侦查,公安机关予以配合"。

❷ 《宪法》第 140 条规定:"人民法院、人民检察院和公安机关办理刑事案件,应当分工负责,互相配合,互相制约,以保证准确有效地执行法律。"

理时，监察权通过对公安机关协助办理搜查、通缉、技术调查等案件过程和结果的考察，实现对警察权在履行法定协助义务时是否依法、尽职、高效等情况进行监督制约。根据法律规定，由于监察权的运行机制在于"对人监督"而非"对事监督"，因此监察权对警察权的制约具有间接性，即通过对行使警察权的"人"实施监督以实现对警察权的制约目的。

与此同时，为防止监察权的扩张与滥用的可能，警察权在协助配合的同时应当对监察权进行监督与制约。但在目前"以监察为中心"的监察案件办理机制下，公安机关在监察调查案件中处于执行地位，呈现出一种单向度的协助与配合状态。且由于监委与纪委合署办公，政治上的超然地位与事实上的超强影响力，使得公安机关实在难以对监察机关作出的决定进行质疑和对抗。在监察法未进一步明确或修改前，警察权对监察权的制约只能在协助配合过程中寻找空间。如有学者认为，"公安机关除侦查权行使外，还是刑事强制措施的执行机关，可以发挥其以执行权制约国家监察委员会的相关决定权的制约作用。监察机关要采取强制手段和技术手段进行调查，应当交由公安机关执行，或者在其指挥、监督下由公安机关执行，由此形成监察机关与公安机关的制约关系"。❶ 具言之，当监察机关向公安机关提请通缉、限制出境、留置配合等协助时，公安机关不应一味地服从和执行，而是应当在程序上进行必要的审查，即对监察机关提请协助所提供的批文、法律依据等证明文件等给予形式审查，或对申请协助的内容进行适度实质性审查，对于那些明显不符合条件的申请应当明示并建议监察机关复核或重新提出申请。如此一来，权力约束的正当程序价值得以彰显，以此督促监察机关谨慎调查、合法办案。

二、 监察法文本中的警察权分析

公安机关在反腐工作中介入职务违法犯罪调查程序的法律授权源于《监察法》，因此为系统考证警察权在职务违法犯罪调查中的权能、界限以及与监察权的关联，应当回到法律文本中寻找答案。经统计，以"公安机关"为关

---

❶ 张建伟. 监察至上还是三察鼎立——新监察权在国家权力体系中的配置分析 [J]. 中国政法大学学报，2018（1）：175.

键词在《监察法》文本中查找，共有 6 处，分别为第 24 条、第 28 条、第 29 条、第 30 条、第 34 条及第 43 条；以"执法部门"为关键词查找，共有 1 处涉及公安机关，即第 4 条；以"有关机关"为关键词查找，共有 4 处涉及公安机关，分别为第 4 条、第 19 条、第 28 条、第 45 条。此外，监察法中还有公安机关协助的规定，如第 27 条中"专门问题鉴定"等。在这些法条中，存在着部分"竞合"，再加上警察权呈现的方式不一致，既有直接规定也有间接涉及，故不能简单以数学意义的统计结果得出结论，还需要从监察法的具体内容进行分析。为科学呈现警察权在监察法中之面向，现以公安机关执法内容为标准对监察法中所涉及的警察权进行归类，可分为以下 4 类。

（一）调查取证权

证据获取是监察调查工作的重中之重。为确保调查取证中证据的合法性与可靠性，适应和衔接刑事诉讼证据规则，监察机关在许多情况下需要公安机关的协助配合。根据取证事项的不同，公安机关在监察调查中的取证权主要有以下表现。

1. 谈话、要求说明情况

根据《监察法》第 19 条规定："对可能发生职务违法的监察对象，监察机关按照管理权限，可以直接或者委托有关机关、人员进行谈话或者要求说明情况。"由于法律并未对"有关机关"进行明确界定，从行使公权力机关"全覆盖"的角度考虑，公安机关显然可以归入其中。也就是说，针对涉嫌职务违法的行为人，公安机关可以接受监察机关委托，按照行政机关管理权限，有权对本单位涉及的民警个人进行谈话，必要时也可以要求其说明情况。实践中，此项工作通常由公安机关纪检监察部门进行，既有法律授权也根据党规党纪实施，对谈话对象来说，"谈话"是一种具有组织纪律上某种强制力的行为，其更多的是对被约谈者内心的压迫促使其主动交代而实现取证目的，因此"谈话""约谈"等形式上不具备强制力的调查措施在事实上对公职人员具有一定事实上的强力，故能够成为警察权在监察调查领域的表现形式。

2. 协助信息查询

公安机关作为负责社会治安管理的行政机关，在治安管理工作中对社会面的管控通常需要对公民个人信息进行采集，如身份证信息、住宿信息、违法犯罪信息等。执法实践中，相关部门在办案时需要公安机关协助查询公安数据库相关信息的，应按法定程序提请公安机关协助配合。监察委员会在职务违法犯罪调查中，基于对职务犯罪查证的需要，经常需要对被调查者个人身份、家庭情况、违法犯罪情况、车辆登记、出入境记录、酒店住宿等信息实施调查，而这些信息几乎都需要公安机关协助配合查询才能获得。

3. 协助搜查

搜查是监察机关职务违法犯罪调查最常用的调查措施之一。在监察体制改革前，检察机关在职务犯罪侦查搜查时，一般由反贪局检察官携带搜查证，与法警合作完成搜查任务。改革后，监察机关虽继承了检察机关的搜查权，但由于司法警察并未随同转隶到监察机关，导致实践中各级监察委缺乏独立开展搜查任务的警力及专业能力。因为在通常情况下，搜查任务的执行需要多个小组协同展开进行，一般涉及警戒组、搜查组、保护组、保障组等，而公安机关在长期的执法实践中积累的丰富的搜查经验，无疑是最适合的机关。为此，《监察法》第24条第3款规定了公安机关对监察机关的搜查协助义务，监察机关搜查时可根据工作需要提请公安机关配合，此时公安机关应当配合。

4. 鉴定

《监察法》第27条规定："监察机关在调查过程中，对于案件中的专门性问题，可以指派、聘请有专门知识的人进行鉴定。"所谓"专门性问题"是指"监察机关在调查过程中遇到的必须运用专门的知识和经验做出科学判断的问题"，[1] 其通常包括法医鉴定、物证鉴定、音视频鉴定、技术问题鉴定等。侦查实践中，公安机关依托专业的法医部门和技术部门，拥有专业的鉴定人员，尤其在痕迹检验、文书（含笔迹）检验、法医鉴定、DNA检验、照相录像、刑事理化检验、声纹鉴别、气味鉴别、人体外貌识别、心理测定（测谎）、侦查通讯、刑事模拟画等刑事科学技术领域具有独特的优势，[2] 因此监察机关在涉及上述专门性问题甄别需要时，通常会依法提请公安机关予以协助。

---

[1] 中央纪委国家监委法规室. 《中华人民共和国监察法》释义［M］. 北京：中国方正出版社，2018：150.

[2] 江国华，张硕. 监察过程中的公安协助配合机制［J］. 法学研究，2019（2）：161.

5. 技术调查

《监察法》第 28 条第 1 款规定："监察机关调查涉嫌重大贪污贿赂等职务犯罪，根据需要，经过严格的批准手续，可以采取技术调查措施，按照规定交有关机关执行。"《监察法》所规定的"技术调查"与《刑事诉讼法》规定的"技术侦查"类似，是指运用科学或专业技术调查罪犯的特殊侦查措施，如电子侦听、电话监听、电子监控、秘密拍照、录像、邮件检查等秘密的专门技术手段。❶ 鉴于技术调查可能对被调查人通信自由和通信秘密以及隐私权等基本权利构成限制，故《宪法》第 40 条规定技术调查措施必须由公安机关执行。因此，《监察法》第 28 条规定的"有关机关"实际上就是指公安机关。需要指出的是，公安机关虽然具有技术调查的能力且应当配合监察机关实施，但此项权力既强大又敏感，故公安机关在配合过程中，应当审查该案件是否确实"涉嫌重大贪污贿赂等职务犯罪"、审批手续是否完备，以形成对监察权必要的监督和制约。

6. 协助查封扣押

《监察法》第 25 条规定："监察机关在调查过程中，可以调取、查封、扣押用以证明被调查人涉嫌违法犯罪的财物、文件和电子数据等信息。"查封扣押是监察机关调查职务违法犯罪案件时收集、固定证据的重要措施。为防止涉嫌违法犯罪的单位或人员藏匿、毁灭证据，监察机关需要对涉案的财物、文件、电子数据等信息进行及时、全面地收集和固定。通常情况下，查封扣押需要通知当事人和见证人到场、清点涉案物资、制作查封扣押笔录、开列查封扣押清单、现场拍照录像、张贴查封扣押公告以及贴封条等诸多事务性工作，但监察机关人手有限且强制力量不足，故实践中大部分事务性工作都需要公安机关协助才能完成。

（二）限制人身自由权

监察机关在职务犯罪案件调查时，根据案件需要有权对被调查者采取限制人身自由的通缉、限制出境、留置等强制措施。但监察机关基于主客观等

---

❶ 万毅. 解读"技术侦查"与"乔装侦查"——以《刑事诉讼法修正案》为中心的规范分析 [J]. 现代法学, 2012（6）：183.

多方面因素的掣肘，在采取强制措施时往往需要公安机关予以协助配合才能实现。根据内容不同，公安机关的监察限制人身自由权主要有以下表现。

1. 协助追逃

在监察机关调查过程中，被调查人畏罪出逃的，监察机关可请求公安机关协助追逃，具体可包括以下几种情况：（1）被调查人正在出逃的，监察机关可请求公安机关协助实施追捕，对出逃者可能出现的车站、机场、酒店等场所进行协查，或在已出逃者出逃路线上设卡拦截，追逃方式可视具体情况决定。（2）被调查人已经在逃的，监察机关可申请公安机关依法对其进行通缉。《监察法》第 29 条规定："依法应当留置的被调查人如果在逃，监察机关可以决定在本行政区域内通缉，由公安机关发布通缉令，追捕归案"，在此情况下，监察机关拥有通缉决定权，但发布通缉令和实施通缉行为的权力在公安机关，这是法律对通缉行为专门设置的程序性规定，在一定程度上体现了程序分权制约的精神。（3）被调查人逃往国外，且监察机关已经掌握确凿证据的，应通过境外追逃合作机制将涉案人员追捕归案。公安机关作为同国际刑警组织等国际追逃机构合作的主要部门，在跨国追逃方面能够协助监察机关实施追逃。❶

2. 协助防逃

在我国，公职人员出国需要审批，且证照一般需要在单位集中管理。为此，防止贪官出逃境外是监察调查中一项十分重要的工作。《监察法》第 30 条规定："监察机关为防止被调查人及相关人员逃匿境外，经省级以上监察机关批准，可以对被调查人及相关人员采取限制出境措施，由公安机关依法执行。"出入境管理工作是"党和国家赋予公安机关的专有事权"，❷ 公安机关能有效监控并阻却监察涉案人员的违法外逃。因此，监察部门可以会同省级组织部门，集中筛查不交护照、隐瞒护照、做假护照等违规问题，及时通报公安机关出入境部门阻截意图通关外逃的涉案人员。

---

❶ 江国华，张硕. 监察过程中的公安协助配合机制［J］. 法学研究，2019（2）：162.
❷ 孙智慧. 出入境管理法律与实践［M］. 北京：中国政法大学出版社，2013：54.

3. 协助留置

《监察法》第43条第3款规定："监察机关采取留置措施，可以根据工作需要提请公安机关配合。公安机关应当依法予以协助。"监察机关在留置被调查人时需要公安机关协助的具体情形包括：（1）拟留置对象去向不明的，监察机关可以提请公安机关协助定位或找寻被调查人。（2）拟同时对多个调查对象采取留置措施但监察力量不足的，监察机关可提请公安机关予以协助。（3）拟留置对象有暴力倾向或具有一定人身危险性的，监察机关可提请公安机关协助以防止危及监察人员人身安全。（4）监察机关为防止被调查人逃跑，可请求公安机关预先在被调查人可能出现的地点实施布控，协助控制被调查人。（5）监察机关缺乏留置场所或现有留置场所无法满足留置需求的，可提请公安机关提供看守所等场所协助留置，并在看守所提供必要的警力保障，确保留置措施顺利实施。❶

（三）移送案件管辖权

根据《监察法》第34条第2款规定："被调查人既涉嫌严重职务违法或者职务犯罪，又涉嫌其他违法犯罪的，一般应当由监察机关为主调查，其他机关予以协助。"该条确立了监察刑事案件管辖中的"监察优先"原则。刑事案件管辖是一种刑事案件处理排序机制，在职务违法犯罪的警监协助机制中，案件移送表现为公安机关依职权进行监察协助。在实践中，警监协助案件管辖权移送主要有以下两种。

1. 监察机关向公安机关移送案件

监察机关向公安机关移送案件分为两种情况：（1）监察机关认为被调查人既涉嫌职务犯罪又涉嫌其他犯罪，但应首先对其他犯罪进行侦查。例如，被调查人除涉嫌职务犯罪外，还涉嫌故意杀人、强奸等恶性犯罪，须先由公安机关对其他刑事犯罪侦查，再由监察机关对职务犯罪问题展开调查。（2）监察机关请求公安机关协助配合办理监察相关案件而进行的案件移交。例如，监察机关在职务犯罪调查中，为了在不惊动被调查人的情况下收集证据，将与被调查人有密切关系的其他涉案人员所涉嫌一般犯罪的线索移送公安机关，由

---

❶ 江国华，张硕. 监察过程中的公安协助配合机制［J］. 法学研究，2019（2）：162.

公安机关对相关人员的犯罪行为进行侦查取证，后再由监察机关根据公安机关获取的证据进一步收集、查证被调查者职务犯罪案件证据。

2. 公安机关向监察机关移送案件

《监察法》第 34 条第 1 款规定："……公安机关等国家机关在工作中发现公职人员涉嫌贪污贿赂、失职渎职等职务违法或者职务犯罪的问题线索，应当移送监察机关，由监察机关依法调查处置。"根据《监察法》和《刑事诉讼法》的规定，依法应当由监察机关优先处理的职务犯罪案件，公安机关应当移送监察机关，公安机关未主动移送的，监察机关有权向公安机关提出移送。此外，监察机关认为不需要将全案移送的，应在申请中列明需要移送的具体材料。例如，若监察机关调查的案件涉及公安机关在押人员的，可将需要调查的内容书面告知公安机关，由公安机关对其讯问，并将取得的证据材料及时送交监察机关。❶

（四）协助处置权

《监察法》第 45 条规定："监察机关根据监督、调查结果，依法作出如下处置：（一）对有职务违法行为但情节较轻的公职人员，按照管理权限，直接或者委托有关机关、人员，进行谈话提醒、批评教育、责令检查，或者予以诫勉……"该条授权公安机关有权依据监察机关的委托，对公安机关有职务违法行为但情节较轻的民警实施谈话提醒、批评教育、责令检查或者诫勉等处置权。根据《监察法》规定，监察机关享有监督、调查和处置权，其中处置权是对被调查者权利影响最为直接的核心权利。一般情况下，构成职务犯罪案件的最终处置权在司法机关，由司法机关认定其犯罪及其应当承担的法律责任；党纪政纪问题的处置权在党委纪检部门，由其追究相关人员的党纪和政纪处分；而对于违法但不构成犯罪的情形，通常需要追究其行政责任。但当前监察机关行政责任追究方面的配套法律并不完善，故监察机关可以委托责任人所在单位进行适度的追责，并且将处置权限限定在"谈话提醒、批评教育、责令检查，或者予以诫勉"等申诫罚范围内，故公安机关对轻微违法的民警有权采取以教育为主的预防性、辅助性的弱处置权。

---

❶ 江国华，张硕. 监察过程中的公安协助配合机制 [J]. 法学研究，2019（2）：160.

三、　监察权与警察权运行衔接中的问题及其反思

（一）案件管辖权有待进一步明确

《监察法》第 11 条规定了监察机关管辖的案件范围，即"对涉嫌贪污贿赂、滥用职权、玩忽职守、权力寻租、利益输送、徇私舞弊以及浪费国家资财等职务违法和职务犯罪进行调查"。由于该条款过于笼统，因此学界对监委管辖案件的具体范围争论颇多。2018 年 4 月《国家监察委员会管辖规定（试行）》出台后，将国家监察委员会刑事管辖权明确为 6 大类 88 个罪名，除贪污贿赂、滥用职权、玩忽职守、徇私舞弊等各类犯罪案件外，还包括了公职人员在行使公权力过程中的重大责任事故和其他犯罪案件。但是，该规定并未明确其他三级监察委员会管辖案件的范围，即截至目前，地方各级监察委的案管范围尚不明确，只能参照国家监委的管辖权范围确定，导致实践中各地对管辖权的理解并不一致。

从 88 个罪名的覆盖面看，不仅包括检察院查办的贪污贿赂类、渎职类犯罪案件，也包括公安机关管辖的职务犯罪类刑事案件。虽然检察院根据司法解释保留了部分职务犯罪侦查权，但事实上也并不排除监察委员会对该类案件的管辖权。实际上，《国家监察委员会管辖规定（试行）》既包含"贪污贿赂、滥用职权、玩忽职守"等职务犯罪的管辖，也包括"权力寻租、利益输送、徇私舞弊以及浪费国家资财"等职务违法的管辖，这种将违反《刑法》和违反政纪案件的管辖不加区分统一规定的做法，存在逻辑上的混乱，❶ 极易导致实践中监察机关、检察院以及公安机关对各自管辖权认定的混乱。❷

与此同时，《监察法》授权监察机关在面临"一人多案"或"一案多人"时拥有并案管辖权，即将原本由其他机关管辖的案件一并纳入监察机关管辖。然而，监察机关的并案管辖权仅有法律授权，却无操作的具体程序。此外，由于《监察法》出台时间较为仓促，显然对于并案后可能引发的与刑事诉讼程序衔接的问题缺乏充分的论证与准备。例如，监察调查与刑事侦查在程序

---

❶　事实上，贪污贿赂犯罪必然涉及权力寻租、利益输送，滥用职权、玩忽职守与徇私舞弊、浪费国家资财在内容上相互交叉，极易导致管辖权界定的混乱。

❷　谢小剑. 监察委员会刑事调查管辖制度初探［J］. 湖湘论坛，2019（5）：55.

设计理念上截然不同，前者注重权力的自我约束，而后者注重权力的外部制约机制，而并案管辖将使得原本可能适用刑事诉讼程序侦查的犯罪行为并入监察调查程序，但不同的办案程序却会对犯罪嫌疑人权利产生非常大的影响，如调查期间犯罪嫌疑人无法聘请律师，强制措施的适用衔接等。❶ 事实上，在当前监委与公安机关并案管辖实务中，公安机关由于警力不足、办案任务繁重，对职务犯罪线索往往是"能移则移"。而监察机关则由于反腐高压态势的需要，对公安机关移送的与腐败沾边的案件往往来者不拒，这就导致在处理线索和办理案件时只要发现涉及腐败问题，在主罪从罪不清、管辖权不明的情况下，大多由监察机关扛起了管辖权"大旗"，❷ 并不利于各机关依法履行法定管辖职权。

除此以外，监警两权在管辖问题上的冲突与模糊已经由理论层面映射在职务犯罪调查（侦查）实务中，现以实务中的两个典型问题为例说明：其一，应向哪一级公安机关提出移送管辖或协助请求的问题。由于缺乏明确程序规定，当监察机关需要移送或协助办理案件时，应当向哪一级公安机关提出？有学者认为，出于沟通成本与协助便利考虑，应当确立"同级管辖原则"，即监察机关只能向同级公安机关提出移送或协助请求。当同级公安机关明显缺乏管辖权限或协助能力时，监察机关应逐级报请上级监察机关提请同级公安机关移送或协助。例如，县级监察委为防止重要涉案人员逃往境外，需要在出入境口岸采取限制出境措施的，应逐级报请省级监察委批准，由省级监察委向省级公安部门提请协助配合。当然，当同级管辖不便或不能实现时，应当允许特殊管辖。如同级公安机关接到移送管辖或协助请求后，认为应由上级公安机关管辖的，应将理由告知同级监察机关，由申请协助的监察机关报请上一级监察机关批准，再由上一级监察机关提请同级公安机关管辖。此问题涉及基本的管辖权交接程序能否实现，法律应当尽早明确。其二，应由哪一地公安机关履行管辖或协助义务的问题。由于许多案件涉及异地管辖或协助取证问题，此时具体应当由谁履行协助义务便成为问题。通常情况下，监

---

❶ 谢小剑. 监察委员会刑事调查管辖制度初探 [J]. 湖湘论坛，2019 (5)：59.

❷ 毛雪鸣，马方. 监察体制改革背景下"警""监"合作机制构建研究 [J]. 福建警察学院学报，2019 (4)：40.

察机关需要异地协助的，应当由作出决定的监察机关报请上级监察机关协调同级公安机关协助执行。如市级监察委在调查中发现重要涉案人员已逃往本省其他市时，需要当地公安机关协助异地留置的，应当上报省监察委，由省监察委向省公安厅提请协助留置，由省公安厅按程序协调处理。❶

（二）调查取证措施实施中的冲突

许多学者认为，监察机关的调查权与侦查机关的侦查权并无实质区别，在性质上应当算侦查权并应接受《诉讼法》约束。但 2018 年修正的《刑事诉讼法》第 108 条还是将"侦查"定义为"公安机关、人民检察院对于刑事案件，依照法律进行的收集证据、查明案情的工作和有关的强制性措施"，并未包括监察机关，由此在立法上明确了监察机关的调查权不具有侦查性质，只受《监察法》规范而不受《刑事诉讼法》约束。事实上，《监察法》对调查措施的规定非常简略，几乎每一项调查措施并无程序上的规定，而《刑事诉讼法》将"侦查措施"单设一章（第二编第二章），从第 115 ~ 168 条，共计54 个条款，对每一项侦查措施和侦查程序进行了详细规定，再加上"两高"对《刑事诉讼法》的司法解释，应当说已经相当完备。❷ 如此一来，监察机关的调查权和公安机关的侦查权在法律依据和操作程序上的巨大差异，无疑将导致监警两权衔接案件调查取证措施适用上的冲突。

在职务犯罪牵连案件中，同一犯罪嫌疑人可能会遭到调查和侦查两种不同措施的对待。例如，在言词证据收集上，《刑事诉讼法》和相关解释对犯罪嫌疑人讯问的时间、地点、方法、程序、权利告知、未成年人讯问等有详尽规定，但《监察法》却没有讯问的相关规则。在职务牵连案件中，若调查人员将调查讯问得到的言词证据移交公安机关，公安机关显然不能当然认可（法律程序不同）；若公安机关依《刑诉法》再次审讯，那么同一嫌疑人将遭受两次不同程序却内容高度相似的言词讯问，显然有违程序正义原则。在实物证据搜集上，对于监察机关已收集到的牵连案件的相关证据，由于法定程序要求，公安机关不得不重复收集，造成司法资源的极大浪费。此外，对于

❶ 江国华，张硕. 监察过程中的公安协助配合机制［J］. 法学研究，2019（2）：167 - 168.
❷ 王秀梅，黄玲林. 监察法与刑事诉讼法衔接若干问题研究［J］. 法学论坛，2019（2）：139.

同一个物证,监察机关进行搜查、查封若不按刑事诉讼相关程序进行将很可能产生证据"污染"问题。虽然《监察法》第24条授权监察机关可将搜查委托公安机关协助实施,由公安机关来搜集物证似乎打通了两种程序间的隔阂,貌似能解决证据"污染"等法律问题。但长此以往,监察调查人员物证调查职责存在着被架空或虚置的风险,不但会挫伤其工作积极性,也给公安机关造成严重的工作负担。❶

综上,监察机关办案适用《监察法》规定,公安机关刑事执法适用《刑事诉讼法》规定,在前执法中最现实的问题是,在两法存在冲突的情况下,公安机关应当如何做?实际上,基于公安机关侦查能力较强,故实践中监察机关将许多调查措施提请公安机关协助执行,但并没有改变监察机关依法所享有的案件办理主导地位,公安机关仅仅是配合协助办案,故此时应适用监察法相关规定。若监察法没有规定的,则公安机关应适用《刑事诉讼法》及相关司法解释的规定,依法协助监察机关采取调查措施。❷

(三)强制措施适用中的衔接问题

在监察案件调查过程中,有基层办案部门提出这样一个问题:公安机关在侦查过程中,发现职务犯罪线索并移送监察委员会,监察委员会立案后希望对已被逮捕的犯罪嫌疑人采取留置措施,以避免羁押在看守存在的保密性不足问题。但是,法律规定已经采取逮捕等强制措施的案件没有法定理由不能随意解除,此时应当如何做?❸ 这就提出了一个强制措施如何适用问题。实践中,职务犯罪案件由于管辖权的差别,监察调查可以适用留置措施,刑事侦查可以适用刑事强制措施,但两种措施适用中可能存在冲突。例如,在"一人多案"的情况下,若监察机关已采取留置措施,那么公安机关就无法同时在追查其他刑事犯罪并在需要的情况下对其采取强制传唤、拘留、监视居住、执行逮捕等强制措施。由于留置由监察机关执行,腐败案件的特性决定了调查需要较大的封闭性和保密性,不允许公安机关随意介入对被调查人监

❶ 丘玉莹. 监察法实施后职务犯罪牵连案件的管辖模式探究 [J]. 四川警察学院学报,2019 (8):113.

❷ 王秀梅,黄玲林. 监察法与刑事诉讼法衔接若干问题研究 [J]. 法学论坛,2019 (2):139.

❸ 谢小剑. 监察委员会刑事调查管辖制度初探 [J]. 湖湘论坛,2019 (5):61.

管。可见，监察法所确立的"监察中心主义"并不允许同时采取留置和刑事诉讼中的强制措施，且在事实上亦不可能实现。为此，法律上的解决方案只能是通过程序上的优化设计予以应对。

针对上述问题，笔者认为，虽然逮捕的法定要件不易发生变化，但逮捕的必要性即社会危险性条件却是可以适时评估的变量，即案件采取留置措施足以防止危害社会的风险，那就没有继续羁押的必要。同理，其他强制措施也可以根据"必要性"标准考量进行适当的调整变化。如取保候审若对留置形成障碍，那么经重新评估后可直接解除，因为留置将直接消除嫌疑人逃跑的风险。又如，当监察留置措施造成并案侦查中特别重大案件（故意杀人等）的侦查进程时，监察机关应当尽快解除留置措施，在其符合其他刑事案件的逮捕条件时，由公安机关根据检察机关的决定逮捕犯罪嫌疑人。

在监察机关办案过程中，逮捕的执行问题同样是困扰基层办案的难点之一。根据法律规定，留置由监察机关自行决定并执行，逮捕由检察机关决定，这是没有争议的法律规定。但在职务犯罪案件经过监察调查提起公诉后，检察机关决定逮捕的，此时由谁具体执行？法律对此并无明确规定。有观点认为，应当由监察委执行，理由在于：前期的留置是由监察委执行的，逮捕后仍然由其执行有利于节约司法成本，避免转换公安机关执行的一系列烦琐程序。也有观点认为，逮捕不应由监察机关而应由公安机关执行，理由在于，《宪法》第 37 条规定："任何公民，非经人民检察院批准或者决定或者人民法院决定，并由公安机关执行，不受逮捕"明确了公安机关执行逮捕的宪法权力，因此逮捕的执行权不能归属监察机关。而且，逮捕由公安机关执行是监察程序向司法程序转换的体现和要求，检察机关依照《刑事诉讼法》作出逮捕决定时，被羁押人就应当具有聘请律师辩护的权利，若仍由监察委执行则无法保障被羁押人的诉讼权利，也不利于检察权对羁押机关实施司法监督。❶

（四）留置措施的执行问题

根据《监察法》第 22 条规定，被调查人涉嫌贪污贿赂、失职渎职等严重职务违法或者职务犯罪，监察机关已经掌握其部分违法犯罪事实及证据，仍

---

❶ 王秀梅，黄玲林. 监察法与刑事诉讼法衔接若干问题研究 [J]. 法学论坛, 2019（2）：140.

有重要问题需要进一步调查,如果遇到涉及案情重大复杂的、被调查人可能逃跑或自杀的、可能串供或者伪造、隐匿、毁灭证据的,以及可能有其他妨碍调查行为的情形,可以将被调查人留置在特定场所。留置措施是"将被调查者置于一个较为特殊的、与外界相对隔离的环境中进行调查",● 性质上是一种限制或剥夺被调查人人身自由临时性、强制性调查措施,意在保障重大职务违法案件的顺利查证,并非对被调查者的处分。学界一般认为,留置与刑事诉讼程序中拘留、逮捕等刑事强制措施具有类似的法律效果,由于涉及人身自由权等基本权利保护问题,故留置措施的实施问题一直为学界和实务界所关注。

从留置期限方面看,依据《监察法》第 43 条规定,留置时间不得超过 3 个月,特殊情况下可以延长一次,延长时间不得超过 3 个月。换言之,留置期限最长为 6 个月,如果 6 个月期限届满后,仍然不符合逮捕条件但却有继续调查必要的,该如何处理?在普通刑事案件中,如果侦查阶段的羁押届满但案件没有侦查完毕,可以变更为取保候审或监视居住。对于留置期限届满能否变更为取保候审或监视居住,目前监察法没有明确规定。有学者认为,留置期限届满、不符合提请逮捕或移送起诉条件,但仍有继续调查必要的案件,应当参照《刑事诉讼法》规定,变更为取保候审或者监视居住,转由公安机关负责实施。❷ 笔者赞同这一观点,因为这样既能保障被调查者的人身自由权利,也能兼顾案件调查的需要。

从留置场所方面看,《监察法》仅规定"依照国家有关规定执行",而有关规定目前未见。从监察体制改革试点看,各地的做法各异:在浙江,留置场所主要是原来纪委办理党员违纪案件审查使用的"两规场所",由监委的案件管理室负责管理,但由于缺乏警备力量,监委通常需借助各方力量实施留置,如省一级留置场所借助武警力量,市县一级留置场所借助公安力量;在湖北,部分市州探索由公安机关选派民警和辅警组成留置看护队伍;❸ 在河

● 马怀德. 再论国家监察立法的主要问题 [J]. 行政法学研究, 2018 (1): 11.
❷ 王秀梅, 黄玲林. 监察法与刑事诉讼法衔接若干问题研究 [J]. 法学论坛, 2019 (2): 141.
❸ 牢牢守住审查调查安全底线——落实监察法对案件监督管理工作的新要求(六)[N]. 中国纪检监察报, 2018 – 05 – 09 (008).

南，部分地方公开招录专门的留置看护人员，由公安机关实行日常管理。❶ 结合各地经验，目前国内普遍实施的留置场所有两个：一个是公安机关负责的看守所，另一个是原先纪委的"两规"场所。基于司法的统一性、严肃性和权威性考虑，国家应尽快立法明确留置措施的实施场所。为此有观点主张，国家应设立专门的留置场所，这样更容易实现高效反腐败的目标，且将原来纪委"双规"地点改造为留置地点并不需要多大司法成本，具有较高的可行性。也有观点认为，将留置场所设置在看守所较为合理。❷ 因为现有看守所的管理比较规范，设施设备比较健全，且各地均有看守所，如果另起炉灶设立专门的留置场所成本过大。并且从保障人权角度看，设置在看守所有助于防范刑讯逼供，对监察机关形成一定的监督作用。❸

本书认为，留置场所设置在看守所是较为务实和理性的选择。留置场所是专门限制被调查者人身自由的场所，由于涉及人员配置、物质保障、技术条件等多方考虑，留置措施必须设置于一个人、财、物条件有保障的场所。看守所作为法定的犯罪嫌疑人羁押场所，经过多年的司法实践已经成熟，专业人员和场地设备有保障，完全可以满足留置需求。这样一来，监察机关可以节省大量人财物投入，将精力聚焦于讯问等证据获取环节。同时，看守所法定的提审程序和保障措施也能够确保监察调查在合法的程序下进行，有助于避免超期留置、刑讯逼供等侵犯人权的事件发生。当然，基于特殊案件（如"一案多人"类案件）办案需要，可适当考虑将主要被调查人留置于监察机关办案场所，将行贿人等涉案人员留置于看守所，以避免案件"跑风"，提升办案效率和效果。

当前，监察体制改革仍在持续且已步入深水区，"法治反腐"要求监察机关要以符合法律精神和程序的方式展开反腐斗争。监察机关在行使宪法和法律所赋予的职权时，需要其他机关的通力配合方能完成党和国家托付的历史重任。实践中，监察权的运行需要警察权的配合协助，并在两者的衔接、配

---

❶ 河南多地建设审查调查看护工作队伍：确保留置过程安全 [EB/OL]. [2020 - 02 - 20]. http：//www. sohu. com/a/277713664_260616.

❷ 陈光中，姜丹. 关于《监察法（草案）》的八点修改意见 [J]. 比较法研究，2017（6）：170.

❸ 唐冬平. 公安协助配合监察事项范围之限缩 [J]. 法学，2019（8）：107 - 108.

合乃至部分冲突的情况下仍需并行向前，尤其是在两种权力碰撞中出现的管辖权界定、执法措施衔接、衔接程序、信息沟通、法律责任等诸多方面的问题亟待在监察实践中予以解决。监察体制改革事关国家可持续健康发展，意义特别重大，为此，法律学人应当更多地深入监察调查和公安执法一线对实践中的问题展开调研，并在理论层面解析后尝试提出有可操作性的问题解决方案，为新时代的国家反腐败斗争胜利贡献力量。

第四节　国家治理转型升级中的警察权

对现代国家而言，政府的治理方式决定着公共事务治理水平，也影响着"良法善治"目标能否实现。治理理论认为，良善治理的实现依赖于多元主体之间的协同共治，为现代政府治理模式转型提供了理论指导。党的十八届三中全会提出"推进国家治理能力和治理体系现代化"，国家治理转型升级序幕已经拉开。可以预见，国家治理能力和治理体系现代化势必对警察权产生深刻影响，无论是执法理念、警务机制，还是权力配置、制度规范，警察权在国家治理转型中将经历一个规范化、专业化、社会化、法治化的过程。公安机关亦将在国家治理进程中得以持续转型优化，警务效能不断提升，努力锻造成为维护党和人民利益的忠诚队伍。

一、　治理理论视域下的警察权：以社区警务为例

（一）治理理论意涵及其实践价值

"治理理论"是 20 世纪 90 年代初兴起于西方政治学、经济学、管理学等社科领域的理论流派，其兴起与当时西方各国面临的管理危机有关，即政府对公共事务管理的成本急剧增加，政府管理效率难以满足民众对公共服务的需求，民众对政府的依赖和信任度不再像过去那样高，政府对社会的有效控制变得不再直接和容易。而治理理论认为，政府应当主动转变职能、调整角色，改变管理方式，加强同其他社会参与者的合作，通过协同共治的方式实

现社会政治的良性运行。❶ 在我国，学者俞可平较早地引入治理理论并将其提炼为"善治"理论，他认为，"善治就是使公共利益最大化的社会管理过程和管理活动。善治的本质特征，就在于它是政府与公民对公共生活的合作管理，是政治国家与公民社会的一种新型关系，是两者的最佳状态"，❷ 并将"善治"的基本要素总结为合法、透明、责任、回应、有效、参与、稳定、廉洁、公正等。❸ 在此基础上，有学者认为我国的国家治理模式将经历"全能主义国家治理模式"向国家与社会的"共治"及"管理向治理"的转变历程。❹

在政治学领域，"治理"与"统治"不同，治理不再如统治那样坚持权力单向度的施压管制，而是强调政府应当与公民合作，除保留必要的强制力量以应对国家事务外，应依照法律或契约，分享公共权威和部分公权力，以公众参与、协调互动等方式处理公共事务以满足社会需求。治理理论认为，治理是一个国家、政府与社会、公民互动协调的过程，"治理"的主体不是单方而是多元的，因此强调非政府组织和个人在国家和社会治理中的作用和价值。

在法学和管理学看来，国家治理应当具备合法性、适当性、责任性、协作性和效能性五个特征。治理的合法性表现为公民参与公共事务治理的合法性，即公民须依法或委托参与治理；治理体系合法，即以制度为核心的治理体系要在法律规范内构建；治理能力的效果要以法律进行衡量和监督。治理的适当性表现为政府职能转变应当有所限度，即政府权力过度让渡会导致无政府主义风险，政府应当是治理的主导者，其在权力的"收与放"之间应保持适当性。治理的责任性表现为权责一致性，即公民参与社会事务管理是其作为公民所理应承担的责任和义务，这种责任不再单纯依靠政府承担，政府要对国家和公民负责，公民亦要对政府和其他公民负责。治理的协作性表现为政府应与社会组织和公民分享公共权力，采取合作、民主、多元等方式对社会事务进行治理。在所有特征中，协作性是治理的核心所在，是"治理"

---

❶ 许晓. 国外治理型警务的经验与启示 [J]. 上海公安高等专科学校学报，2017（3）：34.

❷ 俞可平. 论国家治理的现代化 [M]. 北京：社会科学文献出版社，2014：59.

❸ 转引自：申丹. 国家治理视角下中国现代警务模式研究综述 [J]. 辽宁警察学院学报，2015（2）：68.

❹ 李龙，任颖. "治理"一词的沿革考略——以语义分析与语用分析为方法 [J]. 法制与社会发展，2014（4）：5.

区别于"统治"的关键要素。治理的效能性表现为治理体系创制过程中多主体决策的自主能力以及治理体系的执行效果，与单纯依靠政府统治相比，治理在社会事务处理效率、法律和政策执行效率、公众参与度、群众满意度等方面更具优势。❶

随着治理理论在公共管理领域的不断适用，其对各国社会治理实践的指导价值得以不断挖掘。具体来看，其在国家治理领域的实践价值主要体现在两个方面。

1. 构建有限政府，培育公民社会

政府作为国家和社会治理的传统主体，掌握着社会治理和公共服务的主要资源。在我国，一直存在着"大政府、小社会"的治理格局，政府长期垄断公共资源导致"无限政府"饱览全局，政府机构日益庞大，官僚制效率难以适应现代社会的治理需求。而在治理体系下，政府不再像以往那样大包大揽，而是将适合社会自治的领域放归社会，政府权力有限性得以借助治理体系实现。此时，有限政府不轻易越权越位，与社会形成一种合作平等关系，不再简单以发布命令、强制推行等简单粗放的方式处理社会公共事务，而是以正向激励、政策支持等方式将吸引公众投身到公共生活中，进而实现政府与社会两个平等主体民主协商、多元治理、合作共赢。

在现代国家治理模式下，政府为实现社会治理的资源的优化配置，可对各种企业、行业协会、民间团体等社会组织通过政策、法律等方式放宽行业准入条件，引导建立行业自治规范机制，培育社会的自主性、自治性，为各行业发展提供优良的制度环境和公共服务。例如，政府可采用政府采购方式将公共资金注入合法成立的社会组织，以 PPP 等形式调动其参与社会治理的积极性，与政府共同担负起为社会提供公共服务的职责。

在长期的治理模式熏陶下，公民较以往更多地投入相对宽松的公共生活中，更为关心公共事务和社会治理，愿意主动投身政治、经济和文化等公共生活，各行各业在民主协商的环境中平衡利益、共同发展，各种社会矛盾将在新型社会关系中得以合法理性地沟通处理，社会治安和国家安全将得以进一

---

❶ 殷明凯. 论治理理论对我国警务战略的影响［D］. 重庆：西南政法大学，2017：5.

步巩固。由此，公民社会得以产生发展，并进一步成为公共社会治理的生力军。

2. 转变政府职能，优化政府治理

在治理模式框架下，政府与社会的关系从统治转变为合作伙伴关系，政府治理手段不再表现为单线条式地对社会管控，而是由政府控制到调控、引导与整合。公共服务的提供主体不再只是政府，社会组织和公民个人都有机会依法参与，形成政府主导、多元主体参与、公共服务多元供给的治理模式。此时，政府社会治理的主导者，政府职能由社会管控转变为公共服务，政府应当成为"多中心治理"治理格局的策划者、主导者和掌舵人。

当国家治理体系发生变化后，政府将意识到仅依靠传统的行政命令将无法实现资源的合理配置，而且单靠市场自我调节机制或政府一家宏观调控也难以实现最大化的资源配置，传统的治理手段都面临着边际局限。此时，法治将成为政府治理的基本遵循，法治能够为政府治理创新管理机制注入良法的精神和基本原则保障，引导参与各方在法律的框架下化解"市场失灵"和"政府失能"。在法治化的治理体系下，权力变得愈发透明和可预期，集权导致的管理僵化将会因为多元主体参与而不再容易发生，政府治理更加自律规范，治理效能因此获得极大提升。

（二）治理理论审视下的我国警务机制评价

1. 警务管理机制简单粗放

长期以来，我国公安机关警务管理体制是以"统一领导，分级管理，条块结合、以块为主"的管理模式，● 警务机制呈现出自上而下的封闭式、集权式管理特征，实行党委领导下的"令行禁止"的纪律部队管理方法，警务工

● 所谓"统一领导，分级管理，条块结合、以块为主"管理体制，是指我国公安机关实行相对集中的管理体制，各级公安机关都在党的绝对领导下，接受自上而下的公安机关的"条"的领导管理与接受各级地方横向同级党委、政府的"块"的领导管理并行，实行双重领导管理制度。其中，"统一领导"指全国公安工作统一接受党中央和国务院的领导，地方公安机关接受公安部的统一领导；"分级管理"指中央公安机关和地方公安机关分别接受党中央、国务院和各级地方党委、人民政府的管理，同时县以上地方公安机关队所辖公安机关实行领导和管理；"条"指从上到下的公安职能部门业务管理体系；"块"指地方各级公安机关的分层，隶属同级地方党委领导，保一方平安。整体来看，"条块结合"和"以块为主"是辩证统一关系，既强调公安机关内部集中统一领导指挥与地方党委领导公安机关的结合，又强调各地公安机关从实际出发更有针对性、更有效地做好公安工作。

作通过内部上传下达、主要以上级"指示"为主的方式展开工作。近年来，随着法治公安、智慧警务等公安队伍正规化建设的推进，公安机关在机构调整、专业建设、信息建设、警种融合、组织管理等方面进行了多次不同程度的改革，但整体而言，警务管理机制仍然显示出明显的"简单粗放"特点，与当前社会主要矛盾变化后日益多元化的社会利益及治理格局需求产生了诸多矛盾。申言之，这种矛盾主要表现在以下方面。

（1）警务体制缺乏科学合理规划，警务工作效率不足。在目前的管理机制下，警队纵向和横向的管理层级较多，即条块层级较多，很多情况下日常的警务信息因流转方向单一和层级较多而存在着流转效率不高的现象，导致警务工作信息扁平化指挥程度不足，难以适应信息社会警务执法实战的需要，亦不能满足全方位社会治安防控体系的要求。同时，公安机关内部各警种各部门相对独立，且部分职能存在交叉，甚至存在权限不清现象，导致各警种各部门之间的职能分工和统筹协调存在不少问题。

（2）警务工作标准化程度不足。当前，公安机关在民主决策、应急指挥、一体化作战、打防控结合等方面的工作缺乏统一规划，缺乏标准化的工作机制和衔接流程，致使相关工作在不同部门间的统筹协调不顺畅。如许多部门在警务指挥管理中，普遍存在警务决策不科学，指挥体系扁平化程度不够，警务信息掌控不及时不全面等问题，不同程度影响了快速反应和处置效果。同时，对于网安、技术等专业岗位的准入和管理缺乏专业规范，这些部门普遍因专业人才不足或得不到足够的培养锻炼，导致相关工作效率和效果不够理想。

（3）警力资源亟待优化配置。一直以来，我国警力短缺问题始终困扰着公安机关，但依目前情况看，该问题想要在短期内以扩增编制和人数方式解决几无可能，故只能从警力资源的优化配置上寻求解决办法，即在现有警力配备发挥到极致的情况下，"警力无增长改善"是已经和将来解决此问题的唯一选择。为此，公安部主导了"向科技要警力""智慧警务"等运动，旨在通过革新警务装备和警务技能等手段提升民警执法能力来提升公安队伍整体战斗力。多年的警务实践表明，警务运行机制改革是解决警力不足、提升警务效能的务实路径，在我国，当前任何管理机制方案都需要在整个治安防控和违法犯罪打防体系的构建框架下制定，并以指挥的扁平化、决策的科学化和运行的集约化为突破口，合理优化警力配置。

2. 执法手段重管理轻治理

通常而言，在一个国家的政权建设初期，为了维护政权和社会稳定，警察所表现出的政治属性和维稳功能是其主要面向。由于我国的人民政权建立时间不长，且当前国内外敌对势力从未停止对我国政权的颠覆，社会矛盾在局部表现得比较尖锐，因此警察的政治功能和维稳功能直到今天仍然是公安机关的主要职能。在此影响下，警察的专政职能突出，而服务观念落后，警察经常以管理者自居。表现在执法中，在上级部门绩效考核的数量指标压力下，基层科所队往往将刑事案件侦查、治安案件查处、重点行业和人口管理等传统工作视为日常工作的全部，而对体现社会治理属性的工作，如联系群众、矛盾排查、社区矫正、纠纷化解等不够重视。

近年来，国家一直在推行社会管理创新和服务型政府建设，公安机关执法理念亦随之发生了相应变化，但是对照社会治理要求而言显然是不够的。例如，虽然公安机关近年也在推行服务型公安建设，但更多只是停留在相关文件层面，口号运动多于实际行动，对公安服务工作的内容、质量等缺乏运行机制与监督考核，也未见相应的量化标准和评估要求。实际上，目前我国警务工作"重管理轻治理"倾向仍然十分显著，具体表现在：治安防控手段主要依靠民警走访、巡逻、盘查等传统手段，缺乏整合社会资源的意识，防控体系建设不够完善等；社区警务工作局限于日常管控任务的分解，如外来人口登记、重点人员管控、犯罪线索发现等，对民意导向和社会资源的治理优势重视不足，社区警务的投入和主动性不高；部分地方公安机关为追求"立竿见影"的治安管控效果，习惯于开展大规模清查行动，集体巡逻、密集设卡，不计成本地投入大量警力，但治安状况改善程度有限。此时，公安机关在社会治安压力下疲于应付，但民众对公共安全产品的真实需求却得不到重视和满足，这种两难的境地让公安机关十分尴尬。❶

---

❶ 郝良杰. 社会治理能力现代化视域下的警务机制创新研究［D］. 苏州：苏州大学，2016：19－20.

3. 警务合作治理机制长期缺位

在国家治理转型背景下，部分地方公安机关尝试将警察与社会力量相结合的治理模式，如江苏宿迁公安的"社区单元警务机制"、苏州公安的"社巡合一机制"，这些警务机制在公共服务和社区安全等方面取得了良好效果。然而，警民合作中的一些问题也导致警务合作治理机制止步不前、后劲不足。

一方面，社区公共安全合作体系的构建与运行主要由公安机关承担，但由于公共服务边界的模糊性等原因，实践中相关政府部门、职能机构和社会组织的参与程度和效果并不理想。同时，上级政府部门始终缺乏有效的统筹协调，部分综合性社会问题往往牵扯部门较多，源头解决仍面临困难，因此单靠公安机关难以实现社区的合作治理。然而，基层社区不断出现新的社会矛盾和利益诉求，警察作为社区民众寄予厚望的治理主体承担了超越自身能力限度的事务，但如果警察拒绝提供公共服务，就会遭到民众投诉，将极大伤害警民关系和警察执法的权威及公信力。

另一方面，根据我国《社会团体登记管理条例》等相关法律规定，公民需经申请审批方能依法结成社会组织。在我国，社会组织主要表现为社会团体，而每一个社会团体都有相应的行使主管部门对其行使较为严格的行为管制，因此社团对主管部门有高度的依赖性，"这种强依赖性从某种程度上反映了我国公民社会发展水平还比较低，公民的自治意识、民主意识和参与意识还不强，公民利益诉求和利益表达的渠道还不通畅"。❶ 在此环境下，警务合作治理因为缺乏必要的社会力量参与而变得资源不足，导致实践中警务治理事业发展步履维艰。

（三）重构以治理理论为指导的社区警务改革

新中国成立后我国所推行的历次警务改革有一个共性特征，即注重从警察单方面考虑改革进路，缺乏从警察工作对象，即民众和社会组织的角度设计改革方案。以第四次警务革命为代表的警务发展趋势表明，警务改革的重点应当立足于社区，社区才是警察工作的"原点和真实场景"。在国家治理体系和治理能力全面转型升级的背景下，社区警务应当成为国家治理在警务治

---

❶ 贾建平. 国家治理现代化进程中警察职权的让渡 [J]. 云梦学刊，2017（3）：81.

理领域的具体呈现和发力点，面向未来的中国社区警务改革应当遵循"社区导向、适度分权、服务职能、警民协作"的原则有序推进，以社区警务推动警务社会化，解决警务改革职业化、专业化和现代化面临的困境。

1. 塑造立足于本土的社会警务治理理念

社区警务的本质是在警察主导下实现警民合作，强调警民之间的互动联系，在社区范围内，以警察和非警察力量共同对社会治安负责。社区警务在各国演进为不同风格的模式：在美国，社区警务作为一种新型警务战略，旨在警方和社区居民成为伙伴关系，目的是通过双方合作，营造更安全的生活环境；在英国，社区警务形成了"社区警务树"构造，警察主要依赖于社区开展警务工作。根据现代警务理论，真正的犯罪治理必须从源头入手，将工作重心放在犯罪动机形成的阶段，因为犯罪心理学研究表明，即使是那些没有形成的犯罪动机或事实，也会对民众的日常生活造成负面影响。若警察不能对这些因素进行控制，民众也很难对警务工作感到满意。但现有的集权式警务模式更适合于对犯罪进行事后的集中性打击，并不具备大面积控制犯罪的效能。要做到源头控制，公安机关就必须转变工作模式，[1] 采取与社会其他参与者进行合作的方式，完善犯罪预防机制，扩展社会控制的范围。

必须指出的是，社区警务改革所体现的治理型警务改革方向与我国公安机关传统的改革思路并不相同，在一定程度上存在所谓的"水土不服"或"一厢情愿"的问题。事实上，基于稳定和国情因素考虑，我国历年来的公安改革更多是着手于对既有制度的完善，很少触及深层次的理念变革。换言之，社区警务改革需要在集权式或垄断式的警务模式下推进，而社区治理思路在多大程度上能够与我国社会发展的本土条件相适应，既考验着我国社会的整体接受度，也考验着高层的改革决心，改革难度不可谓不大。从此意义上说，作为改革的实验者和推进者，公安机关首先要从传统的改革思路中解放出来，积极转变观念，扎扎实实地深入社区一线考察调研，将社区警务改革需要的区情、民情、舆情彻底摸清，以更加开放的心态和更大的担当和勇气接受社会力量。同时，公安机关也要重新定位自身在协同治理格局中的角色，积极培育能

---

[1] 许晓. 国外治理型警务的经验与启示 [J]. 上海公安高等专科学校学报，2017（3）：40.

够适应社区警务改革治理的公安队伍，为社区警务改革向纵深推进积蓄力量。

2. 构建和完善社区警务共治机制

国家治理现代化下的社区警务应当体现"共治"的治理理论精神，因此未来的社区警务改革应当努力做到：（1）重视关系网络资源的利用。针对当前我国社会组织普遍不发达的现实，在当前警力有限的客观条件下，社区警务工作可利用基层社区关系网络中的"威望人士"在社区群体中所具有的凝聚力、影响力及其示范作用，在基础信息收集、社群资源整合、后援力量储备等方面寻求突破，逐步形成基层社区警民信任互动、共建共享局面，为建立良好社会秩序、实现治安状况改善奠定基础。（2）充分重视基层组织的作用。如乡镇村委会、城市居委会、各类企事业单位的党组织、工会等社区基层组织处于社会关系网络的前端，熟悉基层情况和居民利益诉求，具有预防预警、协调关系、调适矛盾的功能。公安机关应注重发挥基层组织的"枢纽"作用和管理责任，鼓励基层组织在社区治理中献计献策。（3）搭建民警共治信息沟通平台。在基层社区共治中，警方应充分利用微信公众号、社区平安 APP 等互联网平台和渠道收集社会有效信息，发现和消除治安隐患，提升社会治安掌控度。

3. 畅通渠道，完善大众参与机制

"政策网络是指政策过程中国家与社会、政府和其他行动者之间基于协商利益和资源依赖等而产生不断互动的正式和非正式关系类型的总称。"❶ 政策网络的建立有助于吸纳民众和社会组织参与公共政策的制定，促进政府同社会组织、民众的协商、合作。在警务工作中，构建政策网络的核心做法是民意主导和大众参与。具体来看，公安机关在制定决策时，应提高公安决策的透明度和开放度，广泛征求群众意见，鼓励群众参与决策形成过程；在警务机制运行中，充分依靠群众力量，吸收志愿者参与社区治安工作，扩大群众参与度，创建警民共同体；在为民服务工作中，应将征集民意作为首要举措，集中发现并解决关系群众切身利益的焦点矛盾和主要问题，积极推行各项惠民措施，拉近公安机关与群众之间的距离；在执法反馈评估中，要尊重和保障群众的言论自由和批评建议权，将群众满意度在考核方案中的比重适度提

---

❶ 杨道田，王友丽. 政策网络：范畴、批判及其适用性 [J]. 甘肃行政学院学报，2008（4）：32.

升。例如，浙江湖州公安的"警务广场"❶是扩大民众参与社区警务治理，推行基层社会网络化治理的实践代表，值得各地学习借鉴。❷

4. 适度推进警察职能社会化

服务型政府是中国在"历史压力之下的历史性选择"，也是现阶段政府职能转变的主要内容。从社会发展的角度看，中国正面临着提高社会治理能力与提高公共服务水平的双重压力。从社会生活的角度看，目前的中国正处在"最好的机遇期"，也是"压力最大的挑战期"，经济发展、社会进步要求政府做出切实的成绩，面对涉及民生领域中的种种失衡现象，需要公共政策向强化公共服务、特别是公共服务均等化的方向作出有针对性的调整。需要指出的是，建设服务型政府，核心是以"公共服务"为导向，而不是指一系列具体工作的组合。❸

晚近的警学研究及各国警务实践规律表明，警察的政治职能和社会职能在一国发展的不同阶段存在着交替转换的可能和需要，这是与该国政治、经济、文化和社会的发展阶段相适应的结果。在一个国家中，经济转型和新的社会矛盾的产生必定影响警察职能的重新定位，对我国而言，在国家治理体系构建背景下，公安机关应重视"公共选择"在警察职能定位中的作用，尊重公众意识导向价值，将国家利益和公众需求作为警务工作的共同目标，把打击犯罪和维护社会稳定的警察职能与维护社会公众利益的服务职能统一起来，努力推进新形势下警察职能的重新定位，寻求警察和公众合作的新形式，进而提升社会治理效果。从此意义上说，警察职能社会化应当成为实现新型警察职能的最佳方案。在新型社区警务治理机制下，警察作为多中心治理的主体之一，同其他政府部门、人民团体、社会组织和公民共同履行着社会治

---

❶ "警务广场"是浙江省湖州市公安局社区警务的创新成果，它是指公安机关依托广场、公园等公众活动场所和互联网，搭建群众参警议警、警务协商、民主监督的平台，是建立开放、参与、合作、共赢的民意导向型警务新模式。该模式最大限度地保障了人民群众的知情权、参与权、表达权、监督权，推进警务民主化，营造警务共同体，使公安工作充分体现民意、广泛汲取民智、更好保障民安、促进平安和谐。详情可参见：https：//baike. baidu. com/item/% E8% AD% A6% E5% 8A% A1% E5% B9% BF% E5%9C% BA/8587668？fr = aladdin，最后查阅于 2020 年 2 月 25 日。

❷ 郝良杰. 社会治理能力现代化视域下的警务机制创新研究［D］. 苏州：苏州大学，2016：33.

❸ 朱光磊. 新治理观：国家治理能力的全面提升［EB/OL］. ［2020 - 02 - 27］. http：//theory. people. com. cn/n1/2017/0626/c40531 - 29362201. html.

理职能，不同治理主体的职能划分合理有序，公安机关可充分利用市场和
NGO、NPO 等非政府力量在公共产品供给方面的优势，使其在警方的指导和
监督下，采用特许经营、服务外包、志愿者服务等多种形式承担公共产品供
给，❶ 以减轻公安机关尤其是基层派出所的警务工作压力。

需要注意的是，强调警察社会职能并不能也不应忽视警察的政治职能。
虽然我国改革开放以来取得了举世瞩目的巨大成就，社会的主要矛盾已经发
生变化，但阶级还未消亡，国内外敌对势力从未停止对我国的侵扰，治安压
力和违法犯罪态势依旧严峻。为此，警察需要通过政治职能对少数人实行专
政，维护社会秩序安全，保障经济发展。因此，我们既不应过分强调社会职
能的扩张，也不用刻意强调政治职能的回归，而是要遵循经济和社会发展规
律，寻求二者之间的平衡，即国家治理体系背景下社区警务新型警察职能应
当在打击犯罪、维护政权稳定与服务社会、满足公众需求之间达至平衡。❷

综上所述，"创新社会治安治理机制，完善现代警务运行机制，提高全社
会的治安防控水平和治安治理能力，提高人民群众的安全感"❸ 是全面深化公
安改革的重要任务，警务现代化是国家治理现代化的重要组成部分。随着公
安改革不断推进，立体化社会治安防控体系和新型社会治安综合治理标准的
不断提高，社区警务内涵日渐丰富，在理念、结构、方式、功能、方法、运
行体制等方面不断完善和发展。公安机关要适时将治理理念融入社区治理中，
用社区警务推动警务社会化、制度体系化、执法高效化，努力建成符合国家
治理体系和能力要求的服务型社区警务治理体系。

二、 国家治理现代化视野下警察权的功能再造

（一）国家治理现代化对警察权的要求

2013 年 11 月，党的十八届三中全会提出"加快形成科学有效的社会治理

❶ 马万里. 多中心治理下的政府间事权划分新论——兼论财力与事权相匹配的第二条（事权）
路径 [J]. 经济社会体制比较，2013 (6)：205.

❷ 郝良杰. 社会治理能力现代化视域下的警务机制创新研究 [D]. 苏州：苏州大学，2016：42.

❸ 关于全面深化公共改革的具体内容，可参见：完善警务运行机制 提高治安防控水平 [EB/
OL]. [2020 - 02 - 25]. https：//www. mps. gov. cn/n2255079/n4876594/n4974590/n4974593/c4996147/
content. html.

体制，确保社会既充满活力又和谐有序"，将创新社会治理作为推进国家治理体系❶和治理能力❷现代化的重要内容，对"国家治理"的内涵进行了深入探讨，表明转型期的国家治理进入新的历史阶段。2019 年 10 月，党的十九届四中全会审议通过《中共中央关于坚持和完善中国特色社会主义制度、推进国家治理体系和治理能力现代化若干重大问题的决定》，明确要"坚持和完善中国特色社会主义行政体制，构建职责明确、依法行政的政府治理体系"；"建设人人有责、人人尽责、人人享有的社会治理共同体，确保人民安居乐业、社会安定有序，建设更高水平的平安中国"；"要完善正确处理新形势下人民内部矛盾有效机制，完善社会治安防控体系，健全公共安全体制机制，构建基层社会治理新格局，完善国家安全体系"；"着力固根基、扬优势、补短板、强弱项，构建系统完备、科学规范、运行有效的制度体系，加强系统治理、依法治理、综合治理、源头治理，把我国制度优势更好转化为国家治理效能"。根据决定要求，到 2035 年，我国"各方面制度更加完善，基本实现国家治理体系和治理能力现代化"；"到新中国成立一百年时，全面实现国家治理体系和治理能力现代化，使中国特色社会主义制度更加巩固、优越性充分展现"❸，为国家治理现代化规划了明确的目标和蓝图。

　　推进国家治理现代化是维护国家安全与稳定的基本保障，体现了中国共

---

　　❶　"国家治理体系"是指在党领导下管理国家的制度体系，包括经济、政治、文化、社会、生态文明和党的建设等各领域体制机制、法律法规安排，也就是一整套紧密相连、相互协调的国家制度。基于研究和叙述角度的不同，学界对国家治理体系的认识并不统一。总体来看，国家治理体系的核心内容（视角）包括：（1）从治理主体看，分为政府治理、法人治理、公民自治。其中政府治理是指以政府为主体对公共事务的治理；法人治理包括公司法人治理和事业单位法人治理；公民自治在我国主要是基层群众自治，包括村民自治、城市社区居民自治等。（2）从治理领域看，包括经济治理、政治治理、文化治理、社会治理、生态环境治理。（3）从治理层级看，包括中央治理、地方治理、基层治理。中央治理主要通过地方各级政府和垂直管理机构实现；地方治理是省及以下的政府治理；基层治理是在乡镇以下推行的群众自治。（4）从治理地域看，分为城市治理、乡村治理、城中村治理。（5）从治理方式看，包括德治、法治。两者是国家治理的两种基本方式，具体可分为系统治理、依法治理、综合治理、源头治理等。

　　❷　国家治理能力是指运用国家制度管理社会各方面事务的能力，包括改革发展稳定、内政外交国防、治党治国治军等各个方面。

　　❸　中共中央关于坚持和完善中国特色社会主义制度．推进国家治理体系和治理能力现代化若干重大问题的决定［EB/OL］．［2020 - 03 - 01］．http：//cpc. people. com. cn/n1/2019/1031/c164113 - 31431657. html.

产党执政思维的现代性与先进性。当前国际政治局势动荡不稳，针对我国的政治、经济、军事战略威胁不断，国内的政治、经济发展也面临着恐怖活动威胁、环境资源恶化等一系列问题，国家安全与稳定面临着严峻考验。国家治理现代化的推进，可以通过现代化的制度建设，发挥制度最大限度的执行力，激发社会在科技、文化、教育、经济等各方面的活力与创新，从而保障人民能够安全稳定、和谐有序地追求幸福生活。改革开放40多年来，国家治理发展至今亦步入攻坚阶段。在治理转型期内，我国的社会主要矛盾已经发生变化，但在社会利益主体多元化、利益诉求多元化背景下，多元利益诉求和表达存在冲突，这种冲突需要国家在社会治理方面实施现代化改革与创新，扩宽利益诉求的途径，给公众更多参与社会治理、利益表达的机会与机制，以化解不同群体之间的利益冲突与矛盾。❶

人民警察作为社会安宁和人民福祉的守护者，警察权来源于人民的授予和社会的需求。警察与人民群众不是对立关系，即不是管理与被管理或是委托与代理的关系，警察和人民群众应当是紧密相连的共同体，这种关系在我们这样的社会主义国家表现得尤为突出。当然，在警察执法工作中，难以将"管制"与"服务"截然分开，事实上，不同历史时期的警察差异在于"管制"与"服务"的对象和功能不同而已。❷ 在国家治理现代化背景下，警察权的社会管理和服务职能得以强调和彰显是时代发展所需，这便要求公安机关及人民警察要学会在服务中实施管理，在管理中体现服务，让管理和服务相互结合和促进，以国家治理现代化发展理念指导警务改革和执法实践。具体来看，国家治理现代化对警察权的要求主要表现为以下方面。

1. 转变观念，权力运行方式由"管制"向"主导"转变

公安机关与社会力量是社会治理的两个主体，但两者的作用绝非等同。作为社会治安和违法犯罪打击的专责机构，公安机关要主动承担起社会安全治理的职责，强调依法履行职责，不能不作为或乱作为。首先，公安机关要紧密关注社会发展现状和运行趋势，尤其是公共安全领域的社会现实，在广

---

❶ 刘琳璘. 国家治理现代化进程中警察权的突破转型——基于《人民警察法》修订草案的思考［J］. 北京警察学院学报，2017（5）：2.

❷ 刘达禹. 优化国家治理视角下警察公信力研究［J］. 警学研究，2019（3）：84.

泛发动公众参与、凝聚社会共识的前提下制定公共安全领域的社会政策，并在相关法律规范的制定中发挥专业作用。其次，在保留违法犯罪固有打击能力的前提下，积极引导和培育人民团体、党政群团等社会力量的成长，增强它们参与社区安全及协同打击违法犯罪行为的能力，引导和支持公民参与警民共建活动。最后，建立公共安全服务多元供给制度，退出或放宽部分特许行业的管制，简化相关行政审批手续，建立多元化参与的行政管理体制，鼓励保安公司、金融押运等社会组织等专业社会力量作为公共安全服务的提供者参与社会公共安全治理。

2. 合作共赢，构建警察权运行的民主参与机制

基于人民主权原理，警察权来源于人民，其运行过程理应受到人民监督。在以往的监督方式下，公民主要通过批评、检举、建议等"事后监督"方式对警察权运行过程进行监督，但这种方式的效率和实际效果并不理想，致使警察权的控制和约束长期难以落地。在新型治理体系下，公安机关应当主动为公民政治参与权力运行提供机制上的渠道，在公安立法、重大决策、执法监督以及基层（社区）治理等层面出台实打实的可操作性的参与方案，让公民真正能够参与监督公安机关执法活动。例如，在参与范围上，公安机关应当在公安重大决策、预算决算评估、信息公开发布、行政处罚听证等领域扩大公民参与，尤其是在社会治安综合治理、群防群治、纠纷调解等方面加大群众参与力度。此外，还应重视社会力量在公共安全领域的投入功能。"促进社会协同是国家治理现代化的核心"，❶ 社会力量在社会事务管理和提供服务中作用重大，如部分非政府组织和志愿者组织在环境保护、社会救助、社区服务等领域发挥着重要作用，能够提供政府难以覆盖的公共产品和服务。公安机关应当对此加以利用，发挥它们在公共安全治理领域的价值，加大政府购买安全保卫、司法鉴定等公共服务力度，积极引导社会资源向公共安全领域发展，建立激励机制和联动监管机制，对在社会公共事务管理方面作出突出贡献的社会组织或个人予以奖励，做大做强群防群治的公共安全合作服务

---

❶ 孙克进. 国家治理现代化进程中的社会治理体制创新［J］. 中共济南市委党校学报，2015（5）：46.

机制。

3. 坚定警察权的法治化运行方向

在国家治理现代化进程中，法治是最为重要的核心要素。现代国家治理的普遍规律表明，法治是国家治理最可信赖的精神和基础，能够为各项治理措施提供稳定的制度保障。为此，警察权的配置和运行无疑要遵循依法治理的理念，在警察权的配置上应当科学立法，扎实完善警察权在社会治理领域的立法工作，如在当下的《人民警察法》修改中，适度体现治理型社会对警察权配置和运行的新要求。同时，公安机关要注重培养符合治理型社会需求的具有较高法律素质的人民警察队伍，将法治思维和方式的治理理念融入每一位民警观念中，在严格执法的同时，努力做到理性、善治，努力在治理型社会中将执法工作纳入法治轨道。此外，还应加强警察权运行的监督机制。完善行政复议、仲裁、诉讼等公民权利表达与救助机制，在协同治理的社会环境下，尤其要注重发挥人大代表、政协委员、人民团体、社会组织等对警察权的监督功能。与此同时，国家要重视治理型社会中公民法治意识和能力的培养，持续不断地加强法治宣传，弘扬法治精神，开展面向基层大众的各种形式的法治教育培训，务必要让每个社会成员都能够自觉遵守法律、善用法律，形成公共社会治理所需要的法治思维。归根到底，国家治理的根基在于民众，法治思维的普及是民众塑造独立人格和参与公共事务的根本要素，只有形成全民守法用法的社会，以警察权为代表的公权力才能良好运行在法治轨道中，自觉接受公民参与和监督，最终形成共建共治共享的法治下的治理型社会。❶

（二）国家治理转型中警察权的功能再造

国家治理现代化对国家安全体系、社会治安治理体系、违法犯罪防控体系的构建与相关治理能力提出了新的要求。国家设置警察权的重要目的在于维护国家安全和社会秩序，因此警察权必须紧跟国家治理现代化建设实践，在国家安全体系、社会治安治理体系以及违法犯罪防控体系的具体制度建设方面开展与时俱进的创新与改革，才能有效发挥权力的最大功效并完成现代

---

❶ 殷明凯. 论治理理论对我国警务战略的影响［D］. 重庆：西南政法大学，2017：8－9.

化转型。在国家治理现代化进程中，警察权的功能再造应当引发学界关注，它应当至少包括但不限于以下几个主要方面。

1. 警察权配置的重构

在警察传统治理模式下，警察权的配置由国家完成，呈现出中央集权特性，是一种自上而下的单向度、扁平化管理模式。换言之，在传统治理理念下，警察权被视为国家强制力交由特设的国家机关行使，警察权是一种国家垄断资源，因此在警力资源、警用装备、警务经费等方面对国家有较强的依赖性，只能依靠国家财政供养。申言之，传统治理模式下的警察权属于国家集中配置，权力配置过程并无公众参与沟通协商，导致该权力在运行中的民主性、正当性以及合法性等问题经常被民众质疑，致使权力的运行效能大打折扣。而在现代治理型国家中，"国家治理的权威与能力并不依赖于国家机器自上而下的强制性，而是来源于法律规范，来源于公众与社会组织对国家治理达成的共识合意、权利让与、协商和契约"，❶在这样的背景下，警察权的配置过程不再是立法机关闭门造车的产物，而是应当体现公众参与、广泛民主协商的过程，警察权的配置必须充分体现民意，具有民主基础，同时符合权力本身配置运行的规律要求，此外还应当确保警察权具备与其他相关部门的沟通协商运行机制，力求使警察权配置体现出复合性、包容性、合作性，从而保障权力运行的合理性和有效性。

在国家治理转型中，应当将原本属于警察权专属的权能适度剥离，交给市场，让位给有胜任能力的社会力量，解放本就运行乏力的警察权。例如，可考虑将警察权中的物证鉴定权交由第三方中立机构，❷由于公安技术是一门科学技术，需要专门的技术人员方能胜任，且刑事鉴定的仪器设备和条件要求普遍比较高，考虑到我国的现实情况，当前物证鉴定还不能完全放开市场

---

❶　江必新. 国家治理现代化基本问题研究［J］. 中南大学学报（社会科学版），2014（3）：143.
❷　有学者担心，若物证鉴定机构不归公安机关管理，有可能影响现场勘查工作和破案效率，其实这种观点是将刑事侦查中的现场勘查和物证鉴定混为一谈。事实上，现场勘查和物证鉴定是不同的，现场勘查是刑侦人员通过对现场进行勘验检查；而物证鉴定则是由专门技术人员对侦查人员送交的检材（多为现场勘验检察发现的痕迹物证）进行比对并作出的意见。实践中，也有部分地方公安机关将两者混淆，常以刑侦人员不会勘查现场为由将现场勘查工作交由鉴定人员，实际上是违反法律规定（收集证据的工作只能由具有执法权的警察完成）的做法。

运作，而应由政府出资建立、由司法鉴定协会管理，专门服务于公安司法机关，形成政府通过购买司法鉴定协会服务实现物证鉴定职能需求。这样做的好处在于，既保持了司法鉴定机构的中立性和司法鉴定意见的合法公正，还能解放公安机关在物证技术部门人员和资源配置上的压力。可见，将警察权在物证鉴定领域权能的适度剥离，不仅不会影响破案效率，还能提升和促进鉴定过程和鉴定意见的中立性、客观性和准确性。又如，行政许可审批权历来是警察权的重要权能之一，由于警察权归口管理的特种行业较多，如旅店业、废旧回收业、车辆管理等行业都因涉及公共安全和公共利益，在政府"大包大揽"的计划经济时代下均归属公安机关实行监管式管理。在国家治理转型进程中，盐业、银行、电力等许多原本属于国家垄断的行业渐次退出，在此趋势下，公安机关有必要对警察权属范围内的特许行业进行梳理，分析行政许可事项是否涉及公共利益和公共安全，有无继续存在必须由公安机关特种管理的必要性，然后通过法定程序提交有权机关审议，启动对相关法律法规或部门规章的修订，适时缩限警察权范围，让能够由市场力量承接并自行规范的行业剥离出去，真正做到"政府的归政府，市场的归市场"。❶

2. 警察权主体的重构

"为一个自由、自决、参与的社会而设计的任何一种警务模式，绝非仅限于警察本身。"❷ 在国家治理过程中，社会治安秩序的维护与打击违法犯罪行为绝不能仅依靠公安机关一家完成。警察权需要在不同国家机关之间、与社会之间以及在公安机关内部进行重新分配，让适格的主体行使相应的警察权，从而发挥权力最大的功效。例如，从公安机关内部看，长期以来公安机关所实行的行政科层制使得上下级公安机关形成了上下对口的职责设置，上下级之间的机构设置保持高度一致性，基层派出所长期处于"上面千条线、下面一根针"的被动应付局面。这种压力型体制使得派出所无法独立应对复杂多样的社会事务，从而产生基于自身利益权衡考量后的变通与应付，不免造成权力异化。与此同时，上级机关对基层所队的绩效考核机制不尽合理，侧重

---

❶ 贾建平. 国家治理现代化进程中警察职权的让渡 [J]. 云梦学刊，2017 (3)：82.
❷ 约翰·安德逊. 新警察模式论 [J]. 王大伟，译. 福建公安高等专科学校学报，1999 (2)：83.

"打击处理"指标而忽视"综合治理"指标，导致公安基层工作（社区服务、群众工作）长期不被重视，公安机关的社会职能远未发挥出来。并且，科层制下的评估考核主体是上级部门，属于一种行政系统的内部考核，缺乏外部监督参与其中，根本无法直观体现公安执法的社会效果。为此，公安机关应当在内部进行权力的优化配置，让派出所回归社区，承担其本应承担的社会职能，打击犯罪等国家职能配置给相关业务部门且不能层层下派，让不同部门履行相对专业和稳定的法定职责。并且在考核机制上优化考核指标，增加群众基础工作比重，并且纳入一定比重的群众满意度指标，所有部门均应接受社会力量的直接考核，促进各执法部门将"以人为本""为民执法"落到实处。❶

　　从公安机关外部看，警察权在不同国家机关之间的分配运行也不甚合理。如有学者指出应当将看守所、拘留所等场所警察权交由司法行政机关行使，其理由在于：国家之所以将看守所归属公安机关管理，目的是便于及时进行审讯，有利于快速打击犯罪。但看守所、拘留所等执行场所归公安机关管理不利于对警察权进行监督制约，"决定和执行均由一家包办"严重违背法治精神。事实上，监狱由司法行政机关管理已有30余年，早已形成了一套成熟的经验，因此将看守所、拘留所等执行场所交由司法行政机关管理更为适宜，既能够全面贯彻依法治国要求，也能满足保障被羁押人权利、规范羁押权的需要。此外，根据我国《宪法》规定，逮捕的决定权在人民法院或人民检察院，执行权在公安机关，目的就是对限制人身自由的权力进行必要的监督制衡。而根据目前的《刑事诉讼法》规定，拘传、取保候审、监视居住、刑事拘留等4类刑事强制措施都由公安机关自主决定、自主执行，实际上，这4类刑事强制措施都属于限制人身自由，与逮捕事实上对人身限制的效果几乎相同，这样的规定虽有利于快速办理刑事案件，但从法治国家的立场看，显然有违公平正义、正当程序和人权保护的精神，极易造成警察权的滥用和对犯罪嫌疑人人身权利的侵犯。有学者指出，鉴于我国的司法体制不同于西方

---

❶　金蓉，张宁. 国家治理现代化视域下乡镇派出所职能转变与路径选择［J］. 学习与探索，2019（4）：60.

国家，法院难以负担对大量案件犯罪嫌疑人的羁押审批权，结合我国检察机关的设置考虑，尤其是监察体制改革使其职务犯罪侦查权转隶之后，检察机关完全有精力和能力行使取保候审、监视居住及刑事拘留的决定权。这样一来，不但公安机关能够专职案件侦查，检察机关专司侦查监督，更能够保证警察权和检察权的高效运转和互相监督，是国家治理现代化之下应当考虑的务实改革。❶

3. 警察权行使的重构

根据国家治理现代化要求，现代警察权社会治理方式应强调警察与公民的合作共治、群防群治。换言之，警察权的行使应当转变过去那种以命令、许可、强制、设定负担和处罚为基本手段的执法方式，转变为以授益性手段为主的权力运行方式。警察权在社会治理中应更多使用柔性化执法手段，加强与公民之间的横向沟通、平等协商，突出复合性、合作性、包容性权力运行方式，注重公众对警务工作合理性的认知与共识，加强与公众横向沟通协商能够加强民众对公安决策和执法的理解，提高警察执法行为的可接受度及执法效果的民意基础。例如，《人民警察法》（修订草案）第 15 条规定的"外部警务协助"等内容，体现了立法层对警察服务职能的重视。❷

具体到执法实践中看，公安机关作为武装性质的国家治安行政力量，兼具为人民服务的社会职能。但由于立法层面对警察职责权限的规定不清甚至冲突，导致实践中许多非警务活动消耗了大量的基层警力，房屋拆迁、信访安保、计划生育劳资纠纷、土地纠纷、环境监督等非警务工作不但涉嫌越权执法，更已造成相关职能部门"懒政"习惯的养成，吃力不讨好的同时还让自己濒临法律责任承担的风险边缘。因此，公安机关在执法中应当对警察权进行科学界定并调整优化，从"不该管、管不了、管不好"的领域中退出，不再像以往那样大包大揽和越权执法。尤其对基层派出所而言，应当更多地向基础防范、公共服务、多方共治等服务职能转变，让工作重心回归信息采集、基础防范、源头管控等主要工作上来。与此同时，公安机关还应当健全

---

❶ 贾建平. 国家治理现代化进程中警察职权的让渡 [J]. 云梦学刊, 2017 (3): 82.

❷ 刘琳璘. 国家治理现代化进程中警察权的突破转型——基于《人民警察法》修订草案的思考 [J]. 北京警察学院学报, 2017 (5): 3.

"属地党委领导、政府负责、社会协同、公众参与、法治保障"的社会治理机制，厘清公安机关与司法、金融、城管、文化、民政、建设、工商等易产生职能交叉、重合的单位之间的职能界限，防止警务职能泛化。

建设民生型警务是全面深化公安改革的主要目标，也是国家治理转型中警察职能转变的方向。因此，公安机关应当立足于人民群众的获得感、安全感、幸福感，提供标准化、均等化、便捷化的公共警务产品和警务服务。积极开展"互联网＋警务"服务建设，通过警察权的流程再造、资源重组、科技运用，尽量简化和压缩办案手续和时间，对社会公布事权清单、责任清单和办事指南，明确每一项警务事项的类别、法定依据、实施主体、申请条件、手续资料、流程环节、办理时限等，❶ 真正实现警察权运行方式的转变，让民众通过警察执法的进步真实感受到国家治理现代化带来的好处。

综上所言，国家治理现代化要求警察权对自身在国家治理体系中的功能重新定位，警察权的配置和运行应当符合国家治理的时代要求，转变过去单向度的侵益型执法模式，逐步增加授益型执法在警务工作中的比重，重视警务决策和执法中的民意参与，搭建有效通达的警民沟通共建平台，让权力曝光在阳光下。面向未来的国家治理体系和治理能力建设中，警察仍然将作为国家最为倚重的治安执法力量，公安机关应在坚守好传统的安全保护警察职能时，加强服务职能构建，努力升级执法理念和执法方式，让警察权继续行驶在法治轨道中，始终成为那支让祖国放心、人民满意的坚强力量。

---

❶ 金蓉，张宁. 国家治理现代化视域下乡镇派出所职能转变与路径选择［J］. 学习与探索，2019（4）：61.

参考文献

一、著作类

[1] 韩延龙. 中国近代警察制度 [M]. 北京：中国社会科学出版社，2018.

[2] 李元起，师维. 警察法通论 [M]. 北京：中国人民大学出版社，2013.

[3] 王大伟. 英美警察科学 [M]. 北京：中国人民公安大学出版社，2018.

[4] 惠生武. 警察法论纲 [M]. 北京：中国政法大学出版社，2000.

[5] 孟庆超. 中国警察近代化研究 [M]. 北京：中国人民公安大学出版社，2006.

[6] 许韬. 比较警察法学研究 [M]. 北京：中国法制出版社，2019.

[7] 金川，唐长国，柳捷，等. 司法警察概论 [M]. 北京：中国政法大学出版社，2005.

[8] 程琳. 警察法学通论 [M]. 北京：中国人民公安大学出版社，2018.

[9] 王人博，程燎原. 法治论 [M]. 济南：山东人民出版社，2003.

[10] 卓泽渊. 法理学 [M]. 北京：法律出版社，2000.

[11] 奥托·迈耶. 德国行政法 [M]. 刘飞，译. 北京：商务印书馆，2002.

[12] 伯阳. 德国公法导论 [M]. 北京：北京大学出版社，2008.

[13] 陈新民. 行政法学总论 [M]. 台北：三民书局，2000.

[14] 恩格斯. 家庭、私有制和国家的起源 [M]. 北京：人民出版社，2019.

[15] 刘琳璘. 宪法学视野下警察权问题研究 [M]. 北京：法律出版社，2017.

[16] 蒋廷黻. 中国近代史 [M]. 长沙：岳麓书社，2010.

[17] 劳特派特. 奥本海国际法 [M]. 北京：商务印书馆，1971.

[18] 孟德斯鸠. 论法的精神 [M]. 张雁深，译. 北京：商务印书馆，1961.

[19] 姜明安. 行政法与行政诉讼法 [M]. 2 版. 北京：北京大学出版社，2005.

[20] 陈德顺. 在有限与有为之间：西方立宪政府的理论与现实 [M]. 成都：四川大学出版社，2007.

[21] 蔡定剑. 宪法精解 [M]. 北京：法律出版社，2004.

[22] 熊文钊. 公法原理 [M]. 北京：北京大学出版社，2009.

［23］伯特兰·罗素. 权力论［M］. 吴友三，译. 北京：商务印书馆，1991.

［24］袁曙宏，宋功德. 统一公法学原论：公法学总论的一种模式（下卷）［M］. 北京：中国人民大学出版社，2005.

［25］关保英. 行政法的价值定位［M］. 北京：中国政法大学出版社，1997.

［26］姜昕. 比例原则研究：一个宪政的视角［M］. 北京：法律出版社，2008.

［27］倪铁. 程序法治视野中的刑事侦查权制衡研究［M］. 北京：法律出版社，2016.

［28］孙长永. 侦查程序与人权：比较法考察［M］. 北京：中国方正出版社，2000.

［29］高峰. 刑事侦查中的令状制度研究［M］. 北京：中国法制出版社，2008.

［30］赵旭辉. 中外警务比较研究：公安改革思考［M］. 北京：中国人民公安大学出版社，2016.

［31］罗伯特·雷纳. 警察与政治［M］. 易继苍，朱俊瑞，译. 北京：知识产权出版社，2008.

［32］张小兵. 美国联邦警察制度研究［M］. 北京：中国人民公安大学出版社，2011.

［33］陈晓辉. 英国警察制度研究［M］. 吉林：吉林大学出版社，2012.

［34］陈晋胜. 警察法学概论［M］. 北京：高等教育出版社，2005.

［35］肖金明. 法治行政的逻辑［M］. 北京：中国政法大学出版社，2004.

［36］胡建森. 行政强制法论［M］. 北京：法律出版社，2014.

［37］陈雄. 宪法基本价值研究［M］. 济南：山东人民出版社，2007.

［38］卢现祥. 西方新制度经济学［M］. 北京：中国发展出版社，1996.

［39］李永刚. 我们的防火墙：网络时代的表达与监管［M］. 桂林：广西师范大学出版社，2009.

［40］俞可平. 论国家治理的现代化［M］. 北京：社会科学文献出版社，2014.

［41］孙智慧. 出入境管理法律与实践［M］. 北京：中国政法大学出版社，2013.

［42］郑曦. 警察暂时性人身限制权研究［M］. 北京：人民法院出版社，2018.

二、论文类

［1］卢建平. 法治语境对警察权的约束［J］. 中国法律评论，2018（3）.

［2］雷鸣霞. 各国警察体制比较研究［J］. 公安研究，2000（6）.

［3］江必新. 国家治理现代化基本问题研究［J］. 中南大学学报（社会科学版），2014（3）.

［4］苏传庚. 聚焦法国警察［J］. 人民公安，2002（17）.

［5］陈鹏. 公法上警察概念的变迁［J］. 法学研究，2017（2）.

［6］李靖彦，玉英. 日本警察管理法制化建设的启示［J］. 公安教育，2004（3）.

［7］李明. 日本警察机构设置与中国警务管理体制改革思考［J］. 辽宁公安司法管理干部学院学报，2010（1）.

［8］陈实. 警察、警察权、警察法——警察法概念的逻辑分析［J］. 湖北公安高等专科学校学报，1998（4）.

［9］梁翠，王智新. 我国近代警察制度创建的呼唤之声——论我国改良思想家的警政理论［J］. 辽宁警专学报，2009（3）.

［10］余凌云. 警察权的"脱警察化"规律分析［J］. 中外法学，2018（2）.

［11］刘贵峰. 我国警察权研究［D］. 北京：中国政法大学，2006.

［12］王星元. 论警察权的控制与规范［D］. 长春：吉林大学，2013.

［13］李元起. 警察权法律规制体系初探［J］. 河南公安高等专科学校学报，2010（2）.

［14］刘茂林. 警察权的现代功能与宪法构造难题［J］. 法学评论，2017（1）.

［15］刘杰. 论我国警察权的宪法制约与监督机制的构建［J］. 安徽警官职业学院学报，2005（2）.

［16］刘洋. 警察执法的宪法维度［J］. 中国人民公安大学学报（社会科学版），2015（2）.

［17］余凌云. 论美国警察权的变迁［J］. 公安学刊，2018（3）.

［18］李国华. 美国法上的警察权规制及其启示——以《权利法案》为中心［J］. 净月学刊，2017（2）.

［19］白利寅. 法国宪法变迁脉络与规律启示［J］. 河北科技大学学报（社会科学版），2013（3）.

［20］张超. 警察权宪法基础之比较法考察［J］. 河南公安高等专科学校学报，2010（2）.

［21］李小波，冯道康. 法、德、日警察权考察及其启示［J］. 净月学刊，2013（4）.

［22］程小白. 法国警察管理概述——赴法国研修考察报告之一［J］. 江西公安专科学校学报，2002（5）.

［23］钟碧莹. 德国警察主体法律体系评析及对我国的启示——以治安职能为核心［J］. 河北法学，2013（5）.

［24］熊琦. 德国警察制度简析［J］. 湖北警官学院学报，2006（6）.

［25］刘向文，赵晓毅. 谈俄罗斯联邦宪政建设的宪法基础［J］. 俄罗斯中亚东亚研究，2012（4）.

［26］周艳萍，黄波．俄罗斯联邦警察法评析［J］．中国人民公安大学学报（社会科学版），2014（3）．

［27］师维．宪政进程中的警政建设——基于对日本警察制度的考察［J］．河南公安高等专科学校学报，2009（6）．

［28］蒋熙辉．关于《人民警察法》修改的几点思考［J］．江西警察学院学报，2015（6）．

［29］康大民．中国警察——公安的百年回顾［J］．辽宁警专学报，2001（4）．

［30］邓国良．《人民警察法》修改应协调的几个关系之思考［J］．江西警察学院学报，2015（6）．

［31］朱炜．修改《人民警察法》应注意的几个宏观问题［J］．江西警察学院学报，2015（6）．

［32］文华．我国警察权力的法律规制研究［D］．武汉：武汉大学，2010．

［33］李国华．美国法上的警察权规制及其启示——以《权利法案》为中心［J］．净月学刊，2017（3）．

［34］夏菲．论英国警察权的变迁［D］．上海：华东政法大学，2010．

［35］刘茂林．全面深化公安改革背景下警察权配置问题思考［J］．中国法律评论，2018（3）．

［36］谯冉．我国警察事权划分问题研究［D］．北京：中国人民公安大学，2018．

［37］程小白，章剑：事权划分——公安改革的关键点［J］．中国人民公安大学学报（社会科学版），2015（5）．

［38］余凌云．警察权划分对条块体制的影响［J］．中国法律评论，2018（3）．

［39］王峰，赵梁任．公安机关警务机制改革样本解析［J］．人民论坛，2012（32）．

［40］胡斌．私人规制的行政法治逻辑：理念与路径［J］．法制与社会发展，2017（1）．

［41］张立刚．公安内部执法监督机构的产生、发展与改革［J］．辽宁警察学院学报，2020（1）．

［42］刘茂林．警察权的合宪性控制［J］．法学，2017（3）．

［43］吴延溢．宪法维度下的警察权制约［J］．南通大学学报（社会科学版），2008（5）．

［44］王芳．审判中心主义趋向中的刑事侦查权重构［J］．社会科学战线，2019（6）．

［45］雷鑫洪．公安刑事立案权的程序性控制研究［D］．北京：中国人民公安大学，2014．

［46］孙琴．论刑事立案监督［D］．长春：吉林大学，2013．

［47］于立强．论我国侦查裁量权的规制［J］．法学论坛，2014（6）．

［48］章荣．我国刑事侦查讯问制度研究［D］．合肥：安徽大学，2019．

［49］孟凡骞．侦查讯问程序违法的法律规制［J］．甘肃政法学院学报，2019（5）．

［50］孙秀兰，陈列. 基层公安机关侦查讯问的规范性研究——以 Y 派出所为例［J］. 政法学刊，2015（6）.

［51］刘文强. 侦查讯问运行状况与应对策略的实证研究［J］. 中国刑事警察，2019（2）.

［52］毛建军. "以审判为中心"背景下侦查讯问工作的实践考察与完善［J］. 江苏警官学院学报，2017（5）.

［53］胡志风. 侦查讯问录音录像制度的社会评估：技术、过程与问题导向［J］. 中国刑警学院学报，2017（2）.

［54］甄贞，张慧明. 技术侦查立法与职务犯罪侦查模式转变［J］. 人民检察，2013（9）.

［55］王东. 技术侦查的法律规制［J］. 中国法学，2014（5）.

［56］张崇波. 侦查权的法律控制研究［D］. 上海：复旦大学，2014.

［57］陈晓燕. 治安行政处罚研究［D］. 上海：复旦大学，2012.

［58］石化东. 我国警察行政处罚权规制研究［D］. 大连：大连海事大学，2017.

［59］朱汉卿. 警察管制法治化研究——以即时实施的警察职权行为为研究对象［D］. 武汉：中南财经政法大学，2015.

［60］金蓉，张宁. 国家治理现代化视域下乡镇派出所职能转变与路径选择［J］. 学习与探索，2019（4）.

［61］余凌云. 亟待法制建构的警察自由裁量权［J］. 法学家，2003（3）.

［62］刘军. 警察即时强制权的规范化行使——以公民权利保护为线索［J］. 东方法学，2019（6）.

［63］李琼. 依法治国视域中警察权威的立体化重塑［J］. 社会主义研究，2018（6）.

［64］陈雄，彭科. 警察权保障的法理思考［J］. 湖南工业大学学报（社会科学版），2018（2）.

［65］鲁冰川，尹伟. 论警察权威之弱化与重塑［J］. 湖北警官学院学报，2018（6）.

［66］张兆端. 警察权益保护问题透视［J］. 山东警察学院学报，2006（3）.

［67］许韬，刘锦城. 法治语境下的警察执法权益保障新论［J］. 世纪桥，2012（1）.

［68］李玉宛. 警察权威重振——以警察法修改为契机［J］. 北京警察学院学报，2017（3）.

［69］李延军. 论人民警察执法权益的法律保障［J］. 福建公安高等专科学校学报，2006（6）.

［70］宫志刚，王占军. 警察执法权威的法律保障探微［J］. 中国人民公安大学学报（社会科学版），2012（4）.

［71］赵建设. 警察执法权益及其保障体系建设［J］. 中国人民公安大学学报（社会科学版），2009（4）.

［72］李侠，黄一峰，刘丹阳. 警察执法容错机制及其构建［J］. 中国人民公安大学学报（社会科学版），2019（4）.

［73］高文英，刘生龙. 网络信息管理中的警察执法问题研究［J］. 河南警察学院学报，2015（5）.

［74］樊崇义，张自超. 大数据时代下职务犯罪侦查模式的变革探究［J］. 河南社会科学，2016（12）.

［75］陈毓，谭林. 公安大数据技术应用现状分析与思考［J］. 警察技术，2019（5）.

［76］高文英. 警务数据的应用与执法方式改革探究——以贵州、四川泸州警务数据的应用为例［J］. 警学研究，2019（3）.

［77］杨全民. 人工智能在世界警务领域中的应用［J］. 中国安防，2019（6）.

［78］张昊朱，守亮，江耿亮. 智慧新警务的发展变化与趋势［J］. 中国安防，2019（7）.

［79］马丁，刘建军，龚雪. 基于隐性知识挖掘的网络犯罪案件数据分析技术研究［J］. 信息网络安全，2013（10）.

［80］吴俊伟. 人工智能助力警务革新［J］. 中国公共安全，2019（4）.

［81］夏菲. 警务科技化进程中的公民权利保障［J］. 华东政法大学学报，2019（5）.

［82］张建伟. 监察至上还是三察鼎立——新监察权在国家权力体系中的配置分析［J］. 中国政法大学学报，2018（1）.

［83］江国华，张硕. 监察过程中的公安协助配合机制［J］. 法学研究，2019（2）.

［84］万毅. 解读"技术侦查"与"乔装侦查"——以《刑事诉讼法修正案》为中心的规范分析［J］. 现代法学，2012（6）.

［85］谢小剑. 监察委员会刑事调查管辖制度初探［J］. 湖湘论坛，2019（5）.

［86］毛雪鸣，马方. 监察体制改革背景下"警""监"合作机制构建研究［J］. 福建警察学院学报，2019（4）.

［87］王秀梅，黄玲林. 监察法与刑事诉讼法衔接若干问题研究［J］. 法学论坛，2019（2）.

［88］丘玉莹. 监察法实施后职务犯罪牵连案件的管辖模式探究［J］. 四川警察学院学报，2019（8）.

［89］马怀德. 再论国家监察立法的主要问题［J］. 行政法学研究，2018（1）.

［90］陈光中，姜丹. 关于《监察法（草案）》的八点修改意见［J］. 比较法研究，2017（6）.

［91］唐冬平. 公安协助配合监察事项范围之限缩［J］. 法学，2019（8）.

［92］许晓. 国外治理型警务的经验与启示［J］. 上海公安高等专科学校学报，2017（3）.

［93］李龙，任颖. "治理"一词的沿革考略——以语义分析与语用分析为方法［J］. 法

制与社会发展，2014（4）.

［94］贾建平. 国家治理现代化进程中警察职权的让渡［J］. 云梦学刊，2017（3）.

［95］马万里. 多中心治理下的政府间事权划分新论——兼论财力与事权相匹配的第二条（事权）路径［J］. 经济社会体制比较，2013（6）.

［96］刘琳璘. 国家治理现代化进程中警察权的突破转型——基于《人民警察法》修订草案的思考［J］. 北京警察学院学报，2017（5）.

［97］刘达禹. 优化国家治理视角下警察公信力研究［J］. 警学研究，2019（3）.